高俊明

回憶錄
Memoirs of
Kao Chun-Ming

高俊明——口述
杜英助——整理

目 次

序言 ①
真正的勇者

　　非常榮幸，能為高俊明牧師的傳記《高俊明回憶錄》寫序言。高俊明牧師是一位經歷亂世的信仰先輩，台灣社會尊他為「台灣社會的良心」，宗教界則尊他為「公義的實踐者」、「敬神愛人的聖徒」。無論是社會的良心、公義的實踐者，甚至是敬神愛人的聖徒，高俊明牧師是當之無愧，是位真正的勇者，也就是「賽德克巴萊」（Sediq Balay）。

台灣社會的良心

　　1979 年 12 月 10 日的國際人權日在台灣高雄市發生的一場重大衝突事件，即美麗島事件。美麗島事件又稱高雄事件，當時國民黨政府稱其為「高雄暴力事件叛亂案」，是以美麗島雜誌社成員為核心的黨外運動人士，於 12 月 10 日組織群眾進行遊行及演講，訴求民主與自由，終結黨禁和戒嚴。高俊明牧師為了保護施明德先生，因而入監 4 年 3 個月又 22 天。（1980-1984）出獄後，仍不遺餘力參與社會改造的運動，不畏強權勇敢向國民黨政府建言，爭取台灣人權益。有如 228 事件受害者家屬之權益。高俊明牧師帶領台灣基督長老教會眾會友，要成為台灣社會的良心，在「憎恨與傷痕」之處播下「愛與寬恕」；除此之外，並向國際社會和普世教會呼籲人道救援，釋放政治良心犯。正如經上所記：「人為朋友捨命，人的愛心沒有比這個大的。」（約翰福音 15：13）

公義的實踐者

　　高俊明牧師擔任台灣基督長老教會議長（1970）和總幹事（1970-1989）期間，台灣社會被國際社會孤立，台灣前途最為堪慮而危急的時刻；蔣介石政權被逐出聯合國（1971），美國與台灣斷交，卻與中國建交（1977）。高俊明牧師為了台灣的前途，台灣人的福祉，勇敢面對，承擔生命危險的壓力，除了呼籲眾教會不要失志外，帶領教會分別發表台灣基督長老教會重要的三個文件，即「對國是的聲明與建議」（1971），「我們的呼籲」（1975）和「台灣基督長老教會人權宣言」（1977）。這三個重要的文件，除了請求國際社會，普世教會的聲援和呼籲眾教會勇敢仰望上帝外，也展現高俊明牧師勇敢，機智和信仰的生命力，實踐上帝的公義。有如經上所記：「我必將合我心意的牧者賜給你們，他們必以知識和智慧牧養你們。」（耶利米書 3：15）

敬神愛人的聖徒

　　北宋軍事家范仲淹〈岳陽樓記〉有句話如此說：「先天下之憂而憂，後天下之樂而樂」，經上也記著說：「要盡心、盡性、盡意、盡力愛主——你的上帝，其次就是說，要愛人如己，再沒有比這兩條誡命更大的了。」（馬可福音 12：30-31）高俊明牧師對國家社會，台灣人民和土地的熱愛，便是「敬神愛人聖徒」的信仰生命。《高俊明回憶錄》一書見證著高俊明牧師的信仰生命佳美的腳蹤，值得我們後人學習和傳承。並能激勵我們在台灣社會轉型正義的工程裡向前邁進，衷心推薦此書。

臺灣基督長老教會第 61 屆總會議長

舒度大達

2017 年 2 月 15 日

序言②
義人的路

　　高俊明牧師，一位曾經被二個國家統治、成為二個敵對國家的國民，卻積極追尋自我認同，致力實踐耶穌基督愛與公義教導的臺灣人基督徒。

　　高牧師生長在日治時期的一個醫生家庭。醫生家庭雖然帶來優沃的生活環境；但是因戰爭的緣故，使他經歷貧窮的滋味。缺乏的經驗加上基督教信仰的薰陶，使他的心靈奠基了關懷弱勢的種籽。年少的他，喜歡運動，熱衷鍛練身體，訓練出他認真、整齊簡潔的處事態度。隨著二次大戰的結束，高牧師進入他人生重要的形成期。言語，是第一個感受到的不同。「國語」不再是從小在學校使用的「日本語」，而是他得重新學習、陌生的「中國語」。語言的學習，不只增加了他的視野，也幫助他的日後掌理玉山神學院，帶領臺灣基督長老教會走過70年代的風雨、發表重要的三個宣言及拓展與國外教會間交流的重要利器。這段期間，228事件、白色恐怖及黨國基督教的反共愛國主義橫行在教會界中，他體認身為臺灣人沒有自己國家，總是成為二等公民的「毋甘願」。玉山神學院是他實踐關懷弱勢的方式之一。在教學、與不同族群的學生在勞動事奉週的工作中，他體認到臺灣人在上帝面前的尊嚴及上帝形象（Imago Dei）的臨在。同時因長老教會的倍加運動，讓臺灣各地都有長老教會的教會，使得長老教會更了解臺灣及臺灣人民的「痛」與期盼。這些因素，促使建立在基督信仰的自決概念也逐漸在長老教會內，更在高俊明牧師的身上形成。

擔任臺灣基督長老教會總會總幹事期間，可說是高俊明牧師的實踐期。他確立了臺灣基督長老教會的宣教方向。在這段期間，他帶領長老教會將人權思想、主權思想及自決思想結合，推動「先知性宣教（prophetic mission）」，通過會議的討論過程，對時事做信仰的反省，切實地將其表達出來。三個宣言的發表及在美麗島事件中藏匿如過街老鼠的施明德而入獄等都是他對信仰實踐的行動。在他帶領下，長老教會積極地回應臺灣社會的問題，透過追求社會公義，減少人民的「痛」，讓耶穌基督福音落實在臺灣社會中。臺灣基督長老教會至今仍然繼承高牧師所堅持的宣教的精神，繼續關心臺灣，關懷人民的身、心、靈健康。

高俊明牧師所做所行，就如聖經箴言 4 章 18 節所說：「獨獨義人的路，親像透早的光，愈照愈光，到日中晝。」

很高興看到高牧師的書由前衛出版社重新出版，也很榮幸可以再為高牧師的書寫序推介。感謝林文欽社長的用心，使高牧師的這本書能有可讀性，也願大家可以從高牧師的書中，找到臺灣人的尊嚴與堅持。

臺灣基督長老教會總會總幹事

林芳仲

2017 年 2 月 20 日

自序
感謝的話

　　人活在世上，有什麼意義？是否只要吃、喝、睡、讀書、工作、賺錢，追求榮華富貴，享受一切物質快樂而後往生就算了？

　　小時候，我只是想玩、想釣魚，都不想讀書，不追求進步，人生沒有目標，沒有理想的一個傻孩子。

　　在臺灣讀完國小四年級後，父母親就准許我與表兄們到日本續讀國小五年級。翌年爆發大東亞戰爭。戰況越來越激烈，不久就造成第二次世界大戰，以致在東京求學的我們，差不多每晚都遭遇到美軍飛機的轟炸。每晚，我們都要帶一些日常用品，躲到附近的防空洞去避難。整夜美軍飛機輪番來轟炸，非常恐怖，四周都變成一片火海，哀號的聲音，求救的聲音，此起彼落，互相交織，正如悲慘世界。

　　空襲過後要回家時，在路邊、路上都殘留許多支離破碎、不忍目睹的男女老幼死傷的遺體，屍味撲鼻，極為難聞。我在戰爭中的東京住數年，穿越很多死線與患難。每天都是生活在這種生死的恐懼邊緣，那時我才開始認真思考人生的意義。

　　通過研讀許多宗教書籍，參加種種聚會，我終於認識「耶穌是道路、真理、生命」（聖經約翰福音14：6），找到人生真正的使命就是「要盡心、盡性、盡意、盡力愛上帝，又要愛眾人如同愛自己」（馬可12：30～31），又「要行公義，好憐憫，謙卑與上帝同行」（彌迦6：8）等真理。

就在這種心靈上的奮鬥與掙扎之後，我才發現到人生的目的不在於物質上的享受，而是要犧牲奉獻，愛真神、愛臺灣、愛人類。

我非常感謝：長老教會總會議長布興大立牧師，與總幹事林芳仲牧師惠賜序文；王南傑、張清庚、黃昭堂、宋泉盛、楊基銓、星歐拉姆與林春敏等人的大作，惠賜轉載，謹此致謝！

我非常感謝杜英助牧師，撥出許多時間來再將我的各種資料綜合整理，並親自到國內外與本書提到的地方去照相關的圖片，而使這本書的內容更豐富，又完整。留美年輕的廣告媒體設計師杜崇道又為本書做美術設計工作，使本書的版面更加美觀，杜崇勇老師擔任攝影助理，在此，一併致謝！

再者，我也感謝臺灣教會史料館、臺灣神學院史料中心、玉山神學院圖書館、松年大學辦公室與謝緯牧師紀念館等機構和翁修恭牧師、王南傑牧師，樂意提供有關個人的相片來充實本書的內容。此外，尚有數張公眾人物相片引用過去的雜誌、報紙與網路資料，未能事先致謝，敬請見諒！

願神祝福每一位參與出版這本訪談錄的人士與忠實的讀者，一同愛臺灣，來造福同胞與人類。

高俊明

2012 年 6 月 17 日

再版自序
想說的話

　　首先感謝前衛出版社林文欽社長的善意，將《熱愛臺灣行義路》這本書，摘取本人回憶錄這部分再版出書，讓各位熱愛臺灣的讀者，有機會分享臺灣基督長老教會在臺灣的歷史上所走過的一段最艱險的路程、所發表的三次聲明的國際局勢背景，以及我國政府與人民應如何突破困境勇往向前努力，使臺灣轉型成為一個真善美、信望愛的新而獨立的國家。感謝上帝！這一個理念，今日廣受大多數的台灣人民認同。但要使台灣真正成為一個正常的國家，進而加入聯合國，仍有一段很長的路要走！希望大家共同努力。

　　在 1971 年，長老教會發表頭一次國是聲明，說：「臺灣所有人的人權都是上帝給每一個人的，所以臺灣的人民有決定自己前途的權利。」尤其是在中華人民共和國（簡稱中國）於同年（1971）10 月 25 日正式加入聯合國，因而中華民國的會員籍被逐出聯合國。而美國總統尼克森又將去中國訪問，臺灣的局勢，一天比一天更危急，很可能被美國出賣、被中國併吞。因此，於同年 12 月 29 日「呼籲政府與人民更加要把握機會伸張正義與自由，並徹底革新內政以維護我國在國際間的聲譽與地位」。

　　在長老教會發表第一次國是聲明時，當時的執政黨不但沒有接受，對台灣人民的掌控反而變本加厲，整肅台獨分子，並多方派情治人員滲入長老教會嚴厲監視……。因此，旅居國外的長老教會前議

長黃彰輝才即刻邀請國際知名的台僑林宗義、黃武東與宋泉盛，於1972 年 12 月 25 日向全世界發表「臺灣人民自決運動」宣言。其運動的目標界定如下：

1. 表明基督徒對臺灣人權問題的堅決立場。

2. 促進臺灣人民在政治上自主自決。

3. 為建設自由民主的臺灣社會而努力。

臺灣人民自決運動的理念很明確，但「做事起頭難」，而且是「非常困難」，在美國受到國民黨強烈打壓，並嚴禁參加這項運動的台僑回到臺灣探親。之後，台僑領導人物與本土團體的共識，共同成立 FAPA（臺灣人公共事務會）組織，向美國國會議員遊說：臺灣人民有權決定自己的命運。這種基本人權是上帝賦予的，也是聯合國憲章所承認的。

長老教會第二次國是聲明叫做「我們的呼籲」，起因源自政府派警總人員來沒收臺語聖經跟原住民語言的聖經，並利用各種媒體來抹黑長老教會的會友「都是叛亂分子，是共匪的同路人」。而美國總統福特又要去中國訪問，於是在 1975 年 11 月 18 日發表「我們的呼籲」有五項要求與五項建議。呼籲政府要切實保障每一個人的宗教信仰、住民的安全與權利，政府和教會互信互賴。

第三次聲明是「台灣基督長老教會人權宣言」，於 1977 年 8 月 16 日在美國總統卡特派國務卿范錫訪問中國的前一週發表的，這份宣言是國民黨最痛恨的，長老教會聲明：「臺灣的將來應由臺灣 1700 萬住民決定。」又促請政府於此國際情勢危急之際，面對現實，採取有效措施，「使臺灣成為一個新而獨立的國家。」當時長老教會要發表這份宣言時，所有相關的牧師都是冒死、拚生命共同發表的，而且幾乎每一位牧師都有寫一份「遺言」、交代後事。但是這份宣言，

事過境遷，居然變成臺灣全體人民的共識與共同努力的目標，也是臺灣的最高價值。而令人不解的是：當年最主張反共的國民黨主席、高官、將軍，今日各個爭相到中國向共產黨的主席、領導人朝拜、靠攏，成為同路人！

高李麗珍牧師娘回憶黃彰輝牧師臨終之前，在床前告訴她說：要讓台灣人民對台灣獨立建國有共識，對民主、自由、主權和人權有了解，必須從教育奠定台灣的歷史和地理的認識，真正認知「我是台灣人」！在臺灣出生、長大，要貢獻臺灣，進而謀求人類共同的福利！因此，在教會、在學校，要編寫臺灣真正的歷史和地理教材，不要被外來政權誤導！只知道中國，不知道臺灣本土的真相！

再者，要建立一個臺灣新而獨立的國家，必須制定一部適合台灣現況的新憲法，不可讓國民黨在中國大陸制定、不適合台灣現況的舊憲法，強迫臺灣人民接受、使用。長久以來，彭明敏、黃昭堂、姚嘉文、林義雄等人一直在深入研究、探討為台灣制憲的問題。我認為政府要制憲，一定要讓人民參與，才能符合林肯總統偉大而深遠的 of the people, by the people, for the people 的民有、民治、民享的大原則。憲法的條文必須讓人民都看懂、要很清楚、沒有模糊的地帶。更重要的，就是要用臺灣人講的母語來寫，大家才能聽得懂、看得懂。

英國宣教師巴克禮牧師等人在臺灣宣教的成功，就是使用臺灣人的母語來向臺灣人傳福音；並用 20 多個羅馬字母拼音來翻譯聖經為臺灣話，給臺灣的基督徒讀、看，所以在臺灣才有人聽懂基督教的福音，看懂聖經的教導。宣教師懷約翰牧師也使用排灣族人的話，將聖經翻譯成排灣話；排灣族教會代表到英國參觀訪問的時候，也用排灣話向他們說明、討論、溝通，他們才不會白走一趟。中國國民黨來到臺灣統治，不會用台語宣傳政令，所以臺灣人民對模稜兩可的政令常常誤解、被打壓，得不到民心。

記得 1948 年 5 月 14 日以色列獨立復國之後，猶太人從世界各國回國定居，新住民說許多不同民族的語言，政府與人民間不知使用何種語言、文字來溝通。之後，他們一律恢復用母語希伯來語做為溝通的語言，所以他們的人民能夠團結，國家雖小，但很強大！可見，母語會使本土人民對文化、經濟、宗教、政治等各方面取得共識，很重要。英語是國際間通用的語言，我們也要學習，才能與世界各國的人士溝通、協議、交流。

　　為發揚文化、藝術、音樂，林媽利醫師對台灣先住民的父系血緣 O1a2，與阿美族的父系血緣 O3a2c 有深入的研判，認為他們與太平洋南島的族群有密切的關係。左鎮人在距今 3000 年前，也已在臺灣紮根居住。這些先住民或原住民的文化，早已興盛，尤其在織布、服飾、圖案的美化，早已領先各國。如果好好善導，可以媲美埃及和土耳其、伊朗等國的地毯，行銷到全世界。原住民的聲樂，天然的聲韻，布農族可以唱出八部音律來，比世界用七音四部合唱更先進，動聽的旋律與美妙的天然歌聲，可以傳播到全世界。

　　蔡英文總統的新南進政策，不但要把台灣的科技產品帶到南洋分享，據研判，將來地球暖化、南極和北極的冰山都會融化、海水暴漲，將淹沒太平洋許多島嶼，對於這些與臺灣人民有血緣關係的南島語族，我們臺灣也要做長遠的關懷與協助。

　　對臺灣的新政府所關心的臺灣現勢，在立法院正熱烈爭議的同性婚姻合法化。德國憲法的規定，可以做為我們立法的借鏡，就是一男一女結婚才能作為合法的夫妻，教會可以為他們舉辦結婚典禮。同性結為伙伴，同伴在一起生活，表示願意彼此照顧、扶持，教會的牧師可以為他們舉辦祝福禮拜來祝福他們，但這不是結婚典禮。伙伴家庭可以領養小孩，但他們不是孩子的父親或母親，可以叫他們為叔叔、阿姨。在孩子的成長中，必須讓他們知道親生父母，這是孩子的權利。

使臺灣人民建立一個有主權、獨立、正常的國家，大人和小孩都要接受教育，認識台灣歷史、地理、文化、宗教跟正面有益的傳統、風俗和習慣。林義雄先生在宜蘭設立慈林基金會，積極從事臺灣社會改革運動，設有會館對外展示臺灣歷史的真相、史蹟、史實；成立教室教學員認識台灣的過去、現在和未來的展望。有時候也歡迎各地台僑帶孩子組團回來臺灣，到各地參觀歷史故事發生的現場，來了解台灣在過去的歷史上，究竟發生什麼事件，要如何關心台灣的前途。

　　最後一點，我想說的話，就是在政府裡面任何政務官或事務官、公務員，如有不適任者，或不能配合轉型正義者，包括法官或律師，應依民意的要求給予撤職、停職或辭職，以免影響政府的信譽與人民的幸福。正如大學生對教授的教學，如果不用心、表現不佳，學生有責任、也有權力給予評語，請學校當局酌情給予解聘。照樣，在新政府任職的任何一個官員或公務員，如果對人民沒有貢獻，人民也有權力建議政府斟酌給予解聘。總統府的資政也不是永遠不變的，政府要任用有能力為人民服務、解決問題的人來做事！

　　要真正了解建立一個新而獨立的正常國家的理念與好處，除了長老教會有這個明智訴求以外，含有共識的許多臺灣名牧有：王南傑、張清庚、鄭兒玉、宋泉盛等人，與社會中疼愛臺灣的先輩史明、黃昭堂、楊基銓等人的言論，也要再研讀，才能有更多整體的認識。

高俊明

2016 年 11 月 21 日

家世背景

壹 家世背景

一、祖父高長

　　高長傳道師是我的祖父（1837-1912年），在距今140多年前，從福建永寧來臺灣。我阿公高長沒有什麼學問，也沒有什麼職業專長。他有一個姐姐嫁到臺灣來，住在臺南附近。聽說臺灣的經濟不錯，所以他就到臺南來找姐姐。

◎信仰基督教

　　當時，我阿公還不是基督徒。有一天晚上他想要去廟裡拜拜，經過臺灣府看西街（臺語音是看獅街，因廟前有兩座石獅；孩子要到廟埕玩，都說要去看獅）附近時，聽到有西洋人在傳基督教的福音，他感到非常好奇就站過去聽基督教的福音。當時他很受感動，因為聽到「有一位創造宇宙萬物的神是我們在天上的父」，所以他在感動之餘，就不再去拜偶像，也不去賭博了。後來我阿公常常去馬醫生的醫館聽佈道，信奉主耶穌基督了。

我的阿公，台灣第一代傳道師高長

有一天，英國宣教師馬雅各醫生（Dr. James Laidlaw Maxwell, 1836-1921）問我阿公：「年輕人，你這麼熱心，常常來參加聚會，聽道理，你現在做什麼工作？」他回答說：「我沒有工作。」馬雅各宣教師又問他：「你會做什麼？」他說：「我會打掃、煮飯、整理家務……。」於是馬雅各宣教師就請我阿公做他的僕人。

◎宣傳福音

我阿公很認真做工，只要一有時間就研究聖經、唱聖詩、做禱告。後來他感覺自己受到耶穌基督的呼召，要他出去傳福音，所以他就告訴馬雅各醫生：「馬醫生，我想出去做傳福音的工作。」但是馬雅各醫生反對，說：「基督徒很少，大部分的人都很反對基督教，如果你出去傳道，會遇到很多苦難，甚至被迫害，所以你還是不要出去傳道比較好。」不過我阿公說：「不要緊，耶穌為人類被釘死在十字架上，祂為我們受到那麼多痛苦，如果我因為傳福音而受到迫害也不要緊。」所以第一個問題及格了。

第二個問題是更貼切實際的問題，馬醫生又問：「你現在領的薪水比你想做的傳道者的薪水還多，所以你的收入會比現在更差。這樣的話，你願意嗎？」他回答說：「不要緊，我傳福音不是為了賺錢，這是一種使命，是上帝的呼召，所以我應該樂意接納這個呼召。」第二個問題他也及格了。就是這樣，馬醫生才答應說：「好！你要先接受訓練，瞭解基督教的基本教義是什麼？之後你才去傳耶穌救人的福音。」所以我阿公接受短期的傳道訓練以後，他就很認真地到木柵、竹仔腳、白水溪、岩前、白河、新營、麻豆、關仔嶺等臺灣中南部的地方，甚至到東部與澎湖等地去傳福音了。

◎長子高金聲牧師

到 38 歲時，阿公才與一位平埔族
熱心的基督徒朱鶯小姐結婚。結婚後，
生很多子女。當代人認為生許多子女是
象徵福氣，所以他們生四個男孩，還認
養堂親的一個孩子高金聲，視他為骨肉
之親。我阿公很愛他，接納他做長子，
要他傳承自己傳福音的使命。

我阿公在年輕的時候就對長子金聲

年輕時代的馬雅各醫生

說：「金聲啊，你假若做牧師認真傳
揚耶穌基督的福音，我一輩子就要做你的僕人來服事你。」我的阿
伯（高金聲）很受感動說：「我的父親這麼認真傳福音，又這麼盼望
我成為一個傳道人。」所以他就到神學院讀書，又到廈門福州的英
華書院讀書。他的頭腦很好，後來終於成為一個馳名的牧師，擔任
臺南神學院教授，並幫助巴克禮博士（Dr.
Thomas Barclay）翻譯新舊約聖經為臺語。
巴克禮博士是蘇格蘭人，先讀格拉斯哥大
學（University of Glasgow），後來又到自由
教會神學院讀書，是極為傑出優秀的博士。

可是在臺灣要用純漢字來表達臺語非
常困難，所以巴克禮博士就用羅馬字來拼
音，以當時廈門通用的語言為標準來翻譯
新舊約聖經。我的阿伯高金聲就跟巴克禮

高金聲牧師

牧師一起工作，將新舊約聖經的原文翻譯成臺語。

　　高金聲牧師在神學教育，或做牧師傳福音、翻譯聖經等各方面對教會都有卓越的貢獻。

◎次子高篤行牧師

　　我阿公的次男高篤行也當牧師，其聲音很宏亮，很喜歡講聖經故事，而且講得非常動人，小朋友也很喜歡聽他講道，他成為臺灣本地馳名的牧師，常常到各地方去傳福音，勸人來信主耶穌。

◎三子高再得醫師

　　我的父親高再得排行第三，他覺得自己應該要熱心信耶穌傳福

高金聲牧師（右1）與巴克禮牧師（左1）一起去廈門翻譯臺語聖經（1913年）

音，但是他也想當醫生。在日本統治臺灣的早期時代，臺灣還沒有醫學院，所以他就去彰化基督教醫院，向蘭大衛醫生（Dr. David Landsborough）學習醫術。後來他居然考取日本政府的醫師執照，成為一位名正言順的醫生。

父親在教會也很熱心，被選為教會的執事，後來又被選為長老。他非常認真做醫生，醫德很好，遇到貧窮的病人，從不收費，而且還會放一些錢在藥袋內幫助貧窮的病人。因為他知道，有些人根本沒有什麼病，只是營養不良而已，所以他就用憐憫人的愛心來幫助有需要的人。至於有錢的病人，他就按照應該收的醫藥費來收取。

父親的醫術和醫德都很好，有許多病人來找他看病。因此，在經濟和生活方面有餘力幫助兩個當牧師的哥哥；因為當時牧師的收入很少，生活非常困苦。尤其幫助他兩個哥哥的子女們都能夠到大學就讀，而且都到日本留學深造。

◎四子高再祝醫生、五子高再福醫生

我的四叔高再祝、五叔高再福，也就是我阿公的第四個孩子、第五個孩子，都是從臺大醫學院的前身「臺灣總督府醫學校」畢業的醫生，所以他們的生活水準很高，有能力送子女到日本留學，學成回來臺灣，很多人都當醫生。在我阿公 20 個男孫中，有 3 個是企業家和工程師，5 個是牧師，12 個是醫師。

◎三個女兒

阿公和阿嬤也生了 3 個女兒，1 位嫁給傳道人，2 位嫁給醫生。他們的子女現在也都在臺灣各地當醫師、牧師、教師、音樂家等來造福人類。

彰化基督教醫院創設者蘭大衛醫生（中）與學徒合影

◎四處傳福音

　　阿公很認真到各地去傳福音。當時臺灣的交通很不方便，所以他都挑著扁擔步行到各地，後面的籃子放糧食或衣服，前面的籃子就放一個小孩子。因為我阿嬤一個人無法照顧那麼多孩子，工作很辛苦，所以我阿公出去傳福音的時候，才要順便帶一個孩子出去照顧。

　　每逢出外，阿公都是這樣挑著扁擔，要走數小時的路程才到高雄、鳳山；有時候要走幾天的路去臺中、埔里、彰化等地，甚至到宜蘭、羅東那麼遠的地方去。他每次一出去就是幾天或幾個禮拜。不過如果要到更遠的地方，離家更多日子的時候，他就自己一個人去。

　　當時的社會治安不好，常有強盜、土匪出沒，因此有時候他會看

到路邊有人被殺，身上還流著血，很多人因害怕不敢往前走，但他仍
勇往直前。有時候要爬山越嶺，走到人煙稀少、很偏僻的地方，他也
覺得不要緊。為了傳福音的使命，無論什麼苦難他都能克服，甚至乘
風破浪、冒險搭船去澎湖的將軍、七美等地方，不顧生命危險去那邊
傳福音。

巴克禮牧師與臺灣初代傳教者於新樓網球場合影（1888 年）
後排左起：趙爵祥、李豹、巴克禮、王希賢、許朝陽、黃白
中排左起：阮為仁、黃能傑、潘鳴和、宋忠堅、高長、李趖、賴阿蘭
前排左起：鍾文振、潘明珠、周步霞、劉沃

1950 年，我去那些地方傳道，有些人還對我說：「哎呀！你的祖父也來過這邊傳福音哦！在我們教會的歷史小冊都有記載，第一任牧師就是你的祖父。」我聽到這些話，心裡覺得很高興。

1874 年，我祖父到高雄鳳山傳福音的時候，遇到一些反對基督教的人，他們說：「你傳這個洋教，不行！你們都是會吃人肉，挖人家的心臟、眼睛去製藥。」所以他們非常排斥。

有一天，我祖父到別的地方去傳福音時，那些反對基督教的人，就在他住的很簡陋的旅館臥房下面挖了一個洞，把土狗與猴子等的骨頭埋在洞裡，然後再用泥土把它們蓋起來。

事後，那些人就去衙門找「大人」（警察），控告他說：傳洋教的人會吃人肉、挖人心。假如不信的話，請你們去挖一挖他房間的地下來看一看。於是當時的「大人」就到他住的地方去挖，果然挖到許多骨頭，所以就相信他們的話，而把我祖父關在監牢裡。當時的監獄，住不像住，吃也不像吃。被關在裡面的犯人有強盜、土匪，他們就把我祖父關在那個地方。按照我的記憶，他好像被關 49 天或是 50 天之久才被釋放出來，備受折磨、吃許多苦。

當時馬雅各醫生聽到這件事，就趕快聯絡香港的英國領事來協助解決糾紛。經過化驗查證後，英國領事就告訴中國「大人」檢驗的結果，表示那些骨頭是動物的骨頭，不是人的骨頭，並且是很古舊的骨頭，絕對不是高傳道師吃人或是吃那些動物，然後將牠們的骨頭埋下去。經過他們詳細說明之後，這些「大人」終於瞭解了，才把我祖父釋放出來。由此可知，他為了傳福音曾吃很多苦。

◎臺灣最早的西式醫院

在臺灣最早的西醫是從 1865 年 6 月 16 日，馬雅各醫生在府城看西街開設西式醫館開始的，即今新樓醫院的前身。其次是馬偕醫院、

彰化基督教醫院。這三家醫
院的規模越來越大。最近幾
年來，我們長老教會這三家
醫院，包括他們的五間分
院，所服務過的病人，一年
高達 300 萬至 400 萬人次。

馬雅各醫生在臺灣府看西街租屋（左側有「湯」字之房屋），首創西式醫館（醫院），展開醫療傳道事工

◎著名的基督徒醫師

在基督徒醫師中比較馳名的就是高天成博士，他在日本受過醫學教育，後來去過中國青島執業。終戰後回來臺灣，在杜聰明博士之後他曾擔任臺大醫院院長。

其他的基督徒醫師還有林宗義，在國際上他是最有名的臺灣醫生。他在 35 歲的時候就被邀請擔任聯合國 WHO（世界衛生組織）的高級顧問。當他一到瑞士嚇了一跳，因為其他的顧問都是 5、60 歲，6、70 歲世界著名的醫生，但因他在心理衛生方面的成就卓越，所以當時 WHO 組成心理衛生組織時，就聘請他擔任理事長，後來還被聘為終身總裁。林宗義博士的醫學在國際上的成就相當卓著，他的父親就是二二八事件的犧牲者林茂生博士，林茂生是第一個在美國哥倫比亞大學得到哲學博士的臺灣人。

馬偕牧師在淡水創設滬尾偕醫館（馬偕醫院前身），是北臺灣首座西式醫院

◎馬雅各醫生軼事

　　馬醫生於 1865 年離開英國來臺灣，從高雄登陸，之後就來臺南，那時候叫做臺灣府城，是大清帝國在臺灣的政治中心。但是他在臺灣府城看西街（現在的仁愛街 43 號住宅）看病傳福音，做醫療傳道事工時，只有短短 23 天，就被迫害，不得不遷往高雄，在旗後（旗津）繼續看病傳福音。

　　不久，馬醫生仍然覺得在臺灣府城傳福音很重要，應該使臺南成為當時醫療傳道的宣教中心。所以在 1868 年 12 月 26 日，他又再度冒險回到府城二老口街，租許厝豪宅開始醫療傳道，開設醫館（即舊樓），建設亭仔腳禮拜堂。亭仔腳禮拜堂於 1903 年因政府拓寬道路而遷移到現在公園路的太平境地段重建新堂，易名為太平境教會，英國母會賜名為馬雅各紀念教會。

　　看西街教會原由太平境教會於 1917 年 5 月 27 日在看西街（現今仁愛街）設說教所，1939 年 2 月 22 日發展為永樂教會，1954 年 7 月 3 日在現今的和平街興建新禮拜堂落成，1965 年臺灣宣教百週年，正名為臺灣宣教紀念教會看西街教會。

　　從歷史觀點來看，太平境教會和看西街教會的關係是母子教會，兩間教會應該都可以視為臺灣宣教頭一間長老教會。

馬醫生在府城二老口街租許厝做舊樓醫館、禮拜堂、大學（神學院）與中學（長榮中學）的校舍

臺南市太平境基督教會（左圖）與看西街基督教會（右圖）是母子教會，在歷史上同時都是
臺灣宣教紀念教會

◎臺南神學院

　　臺南神學院於 1876 年創辦迄今，已有 100 多年的歷史，是培養
傳道人的學校，所以在學校裡面要研讀新舊約聖經要義、聖經神學。

　　在神學院裡面也教授教會歷史、教義學、系統神學、基督教倫理
學、講道學和哲學等。

　　長老教會很重視男女平權平等，男生和女生都可以做牧師，所以
我們現在有 100 多位女牧師。而且在這幾十年來的趨勢，女牧師越來
越多。

　　一般人對基督教神學不太瞭解。出生在臺灣臺南，世界十大傑出
神學家之一的宋泉盛牧師，長久以來在世界神學界非常受到尊重。他
父親宋水琴長期在臺灣教會公報社服務。雖然他不是臺南神學院畢業
的校友，但是他在臺大哲學系畢業後，到英國愛丁堡大學神學院和美
國協和神學院深造，獲神學博士，回到臺灣以後，擔任臺南神學院教
授、院長。旅美期間，歷任世界歸正教會聯盟主席、美國柏克萊大學

太平洋神學院終身教授。

　　宋博士因為他的英文超級好，日語也很棒，華語也不錯，母語是臺語更不用說，所以全世界很多神學院都會聘請他去做博士班的指導教授。他著作數十本英文神學書籍，也有翻成華文、日文出版。

　　第二次世界大戰終戰以後，臺南神學院首任臺灣人院長黃彰輝牧師也是近代世界著名的神學家。1965 年擔任普世教會協會（W.C.C.）神學教育委員會總幹事。1984 年獲得諾貝爾獎的非洲屠圖主教（Bishop Desmond Mpilo Tutu）過去曾做過黃彰輝博士的助理，當時普世教協的總部是設在瑞士日內瓦。

　　蕭美琴立委的父親蕭清芬牧師也是神學博士，他也曾擔任臺南神學院院長，是臺灣台南人。黃彰輝、宋泉盛都是臺灣臺南人。這些牧

臺南神學院於 1880 年遷到新樓園區新建具有歐式亞熱帶建築特色的校舍，今做彰輝館，仍在使用中

巴克禮牧師於 1903 年再購地增建臺南神學院的教室，現今命名為巴克禮館或叫本館

師都有傳記或著作出版，楊士養牧師著有《信仰偉人列傳》，可供參考。此外，移居美國的賴永祥教授也有寫好幾本有關臺灣教會的名人、偉人事蹟。現在從神學院畢業的牧師，在國際上有卓越貢獻的人已漸漸浮現出來了。

◎長老教中學（長榮中學）與女學（長榮女中）

在臺南市東區有神學院和中學，長老教中學就是現在的長榮高級中學，於 1885 年 9 月 21 日由台南英國教士會創辦，是臺灣第一間以英國住宿學校教育為基礎辦理的學校。二年後於 1887 年 2 月 14 日續設長老教女學，就是今日的長榮女子高級中學，這是臺灣第一間專門招收女生的中學。要仔細瞭解這兩個教育機構的創設宗旨與校史，可看《臺灣基督長老教會百年史》，或這兩所學校各自出版的創校百週年特刊。

1914 年長榮中學在東門城外、新購廣大的校地，增建富麗堂皇的英國式的住宿學校，於
1916 年 4 月開始從新樓園區遷到現址上課

被政府列為古蹟的講堂，現在樓上做禮拜堂，樓下做音樂教室

長榮女中於 1923 年由新樓園區遷到勝利路與長榮路之間的現址，興建英國維多利亞式的校舍

二、我的父母親

新校舍是三合院，中庭設置英國皇家式的迷宮花園，花園中央規劃出一個十字架的圖形，深富基督教教育信望愛的特色

我在《十字架之路》這本自傳裡面已經略為談過一些，這裡我再講一些我父親的故事。

我父親高再得是臺南市的一位醫生，但是他沒有拿過專業的醫學學位文憑；因為當時全臺灣都還沒有醫學院，所以他是師從彰化基督教醫院的蘭大衛醫生（Dr. David Landsborough）學習醫術。

蘭大衛醫生是在英國蘇格蘭的愛丁堡大學醫學院學醫學，是很高明的醫生，我父親就是在彰化基督教醫院做他的門徒，學習好幾年的

醫學、藥名、臨床經驗、醫療技術等等。後來受日本政府認可，得到醫師執照，成為當時臺南市相當馳名的醫生，每天都有兩、三百個病患來看病。

那時的醫生很有醫德，我父親的醫德很受大家肯定，因為他如果看到這個人真的沒有病，只是營養不良，他就會開一些維他命、健康食品給他吃，另外在藥袋裡面放當時的兩、三塊錢給他，讓他能夠買比較有營養的東西來吃。

高俊明牧師的父母親高再得醫師與侯青蓮夫人在自宅庭園留影

當時的醫生常常會遇到病人在半夜來求診，有時候我父親看病看到晚上11點、12點才回家休息。可是半夜之後，到凌晨1、2點，2、3點，有時也會有急症病人的家屬來敲門叫他，所以他就要馬上起床，騎著腳踏車去看病人的病。因為當時沒有機車，也沒有小汽車，都是騎腳踏車，或坐三輪車。假如他坐三輪車的話，對方就要負擔三輪車的車資。但是他不想讓病人多付這筆錢，所以就算在非常疲倦的情況下，他還是常騎腳踏車去較遠的地方看診。

有一次，我聽我們醫院的「藥局生」林招知說：有一天，他去病人的家，看完病人後就回來，對方把5塊車資放在病人旁邊，以為醫生會拿走，可是我父親沒有拿那些錢就回來了。後來這個病人的孩子來拿藥，就問我父親說：「你是不是已經拿了放在我母親床邊的那5塊錢？」我的父親馬上回答說：「有！」因為我父親怕他如果說沒有

的話，這個孩子就不敢拿藥了。當時的人非常誠實。那個孩子拿藥回去後，才發現那 5 塊錢還在他母親的枕頭旁邊！他非常不好意思，就再來問我父親：「你為什麼說有？其實你沒有拿到 5 塊錢啊！」我父親就對他說：「假如我說沒有，那你一定不敢拿藥回去；病人要按照時間吃藥比較好，因為這樣，我才對你說我有拿到那 5 塊錢。」這個人回憶說，我父親的醫術與醫德是並重的。聽到這樣的事情，我心裡感到非常高興。林招知先生後來當了 24 年的臺南市市議員，相當有能力，目前還健在。

　　父親除了為病人治病外，他也有兩個屬於自己的嗜好，一個是種植榕樹盆栽，另一個是種蘭花。他一有時間就整理盆栽跟蘭花，所以我們家的前庭和二樓陽臺一共種了好幾百盆的盆栽。

　　我父親對騎馬也有興趣，當時是日本統治臺灣的時代，所以他就與日本軍官一起學騎馬。有一次父親參加騎馬比賽跑第一名，但在他跑山路彎來彎去的時候，忽然間感覺到在他後面有人摔下馬了，於是他馬上停下來救那個第二名的人，結果他變成最後一名。當時裁判官知道這件事情之後，另外頒給他一個精神獎。

　　我特別要再提到的一件事就是，我父親也是一位很熱心的基督徒，每天早上起來，坐在花園中讀聖經、吟聖詩，晚上就集合家人做家庭禮拜。禮拜日就和我母親一起去教會參加主日禮拜，風雨無阻，從無中斷。後來他被教會選為執事，執事的職務就是要負責管理教會的獻金，或是接待客人。在他做過幾年的執事職務以後，就被選為長老，其職務就是要在教會裡面辦理行政，參與教會事工的決策。所以我父親雖然是醫師，但是也做過教會好幾年的長老。

　　我父親很熱心，去做禮拜一定提早到教會，招待信徒進入禮拜堂。可是有時候他在禮拜中也會遇到急症的病人，這時他會悄悄地離

開禮拜堂。看完病人以後，再回來禮拜堂。有時回到禮拜堂，禮拜已
經散會。會友做完禮拜都回去了，他還是很虔誠地進入禮拜堂，按照
牧師當天所讀的聖經，自己再讀一遍，並唱當天大家所唱的聖詩。唱
一遍以後，一個人禱告，然後才回家。所以，我父親的信仰、醫德、
愛心等等，對我影響很大。

我母親是高侯青蓮，她是長榮女中的畢業生，當時剛開始有少女
可以到女子中學求學。清朝時代，每一個名門家庭的千金小姐都會纏
足（纏小腳），但臺灣第一所女子中學的校長是英國的女宣教師，為
破除臺灣這項陋習，就規定女孩子若要來讀書，一定要解開纏足。這
一條校規改變了那時代的壞習慣，並成為今日女性文化之卓越貢獻。
我母親讀長榮女中，在那邊接受基督教的信仰和學問。

長榮女中被肯定為臺灣女性文化的地標，每名學生入學都要「解除纏足」，圖為解除纏足，
改穿文雅鞋子的女生

畢業以後，母親 18 歲就嫁給父親，她非常關心社會服務與教育工作，所以被選為長榮女中的校友會長，擔任好幾年會長。之後又被選為長榮女中的董事長與長榮中學董事。

在教會方面，她也被選為太平境教會的長老，由於她相當看重小朋友的教育，尤其是宗教教育，所以她負責臺南市歷史最悠久，也是當時最大教會的主日學教員。

我的父母親在信仰方面、教育方面，或是服務眾人這些方面，都充滿愛心，熱誠做事，樣樣工作非常認真，受到大家很大的肯定。

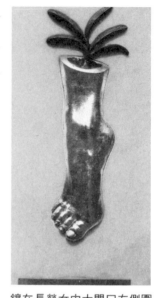

鑲在長榮女中大門口左側圍牆的解除纏足浮雕

他們個性很溫和，非常恩愛。我們做他們的孩子，從來都沒有看過他們吵架或是發生口角。與人談話，聲音很柔和，很有禮貌，又很會尊重別人，在解決別人的衝突和危機的時候，不曾「大小聲」來壓抑任何一方。假如一有時間，他們兩位就一塊去散步，拜訪親戚朋友。時間更多的話，就帶我們這些孩子們「做伙」去看電影，如《泰山》，由當時奧運十項全能運動選手 Johnny Weissmuller 擔任主角（應該是游泳項目的金牌選手），這部電影曾轟動全世界。我父親非常喜歡看這類電影，一有這方面的電影，他就會帶我們全家人一起去看。

此外，我的父母親也很注重子女們的教育，我家的兄弟姐妹一共有 13 個，其中 5 個男的，8 個女的。但有 2 位在少年時代就去世了，其他 11 個都長大成人。父母親在我們讀小學幾年以後，送我們到日本去留學，唯獨我妹妹例外，到英國去留學。

貳

早年的求學與經歷

貳 早年的求學與經歷

一、小時候叛逆心很強

　　關於我自己，雖然父母親有那麼好的信仰，有愛心，樂於服務眾人，可是我小時候卻有一種反抗心。出生在基督徒家庭長大，父母親都很熱心，從小我應該也要很熱心才對，其實並不是這樣。我不喜歡到教會去，寧可偷偷摸摸地跟朋友到臺南市運河釣魚，或是到朋友家的村子那邊「焢窯」、烤蕃薯、抓蟋蟀……，我就是喜歡這樣玩。

　　我在公學校讀書，第一年第一學期的成績是甲，成績很好，但是越來越差，因為不喜歡讀書，喜歡到處玩耍。那時候是日治時代，小學是讀公學校，當時日本的小孩子和臺灣特權階級的小孩子才能讀小學校，普通的臺灣小孩都是讀公學校，我讀的公學校叫做末廣公學校，終戰後已經易名為進學國民小學。

　　那時候公學校的日本老師非常嚴格，我們第一天去報到之後，我們班級的日本導師就教我們走正步，可是有一個小朋友，無論怎麼走都走不好，同手同腳。我們老師看到非常生氣，就糾正他說：「不要那樣走。」還示範給他看要怎麼走，但是無論怎麼教，這位同學都學不會，也許他是太緊張才仍然那樣走，所以老師就打他。結果被那個同學的哥哥看到，心裡非常難過，就站出來求老師不要再打了，但是老師卻連他也一起打下去！豈有此理？

　　當時臺灣的學校教員，有些人非常有族群偏見，認為他們是日本人，我們是臺灣人，所以對我們有差別待遇。當時也有體罰，那個體

罰非常痛苦，有時候我們沒做 homework（家庭作業），老師就用棒子打。打一次，學生就差不多站立不住，痛到幾乎要蹲下去了，但是老師仍然很嚴厲地再繼續打 2、3 下。那個時候根本沒有所謂「愛的教育」。

二、赴日讀書

我讀了四年的公學校，我的姨丈蔡培火當時從事民族運動相當馳名。終戰後他做總統府資政。當時他帶我與另外兩位表哥（三舅父侯全成醫師的兒子書德和書文）到日本讀書，我很羨慕他們，他們的成績都非常優秀。

在日本東京蔡培火（中央的大人）家寄宿的小留學生，左起：侯書宗、蔡敬仁、侯書文、高俊明、侯書德合照

因為我跟這兩位表哥常常在一起玩，有一種割不開的親情，所以那時候我就向我父母親說：我也很想跟他們一起到日本讀書。但是我父母親很反對，因為我的成績不好，而且又不想讀書，所以父母親才不肯答應。當時我姨丈蔡培火在日本東京，與林獻堂及一群臺灣社會相當知名的人士一同參加「臺灣文化協會」，暗中從事反抗日本政府在臺灣實施殖民統治政策、把臺灣人民視為二等國民的活動。因此時常被日本警察監視，乃於 1937 年舉家遷往日本，並在 1938 年負責由我父親高再得醫師、二姑丈吳秋微醫師、三舅父侯全成醫師、和黃煥先生、李金生先生等 5 人在東京共同集資投資的「味仙餐廳」。這家餐廳當時就成為臺灣人旅日、留日探親、留學、經商聚會餐敘的大本營。蔡培火先生有深厚的臺灣心，擅長美術，作詩詞與臺灣歌謠，例如：「臺灣、臺灣、咱臺灣」的臺灣頌，與「臺灣自治歌」，在當時傳頌極廣。在我童年時期，也深受這些歌詞的影響，在幼小的心中培養一份疼惜臺灣同胞的情懷與抱負。

話說那時候我身體的健康狀況很差，常常生病，常常請假，甚至有一段時間到溫泉地，透過溫泉的療法，試試看能不能比較健康一點。

由於我的身體健康不好，赴日本之前，父親就買一隻剛生下小羊的母羊，每天請佣人擠羊奶給我喝，希望我能健康起來。可是因為要給我喝羊奶，佣人就把那隻小羊拉到別處去，母羊常常「咩……咩……」地哭、喊叫牠的小羊。我聽到母羊這種哭叫的聲音時很難過。因此，我父母親從醫院回來的時候，我就流著眼淚對他們說，我不要喝羊奶了，把小羊帶回來給母羊照顧。因為我非常迫切流著眼淚拜託父母親，所以他們就不再叫佣人拉走小羊，讓牠吃母奶。

我母親看到我那麼想跟我表哥一起去日本讀書，就講這個故事給

高俊明（左2）在東京留學時期，與大哥高俊雄（中坐者）、大嫂（右1）全家，及四姊碧華（左1）、五姊平華（右3）合照

我姨丈聽。姨丈聽完之後就說：「這個小孩子雖然成績差，但是心地好像還不錯！」所以他就答應說：「好啦，我也帶這個孩子一起去！」所以從國小五年級第一學期開始，我終於與表哥們一起去日本東京的學校讀書。

　　到了東京，我才感覺到那邊的日本人與日本老師，和在臺灣的日本老師不一樣，他們沒有差別待遇，反而更關心我們這些從外地去日本讀書的小朋友。雖然我的成績差不多都是中等，但是東京的班主任反而特別關心我。

　　小學畢業以後，我報考3、4所中學都沒有考上，因為我去東京的時候也不喜歡讀書，常常找機會去釣魚，所以只好去就讀夜間學校，這反而成為我人生改變的契機。

　　因為我讀夜間學校，那時候我的大嫂在臺灣常常看到我的父母親

一想到我的事情就會嘆息，甚至流淚。花了那麼多錢，送這個孩子去日本讀書，卻在那邊讀夜間學校，怎麼可以？實在太沒有面子！於是我的大嫂就寫信勸告我要用功讀書。我還記得有好幾封信，讀後我也流淚，受到感動，覺得我不應該如此荒廢學業。但自我節制好幾次後，好像都沒有發生什麼作用。

直到在夜間學校讀了幾個月以後，才發現到班上其他同學大部分都是貧窮家庭的小孩子，白天他們都要去做苦工，自己賺錢，晚上才來讀書，所以我很受感動，知道讀書很重要，學問很重要，我不應該再這樣馬馬虎虎混日子。從那時候開始，我下定決心認真讀書，所以經過一年，我就考上相當著名的教會學校——青山學院的中學部。第一學期成績單發下來之後，我是第一名，感覺到一定要努力！上帝既然給我一些天資，我就應該要更認真努力用功才對！

另外一個經驗是在一年級第二個學期，我被選為第一副班長；當時每一個學期都要選一個日本學生當班長，跟兩個副班長。平時要幫助導師和班長照顧同學，並執行導師所交代的事情，漸漸學習如何做好一個領導者的角色。從那時起，我就開始肯定自己，覺得自己如果認真努力的話，也是能夠有些成就的。

不過讀到二年級以後，由於第二次世界大戰日本由勝轉敗，美國轟炸機幾乎每晚都會飛來日本轟炸。東京放眼望去，每天都籠罩在一片火海中，人民生命傷亡、樓房損失慘重，無法統計前線軍人陣亡，兵力重挫，而後方兵工廠亦缺少人力工作。因此，我讀到二年級結束，學校就宣佈停課，全部學生都分派到軍品工廠做工。我們那班被分派到日本特殊鋼株式會社去製造戰鬥機的機關砲零件，清晨4、5點鐘就要起床，5、6點要走去工廠工作。在往工廠的路上，都會看到前一晚被美軍空襲炸死的日本平民，屍體支離破碎，血肉橫飛，腥味惡

臭撲鼻，其慘狀真是令人不忍目睹。每天看見這種人間慘狀，使我不得不開始認真深思人類的生命、道德和愛心實在非常有限。為何世界各文明國家為了爭取戰爭的勝利，幾乎把全人類的知識、科技和金錢，全部都投入殺人的競賽與漩渦，無法自拔、無法克制呢？

面對此情此景，在軍品工廠工作的數千名工人，每天都會感覺到隨時隨地可能被炸得粉身碎骨，尤其是日本的軍品工廠更是美軍鎖定轟炸的主要目標，每天在工廠工作，有如被定死刑，人人心裡戰戰兢兢，害怕生命難保。因此，所有工人的工作情緒非常低落，一日痛苦一日擔當，人生前景很渺茫。下班離開工廠，幾乎人人都盡情去喝酒、賭博、或去妓女戶消魂，自我陶醉。

在戰爭中每天都死很多人，夜夜驚魂，在生死徘徊中既恐怖又無奈。在那時候我又看到在工廠工作的學生，由於被人欺負，還要我同班同學去跟別班的同學打群架，真是禍不單行！究竟人生的意義在哪裡？雖然我出生在基督教家庭，從小常常讀聖經，為找答案，我還是再讀佛經，和日本新興宗教的書籍，例如「創價學會」的名著《成長之家》，以及「無教會主義」內村鑑三的《求安錄》。

在《求安錄》這本書中，內村鑑三先生很肯定地說：他追求學問得不到平安，追求各種宗教也沒有得到平安；做很多慈善工作，追求各種享樂也沒有得到平安；後來在主耶穌基督裡才找到真實的平安。因為真正的平安是從上帝那裡賜給人的，從真神那裡來的，而且是根據真理和公義而來的。當我讀到這些話，內心很受感動，每天都把《求安錄》這本書帶在身邊，一有時間就拿起來和《新約聖經》一起研讀，並用紅筆把受感動的文字一一劃下來再詳讀細思。此後，我才下定決心告訴自己說：「我還是要做基督徒，認真去教會參加聚會，用心研究聖經的真理。」

在第二次世界大戰接近尾聲時，美軍為逼日本無條件投降，轟炸更頻繁、更嚴重，東京日夜火光熊熊、消防隊束手無策。每天看到的戰爭悲劇，殘樓倒塌，烈火燃燒，遍地屍首，面目全非。每家父母、兒女死傷無數，哭叫聲此起彼落，真是人間煉獄。但在連天戰火的苦難中，日本人仍然堅決寧為國碎，不肯投降。直到美軍於 1945 年 8 月 6 日與 9 日用兩顆原子彈連續投在廣島和長崎，造成數十萬人民一起慘亡，高樓夷為平地，舉國有如做一場惡夢初醒，天皇為委曲求全，才用很沉痛的聲音，含淚向全國軍民廣播：「日本無條件投降，戰爭結束了。」

三、戰爭結束，返臺讀書

1945 年 8 月 15 日，第二次世界大戰結束，離開家鄉已經 5、6 年的我，飽見日本人民和城市受到戰爭的摧毀之後，心裡很希望趕快回來臺灣。1946 年 1 月，有一艘由貨船改裝「大久丸號」客船，從日本駛向台灣，我就趕快辦理休學，坐這艘船回家。回到臺南之後，我才知道我家在戰爭中也破產了。以前的醫院被美軍炸毀，年逾 60 歲的父親，健康衰退，每天來殘破、不堪修復的醫院受父親看病的人，三三兩兩，收入大減。從前家境富裕，如今走入貧窮，每天三餐僅吃「蕃薯簽」或「蕃薯塊」配小菜過日，一切希望都要從頭再來；因此，原先歸心似箭，充滿喜望，如今回家要吃苦，終日失望。雖然如此，但是為了生活，我們必須從困苦中爬起來，從斷壁殘垣中，著手拆掉毀壞的房屋，然後再重建家園，努力再努力。

終戰前，因為日本經過 5、6 年的戰爭，糧食非常缺少。記得在戰爭一開始的時候政府實施糧食配給制度。當時我又剛好正在發育，

終戰後長榮中學早期閩南式的平房教室、歐式的學生宿舍與本地式的餐廳

很需要吸收營養，一餐要吃 3 碗飯才能吃飽。可是配給的米，一餐只能煮半碗粥飯，後來連米也沒有了，只配給地瓜。再後來更慘，地瓜也沒有了，就配給大豆。大豆一餐只有 2、30 粒，要一粒一粒地吃。最後連大豆也沒有了，只好吃豆渣。因此終戰以後，人都瘦成皮包骨了。那時候我回到臺灣，認為已經沒有戰爭了，應該要好好鍛鍊身體，就非常認真做運動，踢足球啦，或者是玩橄欖球，或是吊單槓、舉重，以鍛鍊強健的身體。

回到台南以後，由於長榮中學自 1885 年 9 月 21 日創校以來，與高家的關係非常密切，許多子孫都是讀長中出身的，其中更有多位親戚擔任學校董事，甚至吳秋微醫師、侯全成醫師、陳明清律師還擔任過長中董事長，所以我從日本回來臺南時，立即插班進入長榮中學初中部三年級繼續上第二學期的課。可是上課的時候，臺籍老師改用半

生不熟、不三不四的華語講課；而外省老師用我完全聽不懂的華語授課，有如「鴨子聽雷」（聽不懂），完全不知道老師在講什麼？在這種華語教育之下，無形中使我對華語產生反感、抗拒。因此，我在長榮中學很辛苦的讀到高中畢業，華語和中文都沒有學好，上課對老師講的課文便不會感到有多大的興趣，完全索然無味。

對上中文課，既然聽不懂老師在講什麼，沒有興趣唸書，但是那時候我卻很熱衷追求真理，想多瞭解人生的意義，所以一直讀托爾斯泰、基督教要義、偉人列傳、世界文學、哲學和神學的日文書籍，以充實我內心所需要的知識和智慧。這當中影響我最大的就是俄羅斯的基督徒作家托爾斯泰的文學作品，我很敬仰他的人格、信仰、愛心與學問，以及他的禁慾主義。雖然他是貴族，可是他非常愛他家的農奴、農民，為這些農民的孩子們建學校，幫助他們受很好的教育。托爾斯泰節省金錢來幫助別人，特別是關懷農民，以及他們的孩子，或是社會底層的人，這種善行和愛心，令我很受感動。

平時除了認真去教會參加聖歌隊、查經小組、青年團契，並志願做主日學老師外，又在每次參加主日禮拜後，開始去臺南市專門收容無家可歸的貧民和精神病患的「愛護寮」（現今遷址改名為仁愛之家）做義工，有時在金錢上給予濟助；對住在那裡面的小朋友，就教他們唱聖詩或說聖經故事給他們聽。

後來，在每禮拜六下午，沒有上課的時候，我又在臺南市郊外發現一個專門收容患肺結核病者的「清風莊」（現在易名為胸腔病院與嘉南療養院），我便邀集數名同學騎腳踏車去那裡，陪那些被人視為無藥可救，既可怕又無望，只有等死的病人聊談人生，唱聖詩給他們聽，安慰他們，又講聖經故事來勉勵他們，給他們信心、希望和溫暖。

這些工作從就讀長榮中學開始，直到畢業後再去唸臺南神學院的

時候都沒有中斷過。對抗這幾種意志訓練，對我的人生有很大的助益，使我親自體驗到孤苦無助者的困境，和他們的心靈世界的孤獨痛苦，並瞭解到他們的渴望和需要。對這方面的關懷，終於使我深覺：只要是要緊的事，重大的目標，無論多麼困難，我們一定要堅持到底，盡心盡力去解決、去克服，人生才有意義，才能活出亮麗又有價值的人生來。

前面我已講過，我父母親在室外栽培幾百盆的盆栽和蘭花。我很愛運動，所以我每天都以雙手用水瓢舀水來澆花，將兩個蓄水的大甕罐的水都舀出去，澆那些盆栽，把這個工作當做運動來鍛鍊身體，也是盡量減少睡覺時間，只睡2、3個小時。有時甚至整夜沒睡，努力讀以前沒有讀過的好書，來充實自己的知識。

此外，我受到托爾斯泰提倡禁慾主義的影響，所以我認為不應該再吃像肉類這些比較有營養的食物。這樣激烈的生活態度，禁慾又努力鍛鍊身體，還要讀很多書，晚上又盡量少睡，經過2、3年，外表看起來身材似乎變成很好看，但是節制已經到達極限，身心終於「受不了」了。

剛好那時我從臺南坐火車到淡水去參加長老教會的青年團契夏令會。當時有1,000多位來自臺灣的青年基督徒，聚集在淡江中學，接受3、4天的集體訓練、靈修。聽到從英國、美國回來的學者的專題演講，又和同學們一起四部合唱、踢足球等等。這個夏令會對我們參加的1,000多個年輕人來說，雖然只有短短3、4天的靈修訓練，可是鼓勵很大！

夏令會結束以後，我去北投親戚的別墅拜訪，可是不知道為什麼，在那裡我一直想睡覺。他們也感覺到很奇怪，為什麼我一直在睡覺。早上7、8點起來吃飯以後，大家在談話或是玩的時候，我就忍

不住打瞌睡。到下午，我感覺到自己的身體怪怪的，於是趕快搭火車回來臺南。一回到自己的家，我馬上倒下去了。晚餐的時候，母親來叫我，佣人來叫我，我都沒辦法動。從那時候開始，經過幾個月我都沒有辦法起來，一直發燒，發燒到攝氏 40 度左右。

我父親是醫生，我舅舅也是醫生，我的大哥、二哥都是醫生，他們都來看我，但是他們都不知道是什麼原因？只知道我過去兩年來的生活太激烈了，也許就是因為那樣疲勞，才影響到整個身體的健康。所以我有好幾個月抱病過日，後來，燒才慢慢退去。可是當我從病床起來的時候，身上沒有力氣，無法走路，所以每天都由我父親的三輪車伕載我去學校上課。下課後我再坐車回家，那時候我真是得了一場很重的病。

從那時候起，連續好幾年，身體才稍微好一點，我又急著想恢復以前那種身材與健康，就跑去踢足球、打橄欖球……，可是過不久又倒下去了。因此有幾年的時間，我的健康都非常不好，很虛弱。

◎喜歡閱讀的書籍

因為我所受的教育是以日語為主，而當時出版書籍還不普遍，有時候必須向人家借閱。幸好我有很多兄姐，他們都曾到日本留學，所以他們會購買一些書籍，不過因為我的長兄與二哥都是醫生，我的五姐又是女醫生，所以除了一些德文的醫學書籍我看不懂外，其他的書籍我都可以看。那時我讀了很多日文的書籍，讀的時候，我都選擇比較著名的小說。例如：《孤星淚》，以及賽珍珠女士（Pearl S. Buck）在 1938 年獲得諾貝爾文學獎的作品《大地》，或是《三國誌》、《西遊記》。我最有興趣的是有關人性方面的書籍，所以托爾斯泰所整理

的世界各國名人所說的名言，或是他自己寫出來的一些很有意義的故事，我都會喜歡看。

當時我有一個姐姐到日本攻讀兒童教育，所以對佛列德或是瑞士教育家 Johnann Heinrich Pestalozzi，這些 60 多年前比較著名的教育家們的教育理論，我也有興趣。其他是與基督教信仰有關係的書籍，特別是日本比較馳名的牧師的著作。此外就是各國的名人傳記，或傳記文學等等，例如愛因斯坦（Albert Einstein）、林肯（Abraham Lincoln）、愛迪生（Thomas Alva Edison）等偉人的傳記都是我很喜愛的書。

◎四件很難忘的大代誌（大事）

在中學時代唸書還有四件事我畢生難忘：

第一、當時我很愛漂亮，雖然每天去上學，都要穿學校的制服，但是我所穿的制服，一定都是洗得非常乾淨，而且又要熨得整整齊齊，有「鉋角」（mê-kak），皮鞋也是擦得很亮麗，這樣我才能快快樂樂出門去上學讀書。可是當時在學校也有一位上級生很愛漂亮。當他發現我似乎與他同爭奪學校「最漂亮」的學生的榮銜的時候，有一天當我與同住在一起的蔡敬仁同學要一起去學校上課的途中，有二個被學校退學的學生與另一個學長，從對面不遠的地方走過來，突然站在我面前質問我說：「你這個下級生為何沒向上級生敬禮？」接著就叫敬仁走開，然後把我押到青年路偏僻的地方去「修理」（siu-lí），3人的拳頭，接二連三地擊打我的臉，鼻子被打到「烏青」（o͘-chheⁿ），臉部發腫淤血，甚至流血快要昏倒下去，才聽到有人說：「好了，夠了！不必再打了！」之後，我還要依照日本統治臺灣的時候的陋習：

立正、向他們鞠躬敬禮、恭維、道謝，感謝他們的「教訓」。

　　日本學校有此一傳統——上級生看下級生不順眼，就可以出手「修理」，下級生必須「乖乖」承受教訓。依照此一陋習，下級生不但不能還手，還要向上級生說聲「謝謝」！當時日本戰敗，日本人從臺灣撤回日本，雖然時代已經改變了，但是其遺規仍在。回憶當年，我雖然被三個上級生輪番痛打，滿臉「烏青凝血」（o͘-chheⁿ gêng-hoeh），但是把血漬擦一擦還是繼續去學校上課，沒有告訴同學或老師「為什麼」？直到下課回家，我的大嫂看到我的臉很不像樣，大驚一跳，才急問我說：「你的臉怎麼變成這樣？」我本來想，事情已經過去就算了，不想多講，不料我的大嫂知情之後，心裡為我打抱不平，就去告訴我大哥。然後我的大哥就很生氣去找我們的三舅父侯全成、二姑丈吳秋微。當時吳秋微醫師做長中董事長、侯全成醫師做董事，他們兩人聽到我在上學途中，無緣無故被 3 個上級生這麼無理出手毆打，心裡非常生氣，就立刻去學校找趙天慈校長要求做適當的處理。

　　趙校長找蔡敬仁同學來詢問，得知那個上級生尋找另外兩個退學生來毆打我，心中一把火，在學校舉行升旗典禮（朝會）的時候，立刻找那位上級生來向我道歉、「會失禮」（hōe-sit-lé），同時嚴格明令，禁止上級生以後不可再用「毆打」的日式舊例來「修理」下級生。同學之間也不可以互相打架。

趙天慈校長

吳秋微董事長

經過這次意外被上級生無理「修理」後，我對自己的儀容服裝做很大的反省，認為做青年人不必那麼講究服裝儀容之美，衣服只要整齊乾淨就好，生活要有節制。此後我又學習托爾斯泰過行善的道德生活，決心將來要建設孤兒院照顧孤兒的生活，並開始關心臺南市愛護寮的貧民、殘障者的生活，講聖經故事給他們聽。這種人生觀的大改變，就是在長中讀書被「修理」以後才開始的。

第二、記得有一位姓李的「壞學生」被學校列入黑名單，身材相當好，每天身上都佩帶一把小刀，藏在大腿，隨時準備跟人打架。但是不知道為什麼，他對我很好，與我做好朋友。他家住在善化，那裡有一個騎馬場。他經常邀我去那個騎馬場騎馬，而且還教我騎馬術。後來他知道學校要把他退學，有一天他對我說，他很想改過，做一個好學生，就拜託我請我父親去向學校說情。趙校長知道李同學要改過，重新做人，不做壞學生，心裡很高興，馬上答應說：「好！就讓他再讀讀看！」李同學這時候心中很受感動，不但做好學生，畢業以後又做一個熱心的基督徒。這個回憶很甜蜜美好。

第三、當我在讀高中的時候，發現有一些基督徒學生，如：張德香、盧恩盛……等人很喜歡唱聖詩，每天中午匆匆吃完午餐，就到禮堂去，圍在鋼琴旁邊合唱，每天越唱，聲音越美、越動聽。因此，來一起唱聖詩的人就越來越多。有一次趙校長在早上做禮拜講道時，就向全體學生報告這件事。趙校長說：「有一群愛好音樂的同學每天中午都到禮堂來練習合唱，聲音很好聽，希望愛好音樂的同學，能夠踴躍參加，一起練習合唱。」

第四、在戰爭時期，學生沒有時間上體育課，但需參加軍事訓練、戰鬥訓練。當我從日本回到臺灣以後，看到長榮中學的學生在大操場，每天下課後都在踢足球，心裡非常高興，我也跟同學們下操

台南市長榮中學高中第二屆畢業記念
1949.6.25

高俊明牧師與張德香牧師、劉瑞仁牧師讀長榮中學都是同一屆的畢業生。畢業後都一起去投考臺南神學院

場去踢球。雖然我的球技並沒有達到做選手的資格（只做候補選手），但是我對運動很熱衷、興趣、關心與愛好，並不輸其他的同學。後來當我做太平境教會青年團契的會長後，就常常招呼青年團契的會員去南門國小的操場踢足球，並請洪南海老師（長榮中學的足球教練）蒞臨指導。玩到黃昏的時候，大家才一路唱歌、一路走回家，氣氛很好。這種活動，不但能培養大家合群的感情，也可以鍛練強健的體格。

四、就讀臺南神學院，只想辦孤兒院

　　長榮中學高中畢業後，我有一個使命感，認為自己應該像日本第一家孤兒院創辦人石井十次一樣，他的作為非常令人感動，也非常偉大。在英國也有一位名叫做喬治慕勒（Georege Muller, 1805-1898）的偉人，他也是用愛心、信仰來照顧很多孤兒。他們兩個人的愛心感動我，讓我也想利用我父親要給我的十幾甲的土地來辦一所孤兒院。

　　為達成目的，我想最重要的就是要充實我自己，我必須要讀神學院，於是高中畢業，我就去投考臺南神學院。我認為在神學院研讀聖經神學，或是系統神學，或是實踐神學、歷史神學等等，可以充實我自己的內涵心靈，更有信仰，更有行善的毅力。所以那時候我就是在那種決心下，進入臺南神學院研讀。當時我志願去考臺南神學院，在口試時黃彰輝院長問我說：「你為何來考神學院？」我立即回答說：「因為基督的愛心催迫我，但是我的志願不是要做牧師，我要辦孤兒院。」黃院長聽到我的回答，雖然感到很意外，但是他並沒有拒絕我來唸神學院。

◎選擇就讀臺南神學院

　　我選擇臺南神學院就讀的原因：第一、因為我的故鄉在臺南。其次，臺南神學院上課都是使用臺灣話，不論上什麼課，都是講臺語。我在初三以前都受日本教育，看日文、聽日語、懂日語，但傳福音的人必須瞭解當地人講的母語，所以我選擇臺南神學院是正確的。

　　在我入學的時候，臺南神學院規模不大，上課像英國學校採用小班制，全校學生只有 50 多名，我們那年級的新生，男女合班只有 12 名，黃彰輝院長負責教系統神學、教義學、基督教倫理學等，因為學

臺南神學院的本館教室（正面）

校小，師生的關係非常融和，好像一個大家庭一樣，就像英國大學，
師生全部住校、上課、生活、運動，日夜生活都在一起，彼此研究、
互相學習、大家勉勵、沒有隔閡、同學之間互稱某某兄、某某姊，和
睦相處。因此有些教會的會友都很羨慕在神學院生活的師生，宛如人
間天堂一樣，尤其校園很美，被市民稱譽為英國公園。

臺南神學院的本館教室（南面）

黃院長講課的時候，還經常向我們說：全世界各國都有教會，所以我們不但要關心臺灣，也要關心亞洲與全

世界的教會。為了要讓學生們都有「普世教會」的世界觀，黃院長常常邀請國外著名的神學家和名牧師來學校做專題演講。每次演講均由黃院長親自翻譯。那時候每位學生都會感覺到英語很重要，一定要努力學習，日語也是一樣。我也認為對我畢業以後，在社會或教會工作，尤其是在從事國際事務方面的工作，日語和英語將成為我工作上最主要的語言之一。黃院長的日語和英語講得跟臺語同樣順口、流利、通暢，而且口才也很好！

神學院時期的高俊明

五、臺南神學院的課程與師生

◎歷史神學

研究基督教會歷史的演變。在全世界有很多基督教會、天主教會。基督教會中有長老教會、聖公會、信義會、路德會、浸信會、循理會、聖教會、衛理公會、安息日會等教派。而各教派的歷史、組織、教義、禮拜、儀式與制度等的變動與其意義也不一樣。所以認識基督教與天主教的教會歷史都很重要。

◎系統神學或組織神學

除歷史神學外，還有系統神學（Systematic Theology），根據新舊約整本聖經，研究一貫的教義究竟是什麼？不然的話，聖經那麼大一

本，內容那麼多，要怎麼瞭解？所以我們必須研究系統神學。系統神學的內容，包含教義，聖經中特別重要的教義、神觀、人觀、世界觀或社會觀、終末觀等，關係到人死後何去何從？世界末日的情形會發生什麼大事？這些都是在組織神學或系統神學範疇要講很清楚的問題。

在系統神學或組織神學範疇，除教義學以外，還有倫理學。從基督教的觀點來看人的倫理，人與人的關係，跟人的道德觀念，究竟是什麼？比方說，一般社會對於婚姻問題，或是結婚問題，有各種不同的想法，有人主張獨身比較好，或是同居就可以，不必結婚。或是說一夫一妻制最好。但是也有人有其他的主張，就是一夫多妻等等這些不同的講法。從基督教的觀點來看，倫理是什麼？道德是什麼？不僅是結婚，還有很多問題。比方說經濟也有經濟方面的倫理問題。有人認為追求最大多數人的最大幸福，只要是最多人認為什麼是幸福，就可以把這個觀念規範為一種正確的道德觀、倫理觀。但是基督教有基督教自己的經濟觀，共產主義者也有共產主義的經濟觀，資本主義者當然也有他們自己的經濟觀。所以在倫理道德方面，在社會上有很多很不同的觀念，這些都是屬於系統神學或組織神學中所要研究的問題。

◎聖經神學

在歷史神學、組織神學以外，還有聖經神學。我們相信新舊約聖經都是上帝啟示的話語，有很多有關上帝的神學在裡面。那麼厚的一本神學經典，舊約就有 39 卷，天主教比基督教還多。在 39 卷中有：創世記、出埃及記……，有很多相關的史料。所以要研究舊約神學，

也要研究考古學，以及各國各時代的歷史、文化與宗教背景。

舊約神學又分為摩西5卷、史記，或是以色列建國之後，猶太人的社會制度，每一代國王的大事記述等等。因為舊約神學實在很深奧，所以專門研究舊約神學的人必須學習希伯來語，因為舊約聖經差不多都是用希伯來文寫的。除了舊約神學之外，也有新約神學。新約聖經大部份是用希臘文寫成的，有27卷。所以要研究新約神學的人，也要研究希臘文。懂得聖經原文，才能更瞭解聖經的原義。

◎重視英文

在研讀神學課程以外，神學院也非常強調英文，因為我們相信全世界的基督徒在基督裡是合而為一，連結於主耶穌基督的教會，不分教派，不分天主教或是基督教，都是一家人，都屬主耶穌的教會。所以我們為要傳福音，要跟其他教派的人，或是其他國家的基督徒保持聯繫和分享，這時候就要使用英語來溝通。所以我們在神學院就很注重學習英文的讀、聽、說、寫，而英文老師大部分都是由英國宣教師或宣教師夫人來擔任。

◎實踐神學

除了上述課程以外，我們也很重視實踐神學、教牧協談，因為我們畢業後不久到教會去就要做牧師，牧養一間教會。

牧會工作實在很複雜，前來做禮拜的會友有的是大學教授，也有律師、音樂家、美術家、老師、企業家、農夫、工人、漁夫，各方面的人都有，你要向這群不同階層、不同身分的人傳福音，要怎麼傳？每週在禮拜日最忙，平常禮拜一休息，但是禮拜二、禮拜三……每天

也有舉行不同的聚會，例如：祈禱會、聖歌隊練習、夫婦團契或是青年團契聚會、兒童主日學、家庭禮拜等。不同年齡的人和不同職業的人，都來我們的教會做禮拜，牧師要怎麼關懷這些人？要怎麼向他們傳耶穌基督的福音？又他們所遭遇到的各種問題也有不同的時候，牧師要怎麼幫助他們？這些問題都是在實踐神學所研讀的專業課程。

研讀牧會學專業課程以外，實踐神學也談到講道。怎麼樣講道？教授說：每場講道最好要分為 3 個重點，長的時候也可以分成 5 個重點，或是更多重點，看看你要怎麼去說明？每一次講道的重點要有主題，其內容一定要好好地歸納出 3、5 點來，而且要用深入淺出的道理來講，因為除了學問較高的人以外，有些人不識字，要如何深入淺出地說出講題的信息與要義，那就是講道學了。所以實踐神學就是要學習這些講道的技巧和藝術。

在教會裡面也有很多種組織，比方說有人被選為執事，就是 deacons，其職務就是要關心會友、幫助牧師處理事務、管理財政，或是接待客人。這就是執事的工作。

擔任執事幾年之後，眾會友感覺這個人能夠負擔更重要的責任，例如：幫助牧師來關心會友的信仰問題、生活問題、或是更深、更大的問題。執事做二任之後，就有資格被選為長老。所以要怎麼指導長老和執事有更好、更有效率的能力來幫助教會成長？這些學問在牧會學裡面極為重要。

除了長老、執事以外，由於教會也設有松年團契，參加的人都是年紀比較大的長輩，他們都需要多給予關懷；也有家庭團契、婦女團契，尤其是單親團契，她們在我們的社會裡面被丈夫遺棄，很多離婚的女人被人忽略，或重男輕女被看不起，以前的陋俗還留在現代的社會，所以我們要特別關心這些婦女的人權問題。還有青少年團契、社

青團契……等。

　　此外，大專團契的學生也有他們所面對的困難或人生問題。還有社會青年團契，其中有些人根本沒有讀過學校，他們做人處世的知識比較少，種種人生問題很需要別人輔導、指導。這些事情都是牧會學的重要課題。因此研讀牧會學也要懂得心理學，研究心理學和諮商、協談的技巧。

　　這些課程就是神學院的主要學科。我選擇讀臺南神學院就是因為在院內，教授都會教這些課程。此外，音樂也是必修課程，上課時一定要學習看五線譜，有時候還要學會彈風琴，特別是迷你小風琴。因為在 5、60 年前，那時臺灣的經濟不太好，教會只有電風扇，也沒有冷氣設備，買不起鋼琴，會友唱聖詩都要使用小風琴伴奏，所以我們在那時代的神學生都要學習彈風琴。但我學不會彈風琴，可是我對合唱指揮很有興趣，喜歡指揮四部合唱。為要指導聖歌隊合唱，所以我對聲樂很有興趣學習，唱歌的聲音也很宏亮。

　　我就是因為對上述的學科非常有興趣，老師又用臺語教學，所以我自然就選擇去讀臺南神學院。

◎神學院的老師

　　神學院的老師有我們臺灣的本地人，也有英國、美國、德國、加拿大和日本的宣教師。他們的臺語都講得很正確又很流利。

　　在我們的老師當中，我特別尊敬當時的院長黃彰輝牧師。他是日本東京帝國大學哲學系的資優生。東京大學一直是日本

臺南神學院院長黃彰輝牧師

最高、最好的大學。後來他又到英國伯明罕 Selly Oak Colleges 和劍橋大學西敏神學院研讀神學。第二次世界大戰發生時，暫時留在英國，在英國倫敦大學的亞非學院（School of Oriental and African Studies）教授亞洲歷史和日語。因為那時候聯軍跟日本在打仗，在戰爭中，許多英國人必須學習日文、講日本話，所以黃彰輝牧師在英國自然就成為倫敦大學最適當的日文老師。因為這樣，他在英國的生活，有時受邀到教會講道以外，大部分的時間就是擔任大學教授的教學工作。

陳金然牧師

　　終戰後回來臺灣，黃彰輝牧師成為國際人物，常常代表臺灣教會，有時代表亞洲國家去參加世界性的會議。他的英語講得很好、非常流利，參加國際會議，其發言相當受人重視。後來他擔任臺南神學院院長和長老教會總會議長，更加有機會，常常出國開會。由於他的學識和見識非常豐富，也有很完整正確的世界觀，所以我們非常敬愛他，很喜歡上他的課。他教我們系統神學或組織神學、教育學與基督教倫理等等，也教我們認識普世教聯的組織。

　　劉華義牧師也很受我們尊敬，他是一生致力聖經神學的研究，講道內容非常有系統，組織得相當完整，令人感動，所以我對他的印象很深刻。他的長子劉富理牧師，在美國開拓「臺福教會」、辦神學院。他的子孫有幾十個，分散在美國、英國、加拿大、拉丁美洲和日本。現今在臺灣也有分設臺福教會。

　　還有一位陳金然牧師，他對希伯來話有深入的研究，也很用心教

英國宣教師彌迪理牧師夫婦

我們舊約神學，我對他的印象也很深。

　　此外，我要特別談到幾位外國宣教師。彌迪理牧師（Dr. Harry Daniel Beeby）他是英國教會的宣教師，與黃彰輝牧師同樣是讀劍橋大學西敏神學院畢業的，是我們的副院長，教舊約聖經釋義。他精通臺語，其臺語說得比我們臺灣人更優雅、風趣。他又能夠瞭解許多臺灣俗語的含義。有些時候與我們開聊，他也會講幾句臺灣有趣的稀有成語，是一位非常幽默的牧師。因為他的臺語講得很好，所以他也常常出去與一般社會人士談話、聊天。因此他對臺灣的語言、文化和風俗習慣瞭解很深。我們覺得他既是老師，又是朋友。但是後來，由於他非常熱愛臺灣，向年輕

梅桂蓮老師

人鼓吹臺灣不應該被中國統一，就被國民黨驅逐出境。

　　音樂老師梅佳蓮姑娘是英國劍橋大學國王學院的卓越校友，她出生於英國的音樂家庭，她教我們聖詩學、合唱和指揮的課程。

　　在神學院裡面，學生有時會覺得老師的講義似乎不夠深入，或聽不太懂，同學之間有時也常辯論。但是整體來說，神學院的生活對我的幫助很大。

◎臺南神學院的同學

　　我們那一班只有 12 位同學，但大家都很優秀，比方說張德香牧師，他後來到英國和美國著名的神學院留學。回國之後，擔任臺南神學院的新約教授，後來又擔任院長。另外一位就是我剛才提到的、教我們舊約神學的陳金然牧師的三公子陳效贊牧師，他是第一個自願去馬來西亞擔任宣教師的勇士，後來他又去新加坡，然後再去香港，在國外已經有 40 多年了。他的臺語與日語都很流利，在南洋幫助過日本教會、香港的日本教會，或講閩南語的華僑教會。

　　有一位名叫方尊榮的同學，他也是到美國留學，後來被派到日本，在日本的臺語教會牧會，後來他更成為日本傑出的英文老師。還有一位同學名叫盧恩盛，畢業後不久就到美國去了，他非常努力讀書，不但拿到碩士、又有二個博士學位。他受聘在美國的白人教會當牧師、牧會好幾年。他是一位毅力很堅強的人，決心一定要拿博士學位，所以他很拼命努力讀書。他的英文也非常流利，擁有許多才華。退休後不幸因為車禍去世，享年 80 歲。由於他的意志力很強，從美國東部的紐約要到西部的洛杉磯，都是自己一個人開車，4,000 多公里要開好幾天。他不喜歡靠別人，也不喜歡麻煩別人，要做什麼一定

台南神學院第七十二屆畢業生合影紀念
1952, 12, 7.

同期入學和畢業於臺南神學院的同學合照
後排左起：卓榮祥、黃安輝、陳效贊、高俊明、陳希信、盧恩盛、張德香、方尊榮
前排左起：黃淑惠、黃錦衣、李麗姃、彭靜淑

要做到。雖然在長途開車途中一定要停下來休息、過夜，但是那年他
開車開到洛杉機的時候，精神已經太疲累了，所以在洛杉磯發生車禍
過世。在他年輕的時候，他就有超人的意志力，因此我對他的印象很
深刻。

　　我們班上有 4 位女同學，有一位現在住加拿大，她是黃彰輝牧師
同父異母的妹妹，名叫黃淑惠，在臺灣曾擔任《女宣月刊》總編輯。
另外一位黃錦衣同學住在美國。李麗姃同學留學日本、回國後擔任母
校臺南神學院宗教教育教授，現在她已經退休了，但是她住在神學院
附近，仍然繼續很努力從事著作。另外一位名叫彭靜淑，她畢業以後

靠自己努力，並得到一些主內弟兄姐妹的幫助，在臺中建設一所屬於婦女宣道會的黎巴嫩山莊，提供教會信徒到那邊住宿3、5天或是一個禮拜，做靈修或做宗教活動之用，她是一位被很多人思念的人。

六、向原住民傳福音

我讀臺南神學院最初的目的就是要創辦一間孤兒院，不是要做牧師，而是要用基督教的信仰來做社會慈善事工。那時候參加第二次世界大戰的士兵，在戰場陣亡的人很多，所以有很多孤兒。當時我覺得臺灣社會最大的問題就是要如何照顧孤兒？他們需要我們根據很深、很堅固的基督教信仰和愛心來幫助他們。所以我進入臺南神學院的動機，本來就是要創辦孤兒院。

這個目標一直到我要畢業前的一個禮拜都沒有改變。有一位我素來尊敬屏東教會的許有才牧師，他是一位非常好的牧師，曾擔任臺灣基督長老教會的總會議長，非常有影響力。第二次世界大戰終戰後，他自願到原住民部落傳福音，因為日治時代，臺灣總督府禁止平地教會牧師向原住民傳福音，所以那時我們完全沒有辦法進入山地部落去向原住民傳福音。可是許有才牧師在終戰後馬上就進入山地傳道，又擔任原住民國小的校長，他就善用自由時間去向他們傳福音。

在我畢業前一個

屏東教會美麗壯觀的外觀

禮拜，許有才牧師到臺南神學院勉勵我們應屆的畢業生。他對我們說：「教會的倍加運動，無論是對平地教會或對原住民傳道都一樣重要，臺灣原住民非常羨慕聽到有人去向他們傳福音，尤其是臺灣的原住民聽到耶穌救人的福音之後，很容易受到感動，很多人來信耶穌。請問在你們 12 位畢業生當中，有沒有人自願要做向原住民巡迴傳道的工作？」那時候原住民都住在山地裡面，或叫後山（當時臺灣東部叫後山），很偏僻。進入原住民的教會工作，待遇微薄，因為距今 5、60 年前，原住民的工作收入很少，生活都非常艱苦。而山地部落的交通也很不方便，連機車都沒有辦法騎進去，交通實在很困難。要探訪原住民部落的會友，必須要用步行。當時除我以外，其他同學都已經決定要到各地方的教會去，只有我一個人還沒有決定要去哪一個教會，所以我還是自由的，可以自願。那時我很坦白對許牧師說：「我在進

高俊明先生（前排右 1）在屏東教會與許有才牧師（前排左 2）、長執合影

入神學院之前本來就決定要創辦孤兒院，目前我仍然想辦孤兒院。」不過許有才牧師當時對我說了一句很令我感動的話，他說：「現在孤兒院已經有很多了，教會在辦，社會上一些有愛心的人也在辦。所以孤兒院的數目差不多已經夠了，可是原住民的生活比孤兒更可憐！他們喜歡聽這麼重要的基督教福音，但是尚未有人願意從平地走上 5 個小時、8 個小時到他們的部落去傳福音。」又說：「原住民的生活非常貧苦，每餐所吃的就是地瓜，或是芋頭、田螺……，然而他們非常渴望聽到基督教的福音，卻沒有人去向他們傳道，所以他們比孤兒更可憐！不但沒有人去關心，而且有些平地人對原住民也有一些偏見。」他的一席話感動了我的心，我感覺得到上帝通過這句話來提醒我知道：「當時的原住民比孤兒更需要我！我應該要為這些人服務，並且做他們的朋友，傳福音給他們。」所以，最後我就向許牧師說：「我自願做原住民巡迴傳道的工作。」

　　因此許牧師要求我在畢業以後，到他牧會的屏東教會實習。屏東教會的庭院很大，有數千坪土地，教會的信徒都很關心原住民的傳道工作。我在那個教會學習牧會一年，並學習原住民的語言。屏東縣的原住民主要是排灣族，在那裡我學習排灣族的語言。因為我對音樂非常有興趣，當我教他們唱聖詩的時候，他們唱得很動聽。

　　實習一年以後，我就實際進入原住民的部落，無論唱聖詩，講聖經故事，或講人生哲學給他們聽，他們都欣然接受。但是一開始的時候，我的身體因過去禁慾、節食，很虛弱，沒有辦法一口氣就走那麼遠的山路。起初走 15 分鐘、20 分鐘就必須停下來休息，雙腿無力。有一次，有一位原住民青年對我說：「老師，你的身體這麼虛弱，不適合做原住民的巡迴傳道工作；因為你爬山越嶺，要去我們的部落，必須走 8 個小時、甚至 10 個小時才能到。」那個時候實在是很辛苦！

做山地巡迴傳道的高俊明

但是感謝上帝，我繼續堅持要完成我的使命，要去原住民部落傳福音，所以遇到困難，我就盡心盡力克服身體的軟弱，勇往向前邁進，沒有違背上帝給我的使命。

我初到山地原住民部落傳道的時候，我用華語或日語來說明，請原住民翻譯。然而，我無論到什麼地方去傳福音，當地的原住民由於很好奇要知道「平地漢人到底長得像什麼樣？要向他們講些什麼話？」因此，全部落的人，大大小小，扶老攜幼都會出來聽我佈道。他們的音樂細胞很好，只要我教他們唱聖詩，唱幾遍後他們就全部記起來。佈道會結束時，也會一路唱詩走回家，美妙的歌聲響遍山谷，其自然的山谷回音更是悅耳動聽，有如天使在報佳音的美妙歌聲。事後，慢慢地走山路，日子一久，我就越有力量跋涉長途。我的身體也越來越好，雖然每天都吃地瓜，或是曬乾的芋頭，有時候他們去撿拾田螺來做料理，我們也是吃得津津有味。我覺得以前在日本所受的苦難——在戰爭中不能吃飽，那種痛苦都過去了，如今在原住民部落也能夠吃地瓜、或吃乾芋頭吃到飽，也要感謝主！因此，以前所受的苦，現在就變成我的力量了，使我可以繼續在原住民部落傳道 4 年。感謝主！後來我走山路甚至可以走得比原住民青年還快、還遠。我的最高記錄是在阿里山鄉與牧師娘一天走了12 個小時！這是上帝給我鍛鍊出來的成果，我很感謝上帝！

在臺灣南部原住民住的地方，無論是屏東縣的排灣族和霧臺的魯

凱族、高雄縣的布農族，以及嘉義縣阿里山的鄒族的部落，我都有去過他們的村莊做巡迴開拓性的傳道工作，後來又去訪問過2、3次，甚至3、4次。此後我被派到中部南投縣的信義鄉、仁愛鄉再繼續向布農族、泰雅族、賽德克族人傳福音。剛開始的時候我是用日語向他們講道，因為當地教會的中堅領導者均受過日本教育，所以他們都聽得懂我用日語傳福音，再由他們翻譯成原住民語言給年輕人聽。這是距今60年前之事。經過4、5年以後，佈道的對象變成年輕一代。由於年輕人越來越多，都受華語教育。此後，我就改用華語來傳福音，由於我在中學時代沒有好好的學會華語，所以講起來很辛苦。後來發現聖經公會有一本厚厚、有注音符號的聖經，所以發音比較困難的文字就看這本有注音的中文聖經，不必常常去翻字典。經過幾次的練習後，用華語講道就比較流暢。後來再到臺中縣泰雅族、賽夏族、太魯閣族住的地方佈道。

　　我去原住民部落做巡迴傳道的時候，都以家庭為開拓中心，並沒有固定的禮拜堂。來聽佈道的人多起來的時候才建簡單的禮拜堂。從根本來說：原住民每族都很優秀、善良，天性誠實、誠心誠意來信上帝。經過50多年來的成長，如今已有500多間長老教會的禮拜堂。雖然他們的收入沒有平地教會的會友好，但是近年來他們甘心樂意盡力奉獻金錢，新建的禮拜堂不但富有原住民的藝術特色，而且都很寬敞壯麗，甚至有好幾間禮拜堂還比平地教會的禮拜堂更亮麗。

　　每次我在佈道中最念念不忘的是：無論我到那裡，他們都會把家裡最好的房間讓給我住宿，把最美味的東西給我吃。晚上他們出來聽我佈道時都很專心傾聽，一聽就聽到半夜11、12點。我講到很累了，他們還是要我繼續多講一些。並且對我說：「明天早晨5點鐘我們再來聽你佈道，好不好？然後我們回家吃完早餐，再出去山上工作！」

他們聽講福音的心情，正如鹿渴慕喝溪水一樣，其熱情真叫我畢生難忘。

我在 1946 年從日本回到臺灣，那時我們高中畢業就可以考進神學院，讀四年畢業，所以我在 20 多歲就畢業了。

我做四年的原住民巡迴傳道以後，玉山神學院就聘請我當老師。當時玉山神學院的經費籌措非常困難，因為當時臺灣教會的會友的奉獻也不多，其經費也都要依靠英國母會的幫助，或美國差會的幫助。

我原以為向原住民傳道很困難，因為他們早有自己本族的宗教，他們的宗教信仰思想是泛神論，認為巨大的樹木、大石頭，甚至大蛇……等，一切都有神靈存在。我們以為原住民多神的泛神論是我們向他們傳福音最大的困難。但是出乎我們意料之外，當他們聽到耶穌為我們的罪被釘在十字架上的故事，就說：「上帝的獨生子耶穌那麼有愛心，竟為我們世人擔當罪過，我們一定要信耶穌。」因為當時沒有電視，也沒有什麼其他娛樂活動，所以他們將自己聽到的福音，一直講給其他的人聽，因此，信主耶穌的人就越來越多。

七、玉山神學院

1957 年，我在中部的信義鄉、仁愛鄉，正在做巡迴傳道的時候，當年 4 月接到玉山神學院的邀請函，要我到玉山神學院當老師。玉山神學院是培養原住民做牧師的搖籃，於 1946 年由加拿大長老教會宣教師孫雅各牧師（Rev. James Dickson）為臺灣原住民的宣教事工，囑託溫榮春牧師開辦的一所培育原住民傳道人才的學校。當年 9 月 15 日開學時的校名是「臺灣聖書學校」。1949 年改名為「臺灣聖經學院」。1957 年更名為「玉山聖經書院」，1959 年又更名為「玉山神學書

孫雅各牧師　　　　　孫理蓮牧師娘

院」。1977年正名為「玉山神學院」,直到現在。在創校的時候沒有校地,只好借用花蓮縣秀林鄉富世村農業講習所上課。但因花蓮縣政府收回講習所,另做其他用途,所以在這裡上課二個月後不得不另找地方,暫時搬至日本人回國後遺留下來,閒置沒有人看管經營的太魯閣空旅館上課。四個月後又搬到富世教會,由原住民基督徒協助用木竹建築起來的簡單教室上課。然後又數次搬遷,於1957年4月遷到臺東縣關山鎮,借用山地診療所上課。

我於1957年4月應聘到當時的玉山聖經書院任教,當我在關山鎮山地診療所的簡陋教室上課的時候,全校只有我和張雲錦牧師兩位專任老師。由於我的年紀看起來比較大,所以董事會就叫我擔任院長。那時候學校的經常費都受差會(Church of Sending)援助。但我接受院長職務不久,歐美外國差會來函通知學校說:「因財政困難,應予停辦。」其原因就是因為原住民的教會擴展迅速,這邊要蓋禮拜堂,那邊也要蓋禮拜堂,所以英國、美國和加拿大等國

高俊明牧師接任玉山神學院院長

孫雅各牧師娘孫理蓮宣教師經常騎機車到處關懷幫助原住民的生活、教育與健康，同時幫助玉山神學院的經營經費

母會感覺到應該優先幫助這些地方的原住民部落有能力建造自己的教會，使他們在每一個禮拜日都可以來參加聚會。他們認為這件事比辦神學院更重要，所以就對學校說：「你們暫時把神學院關起來。」可是部分董事認為：若有禮拜堂，而沒有牧師，教會要發展一定有困難，所以培養原住民牧師的工作也非常重要。雖然董事會決定要關閉學校，但是有志者、有愛心的人認為必須繼續將神學院經營下去。後來學校搬了六個地方，因為經費有困難，沒有自己的地方，不停搬遷，後來又搬回關山。當我赴任的時候，就是在關山租用一個基督徒的醫生黃應添所開設的私人醫院的病房做校舍，學生有 50 幾位年輕的原住民。

黃應添醫師的孩子黃德全，後來也到臺南神學院讀神學，又當牧師。也許你們聽過黃美廉博士，他就是黃美廉博士的爸爸。我們租借的地方就是黃美廉的祖父黃應添開設的醫院。當時在經費最困難時，我的母校臺南神學院院長黃彰輝牧師和基督教芥菜種會創辦人孫理蓮女士（Mrs. Lillian Dickson）都來探視我。他們一致認為培養原住民傳教師非常重要，必須繼續長期辦下去。為了維持學校的建設和經常費，孫理蓮女士（孫雅各牧師娘）答應每個月撥助新臺幣 2000 元，而黃彰輝牧師和孫雅各牧師（臺灣神學院院長）兩位神學院院長又立刻發函到世界各先進國家的教會，懇請他們捐獻經費來贊助玉山聖經書院的神學教育事工。因此，在那裡幾個月，我們是靠孫理蓮牧師娘的

捐助來維持學校的
經費。

孫理蓮女士
非常有愛心，也有
傳道的使命，她的
文筆很好，會寫
詩，又會著述，
常常用她的報告
（newsletter）報告
她在臺灣的宣教工

最後一景，學生離開租用慶豐教會最後的教室，搭乘三部卡車前
往新校區花蓮縣鯉魚潭開拓新校地

作，給慷慨捐款的朋友知道她在臺灣做那些善工。孫理蓮牧師娘很認
真關懷原住民的生活、健康、孤兒，或是我們常聽到的樂山與樂生療
養院的痲瘋病人，其創辦人是加拿大宣教師戴仁壽（Dr. George Gushue-
Taylor）醫師，但在他們離開臺灣以後，院務完全由孫理蓮女士經營、
照顧這些被社會遺棄隔離的痲瘋病人。

孫理蓮女士也為原住民青年開設褓母訓練學校，讓她們到褓母訓
練學校學習如何照顧兒童。她還創設護理學校，學生畢業後要擔任
「馬利亞山地產院」的護士。另外她也為男生創設義工學校，讓沒有
機會讀書的原住民青年學習做工藝的工夫。孫理蓮女士對原住民的現
代化教育有許多方面的貢獻，提升在地原住民的生活品質和教育水
準。

孫理蓮女士聽到我們玉山神學院的經費這麼困難，她就決定每個
月幫助我們兩千元，那時候的兩千元比現在的兩萬元的價值更多，但
是要支付 50 幾位神學生的伙食費，又要支付專任教師和兼任教師的
車馬費，無論如何節約還是不夠用。當我到關山赴任後，才知道這個

學校當時因為經費困難，董事會快要關閉學校了，所以院長和代理院長都已辭職離開，只剩下 50 幾名學生跟我們兩位專任老師而已。

那一年冬天，租期已經屆滿，我們不得不做第 7 次搬家，幸好花蓮縣慶豐鄉的教會，將他們的兩層樓的主日學教室和禮拜堂借我們暫時使用，所以我們就搬去那裡。那時候的董事會也有一些人因事離開了，只有少數留下來的董事們負責繼續經營。

八、決心傳道

我對牧師本來有一點「敬而遠之」的心理，我只想辦孤兒院，做孤兒院的院長就好。因此，自願做四年原住民的巡迴傳道後，也想就這樣做完就夠了，不用再做牧師。尤其是牧師要負責教會的行政、決策、重要的宣教政策等等行政工作（administration），我不但不喜歡，也不注重那些行政事務的工作。

我認為只要做原住民的傳道工作，教他們唱聖詩，講解聖經的真理，或是偉人故事，讓大家更瞭解人生哲學與意義是什麼？這方面的傳道與教育，我比較有興趣。牧師不僅要辦行政，還要為慕道友洗禮，舉行聖餐，主持聖禮典，甚至婚禮、喪禮……等等儀式禮拜，我認為這些事都不是我的責任。傳道、教育、社會服務，這三方面才是我比較注重的教會工作。

最後，我決定要做牧師乃是因為當時原住民信耶穌，要洗禮，正式表明他是一個正式的基督徒。也要加入教會做會友，一起來負責教會的各種工作，參與傳道、教育、服務等等工作。

但是很少牧師志願進入深山裡，為新會友洗禮，所以我們總會的原住民傳道委員會就命令我一定要受封立做牧師，雖然那時我心裡感

覺很勉強，但是我既然向他們傳福音，使他們信耶穌，我一定要負責任為他們施洗，於是提出教師論文。通過教師論文審查合格後，在1957年總會派人來按立我做牧師。

九、結婚經過

1957 年，玉山神學院第 7 次搬家到關山教會的主日學教室上課，那時候我還是單身漢。我的叔輩阿姐（堂姐）有一位叫做高錦花，她是當代全臺灣最著名的鋼琴家，也是名律師陳明清長老夫人。她看我已經做牧師，又當院長，仍然是單身漢，需要一位賢內助。於是她就想到臺南關仔嶺教會，許水露牧師的千金，幼時給大姨母扶養的李麗珍小姐，當時她得到挪威一位女宣教師 Miss Hagen 獎學金的幫助，就跟那位女宣教師一起去日本傳福音，開拓日本教會。當時這位女宣教師 Miss Hagen 不會講日語，只會講挪威話和英語，所以李麗珍小姐到日本金城學院讀高中，後來又進入短期大學英文系讀英文。在她大學畢業以後，就留下來為挪威女宣教師 Miss Hagen 做翻譯工作，她用英語講道，李小姐翻譯成日語。這位挪威女宣教師，盼望李麗珍一輩子像她一樣沒有結婚，幫她翻譯，所以才幫助她繳學費到日本留學，希望她也願意奉獻給宣教事業。所以李小姐受其大愛感化決定要守獨身，一輩子幫助這位女宣教師 Miss Hagen 在日本傳道。

Miss Hagen 宣教師是挪威一位富豪的獨生女，所以她的父母親從小很愛她。她父親本來就非常反對她到亞洲做宣教師，可是她認為向日本人傳耶穌救人的福音就是她的使命。Miss Hagen 本想去中國做宣教師，可是她到達中國不久，中國就被共產黨占領統治了，當時外國宣教師都被趕走。因此，她就自願轉到日本，她感覺日本人也非

常需要耶穌基督的福音。她沒順服父母親的叮嚀而到日本去，犧牲很大。但是後來她父母親卻留下一大筆財產給她，她就把在挪威的不動產賣掉，將錢帶到日本去，在日本尾張瀨戶的丘陵上，建造一間很美麗的紅屋頂教會。

堂姐高錦花想到麗珍的時候，雖然她已經決定守獨身，但是她的養父母跟生父生母都不願意她終身沒有結婚，留在日本做宣教師的幫手，所以一直寫信勸她回來臺灣嫁給牧師，說：「無論妳贊不贊成，一定要回來臺灣相親，因為高錦花女士所介紹的人高俊明牧師是從事臺灣原住民的宣教工作。」她一聽到原住民的宣教工作也有一種感動，因為李小姐那時還在日本金城學院大學部唸書，並計劃唸完大學部後繼續唸神學，也想做傳道的事工。當時她又想：「臺灣的原住民以往都是被人家看不起，過非常艱苦的生活，所以比在日本傳福音要受更多的苦難。」所以這個「為傳福音受苦」的感動就變成她的一種負擔。因此，在高錦花女士「真好意」的穿針引線下，並在她與我互相通信溝通下，她終於答應說：「好！」終於在 1957 年夏天回到臺灣來。

我們約定在關仔嶺我二姑與二姑丈的別墅見面，但是她的養母去接她的時候，她在別的地方下車，沒有接到；養母在那邊一直找她，而她也一直在找我們。

後來我的二姑看到她在那邊走來走去，就請她進來，介紹我跟她見

高俊明與李麗珍結婚紀念照

1958 年 2 月 14 日，高俊明與李麗珍於台南神學院禮拜堂結婚，由黃彰輝院長福證

面。那時我穿一件有條紋的襯衫和牛仔褲，頭髮很少，她根本不認識我究竟是誰？當媒人婆告訴她說：他是高俊明時她才知道。我們兩人獨處談話，彼此講自己的使命，或是彼此的人生哲學等等。我向她敘述過去在原住民教會傳道、教聖歌隊的情形。過去曾交過什麼朋友？做過什麼事情？以及在山地做巡迴傳道有多艱困辛苦？牧師的生活有多刻苦？像我這種人，妳敢嫁給我嗎？妳一定要再三再四的考慮以後再做決定！那時李小姐聽到我這麼坦白老實告訴我過去的生活與工作經過給她知道，認為我這個人做人的確很老實，而且她又很想做宣教的事工。因此，她認為這樣的使命非常有意義，與她有同感。雖然要吃苦，車馬費和謝禮也不是很多，但是她認為這個也是她的使命，所以她最後就無條件答應了。在我做院長一年後，1958 年 2 月 14 日，我們就在臺南神學院新建的禮拜堂舉行結婚感恩禮拜。我們新婚住的房子就是慶豐鄉一位農夫不用的空屋。我們把它租下來改造後，就做我們結婚的新房屋。那是一個很簡陋的木造房子，牆壁還有許多風洞。我們沒錢修理，僅用舊報紙把洞塞起來，以防冬天的冷風吹進來。

結婚後，我太太就在玉山神學院教臺語和基督教教育。如果有日本牧師來訪問，用日語講道或是演講，她就負責翻譯成華語；如果有美國或是其他國家的宣教師來，用英語證道，她也是做翻譯工作，所以在翻譯工作方面，她成為我的最好幫手。

後來我們生了一男兩女，我的長子高慕源本來在鯉魚潭旁邊一所小小的小學讀書，與原住民、漢人、客家人的小朋友一塊兒讀鄉下學校。他對讀這樣的小學非常高興，因為在這校內他能夠認識原住民、客家人和漢人，認識各種不同文化背景的人，他非常享受小學時代的生活。後來我們讓他進入臺北市的一所國小。那時候子女的教育都是

到玉山神學院服務後，高俊明牧師夫婦（後排右1，2）全家福，後排左1是牧師娘之妹許慧滿，左2是養母陳金絨，前排左起是慕源、黎理、黎香

由我內人負責；我想我不是好父親，平時只關心神學院的神學教育工作，而且擔任院長，在行政事務方面很忙，無暇照顧兒女，所以我們子女的教育我都交給我太太負責。

慕源到臺北上學讀書後，功課趕不上市內的同學，所以考試成績很不理想，想起這件事我心裡也很難過。幸好我們長老教會有淡江中學，所以他就去考淡江中學，居然錄取了。在校讀書時，成績中等，但是他對彈鋼琴或是其他的手工藝、體育，都有不錯的天份，表現很好。淡江中學當時的校長陳泗治牧師是一位臺灣相當著名的鋼琴家、作曲家。他對我說：「你這個孩子在學校的成績都是中等，但是他的才華很多，音樂啦、手工啦、畫圖啦，假如到美國的學校去讀書，一定有很好的成就。」美國學校很注重課外活動、創造能力和才藝表演。

但是我們盼望慕源從淡江中學畢業後，也能夠做牧師，所以請他去考臺灣神學院，終於考上了。但是他讀到二年級的時候，臺灣發生不幸的美麗島事件，那時候臺灣基督長老教會發表第三次國是聲明宣言，主張臺灣將來的前途應該由臺灣全體住民共同來決定，也盼望政府能夠採取有效的措施，讓臺灣成為一個新而獨立的國家。

政府那時候以為我是臺獨分子就想要抓

臺灣神學院行政與教室綜合大樓——吳威廉牧師紀念館

臺灣神學院圖書館與教室大樓——孫雅各牧師紀念館

我，因為我是總會總幹事，肩負整個長老教會的責任。然而，政府當時也很憂慮長老教會與世界很多國家教會有聯繫，如果把我抓起來一定會變成國際宗教迫害事件，所以一開始對我還很客氣。可是等到美麗島事件發生之後，因我藏匿政府要抓的叛亂嫌疑要犯施明德，所以就以藏匿政治叛亂犯的罪名來抓我，把我關在新店軍法處看守所。當時我的兒子慕源剛好 20 歲，要去服兵役，在當兵期間，因為我的緣故，他也受到無辜的冤枉，被抓去關禁閉好幾天，忍受極大的痛苦。軍中的禁閉室完全沒有窗戶，室內一片漆黑，日夜無法辨別，所以他

無法知道被關幾天？經過一段與一些流氓被關相處的痛苦生活。內人在他服役兩年退伍之後，就趕快送他到美國讀書。他研究美術和音樂課程，取得碩士學位。此外他也修電腦碩士學位。

我有兩個女兒，長女黎香從臺灣神學院畢業之後，有機會到英國教會神學院伯明罕的 Selly Oak Colleges 留學，再到美國基督教大學的教育學院攻讀碩士。回來臺灣之後，有一段時間她到母校淡江中學

黎香（右4）與戴明雄牧師（左1）結婚後，在臺東排灣族原住民的新香蘭教會牧會，與臺南東門教會來訪的親友合影（左2為杜英助牧師娘）

擔任老師，後來她就應邀到玉山神學院當老師。當時她與學生發生師生戀，那位東部排灣族的應屆畢業生非常喜歡我的女兒；可是當時我的女兒是老師，他是學生。學生追求老師，校方非常生氣：「怎麼可以這樣呢？」幸好那一年我的女婿不久就畢業，暫時解決了師生戀這件事。

我們做父母親的，對族群沒有偏見。因為我的祖母是平埔族，所以我也是原住民的後裔，我很高興有原住民的血統。因此，我們夫婦就對女兒說：「族群不是問題，彼此相愛是很好的事情，但是你們的愛情需要用時間來考驗。究竟你們的愛情是真正的愛情？或只是一種臨時衝動的熱情？你們都不知道！才認識幾個月就要訂婚，我們不會贊成的。你們需要再長一點時間考驗！然而有幾件事情我們必須考慮：第一點就是年齡，你大 Sakynu（戴明雄）5、6 歲，就一般來說，女人結婚生孩子以後，很快就會衰老，這件事情必須考慮。其次妳的學歷比 Sakynu 高，妳留學過，Sakynu 只有玉山神學院畢業。這樣適合嗎？不過教育問題我們想可以解決，在他們訂婚以後，可以請 Sakynu 到大學再修碩士學位，因此，這件事我們就不太堅持。」

最大的問題是：Sakynu 的母親已經去世了，他的父親對年齡的差距會怎麼想呢？我要親自去問問，所以我就會同在臺東當牧師的侄兒一起去訪問 Sakynu 的父親。Sakynu 的父親是一位很熱心的教會長老，我們一看就感覺到無論是人格，或是氣質，都是很好的。所以我就很坦白說：他們已經交往 1、2 年了，兩人的愛情都沒有改變，而且越來越堅固。至於學歷問題，將來無論是訂婚或是結婚以後，假若 Sakynu 要到大學再深造，這個很容易解決；最無法解決的就是年齡，因為我的女兒大 Sakynu 5、6 歲。

我的親家聽到這件事情，他就說：「在我們族群裡面，太太比丈

夫的年紀大，這是好現象！」既然他是這樣講了，所以這個問題也就解決了！因為排灣族的家庭是母系社會，所以我們的問題都能夠一一解決了。我們跟親家訂一個時間，讓他們先訂婚，然後再選一個時間結婚。兩人結婚以後，生了一個女兒，還領養 Sakynu 弟弟的女兒。因此，我也升格變成兩個可愛的原住民孫女的阿公。

十、玉山神學院遷校經過

　　話說回來，當我們結婚之後，由於學校多次搬遷，我們覺得一定要募款購買一塊土地，必須自己建設校舍，這是非常急迫的事情。假使每年都這樣搬來搬去，絕對沒有辦法辦教育。因此，我請臺灣基督長老教會總會開會時，讓我報告一下玉山神學院經濟困難的狀況。

在臺灣基督長老教會總會開年議會時，有 200 多位代表從臺灣各地教會來，我就向他們報告原住民的神學教育，培養他們做自己的牧師的重要性，與玉山神學院經費困難的情形。當時長老教會總會非常肯定我們工作的需要，並且贊成准許玉山神學院到長老教會的各地教會募款。不久，我們就募到 60 萬元；當時的 60 萬元實在是一筆不小的數目。

　　此外，孫理蓮師母的先生

玉山神學院遷到鯉魚潭的山麓建校，篳路藍縷，師生同心協力開拓一條聯外道路

玉山神學院鯉魚潭校區首期教室是 1959 年全體師生就地取材，用竹子克難建造起來的

——臺灣神學院院長孫雅各牧師，當時他擔任臺北扶輪社社長，在美國、加拿大等北美洲地區相當馳名。他也很關心原住民的宣教工作，曾寫很多信給世界各國的教會。還有我的母校臺南神學院院長黃彰輝牧師，他對歐洲事務相當熟悉，並且參加過許多國際會議，發表精彩的演講，在歐洲頗負盛名，他也寫了幾百封，甚至幾千封募款信給歐洲教會，或是日本、韓國等亞洲教會，報告玉山神學院培養原住民牧師的重要性，與我們的經費急需支持。請全世界的基督徒為我們臺灣原住民的傳道事工禱告、奉獻。約經過一、兩年的努力後，我們一共收到 240 萬元的捐獻。這筆錢等於現在的幾千萬元，甚至是一億多元的價值，所以我們就開始使用這筆錢去尋找適當的校地。我們去看過好幾個地方，最後認定花蓮縣鯉魚潭旁邊的山崙最美麗，前面有一個清靜的淡水湖，雖然那時候交通不方便，沒電也沒自來水，但是我們

相信可以克服水電與交通問題，只要我們把學校辦得好，交通問題就能解決，水電的問題當然也可以解決。

1959 年，那時我們決定在花蓮縣鯉魚潭邊購買 8 甲土地，又向政府租了 20 甲造林地，共約有 30 甲土地。但是這塊國有財產局的土地，不能夠隨便建設學校，尤其禁建鋼筋水泥的建築物。後來我們依照法定程序，選擇了 2,000 多坪比較平坦的地方，變更為建築用地，並從國有財產局那裡買過來，才開始興建永久性的學校。那時我們在那邊建造兩層樓、三層樓的鋼筋水泥校舍。依山臨水，相當美麗！迄今，在那裡已有十幾棟校舍，所以我們能夠很安心地在那裡培育原住民牧師。進步很大！

當時我們從慶豐教會搬到鯉魚潭邊的新校址時，剛好是教會非常重視的耶穌受難節，2000 年前耶穌基督被釘死在十字架上的受難日。當天，我們分成 3 部小卡車，將我們學校的椅子、桌子，所有的財產，都搬上這 3 部小卡車。另外還空出很多空位，我就叫老師與學生通通坐上去。那時候的道路崎嶇不平，不好走，要走河邊的小路，有些地方還要涉過淺淺的河流，爬一點點的坡道才能到達新校址。安頓妥當後，我們大家面對青山綠水的鯉魚潭，一起唱聖詩、讀聖經，向上帝禱告，感謝上帝終於賜給我們一塊永遠的校址。在做感恩禮拜時，我們又向上帝立約說：「我們一定會把這塊原始荒蕪的山坡校地，建設成為一個山明水秀、美麗花園的神學院。」

搬到新校址後，玉山聖經書院改稱玉山神學院。由於建校經費還不夠充裕，臨時建兩棟竹造教室和宿舍，並搭一間小茅屋做廚房使用。因為沒水沒電，所以每天早上我們的同學都要輪流走去湖邊提水來煮飯、煮菜。新校址附近環境雖美，但非常偏僻，沒有遊客，所以湖水沒被污染，非常清淨，小魚在水裡游來游去都可以看得很清楚。

全校師生上午上課，下午則參加校園建設的勞動服務

　　在新校區我們向上帝祈禱，說：每週從禮拜一到禮拜五，每天我們願意在早上閱讀聖經、研究神學4小時；下午無論下大雨、或是刮颱風，我們一定要做3個小時的勞動，努力開墾這8甲土地，種植樹林、果樹、建雞舍養雞、搭豬舍養豬，又建牛馬棚，自力更生。到禮拜六、禮拜日，全校師生就輪流到附近的原住民教會主理禮拜、傳福音、教主日學，體驗並分享上帝的恩典。日子一久，經過我們全體師生一起打拚，共同流汗努力工作整建之後，就使這塊新校區變成山上的花園。當時，上帝聽我們的懇求，幫助我們，賜給我們智慧和能力。在耶穌受難紀念日，經過三天就是復活節，這是教會最重要的節日，因為主耶穌從死裡復活。我們願意背負十字架的苦杯；祈求上帝祝福我們甘願受苦，讓我們看到主耶穌從死裡復活的榮耀。當時我們這樣向上帝做感恩禱告。

我在玉山神學院擔任 13 年（1957 年到 1970 年）院長，院長是全職的工作（full time）。在經費不足的情況下做院長很辛苦：每天上午我至少要教 4 堂課，下午做 3 小時的勞動。雖然我是院長，也要與師生一起勞動工作。當時我的身體非常虛弱，可是無論下雨或颱風，我還是要與師生一起做工，在學校的丘陵地開闢一條汽車可以開上去的道路。為了建校舍與其他建築物，師生同心協力，一起搬走地面上的巨石，再填平地基。在這 13 年中，每天都是上午上課，下午做工。早期因無電燈，所以吃完晚飯，晚上就上床睡好覺。這件事雖然很艱苦，但這份工作有教學、有勞動，久而久之，學校的建設就更完美、更齊全，我的身體也更加健康、更有力量，這是上帝給我的雙重祝福。

回憶當年在玉山神學院做院長的那段日子，我鼓勵全校師生一起努力、打拚後，校舍的建設稍有規模。雖然當時在山地居住的原住民的生活很貧窮，但是在他們信主以後，很多人藉著祈禱，疾病得到醫治，就趕快要建設禮拜堂。為建造禮拜堂，信徒去替人做工，一天賺 100 元、200 元，全部都奉獻出來。甚至也有人賣田地、獻牛、捐木材來建禮拜堂，好像初代教會的信徒那麼熱心，很多教會都是這樣建設起來的。英美教會宣教師看到山地教會發展這麼快，都很樂意支持山地教會的宣教工作，所以許多山地教會的禮拜

1962 年國際勤勞營的大學生在玉神舊校舍前做康樂活動

玉山神學院部分師生在勞動前照相留影

堂在自助人助之下，一間比一間建造得更壯麗，甚至比平地教會建造得
更華麗、更壯觀。

　　回憶玉山神學院當年的建設，為了克服經費的困難，邁向獨立、
自主、自養與成長之路，剛在鯉魚潭設校的時候，整個院舍沒有電，
沒有自來水，也沒有公路局的車班，實足像荒山草叢林的 2 棟竹籠屋。
37 名師生在這裡研讀神學與生活，樣樣都要靠自己的雙手雙腳來打
拚、拓荒，跟 400 多年前臺灣先民的開拓生活，完全一模一樣。天未
亮就要起床下山去湖邊挑水，以明礬過濾清澈後才能飲用。白天上山
工作，經營農場，並在山上造林、遍植濕地松、相思樹、油桐、梧桐、
杉、桃花心木和柑橘，共植 13,000 株。經過 10 多年後，林木長大，
可以做木材，砍伐出售，共得 100 萬元，接任的院長楊啟壽牧師就以
那筆錢建一棟三層樓的女生宿舍。當時全校師生白天都到山上工作，

傍晚回來。洗澡、換衣服、吃過晚餐才點油燈、蠟燭，在夜間上課，實實在在是過半工半讀的自助式的寄宿學校生活。

◎自助人助，外國青年來協助建設

　　玉山神學院自助式的教學與生活方式，不久傳到臺灣山區與國外，許多原住民的教會信徒便組成奉仕隊（義工隊）來幫助學校的建設與拓荒工作，有時 30 多人，有時 60 多人，甚至也有母親背著小孩子或手牽孩子，一起爬山越嶺過來幫助學校工作。此外，總會青年處又招募五次國際勤勞營。從國外各國的大學生志願來到花蓮，在夏天拿鋤頭，一起為學校整頓第一棟本館、兩棟教職員宿舍、第二棟本館、

花園中的玉山神學院前景

玉山神學院的圖書館與教室

玉山神學院的餐廳（樓下）與教室（樓上）

依山臨水的玉山神學院遠景

學生宿舍，和農舍等的建築用地，貢獻很大！

◎玉神辦教育，神學與本土意識並重

究竟臺灣基督長老教會已經有：臺灣神學院、臺南神學院、新竹聖經書院了，為何還需要辦玉山神學院呢？根據創校宗旨明文說：「辦理玉神的宗旨，乃是專門為培育原住民的傳教師，具有原住民的本土意識，並以身為原住民為榮。」因此，在這種特殊的神學教育中，在學業上特別注重下列 6 大不同的學科：

1. 神　　學：系統神學、實踐神學、聖經神學。
2. 社會學：專門針對少數民族的社會生活。
3. 歷　　史：國內外歷史、本土民族歷史。
4. 農　　學：學習畜牧、蔬菜、園藝、造林等新知識與改良技術。
5. 文　　學：本土母語、華語、英語、日語，和世界文學。
6. 音　　樂：原住民音樂、教會音樂、世界名曲、民謠。

為使學生具有國際觀，後來也有來自歐洲、美國、日本等國的宣教師加入教學行列，開拓他們廣闊的心胸與遠大的視野。

十一、出國進修

◎前往日本、英國進修，結識國際教牧良友

經過多年的努力，從原住民巡迴傳道到任職原住民的教學工作之後，於 1962 年我認為應該有安息年（學假），在神學與辦學方面再充電，於是在英國宣教師懷約翰牧師（Rev. John Whitehorn）出任代理院

高俊明院長（最後排右5）赴英國 Selly Oak Colleges 進修時與來自各國的同學合影

長下，第一年我先到日本東京都鶴川農村神學院進修，一面繼續研讀
神學，一面攻讀農業學。在這裡我又認識 20 多名來自東南亞各國的
傳教師，使我有機會更深入瞭解與臺灣原住民有血緣關係的一些東南
亞原住民族的風俗習慣與國情。在這裡讀書，除了上課之外，最使我
回味的事情，就是這群來自東南亞的傳教師，人人都非常喜愛音樂，
一吃過晚餐，經常坐在學校綠油油的草坪上，大家合唱聖詩，有的彈
琴、彈吉他，歌聲響遍雲霄，天天樂此不倦！

懷約翰牧師夫婦

　　在日本進修一年之後，回到臺灣過一個暑假，我又受黃彰輝
牧師推薦，在 1963 年 9 月遠赴英國伯明罕雪黎奧克學院（Selly Oak
Colleges）進修。該學院在過去曾訓練許多歐洲和英國的宣教師到非洲
和亞洲，包括臺灣等國家來宣教。我們臺灣每年也有 2、3 名傳教師
去那裡進修。因此，我在那裡又認識了許多國家的宣教師。在雪黎奧
克上了三學期的神學與宣教課程後，我為瞭解世界各國的神學教育，
即繞道拜訪丹麥、法國、德國、義大利等歐洲的教會，參觀並研習各

神學院的經營，然後再去美國訪問數所美國學校與臺灣人的教會，再回國。此行使我的眼界大開，放眼看天下的教會，深深地體認到：教會要發展，除了應該獨立以外，必須國際化：「有無相通，互相幫助，並有良好的交陪（kau-pôe）。」

長老教會與三次聲明

台南神學院禮拜堂

參 長老教會與三次聲明

一、長老教會的組織

　　臺灣基督長老教會的組織分為總會、中會（Presbyter）、小會。小會的成員是由一個地方教會的牧師與長老組成的，其任務是要決定個別教會宣教政策的大方向；中會是由 15 個以上的自立教會，與 15 個在經濟上和行政上還沒有自立的教會所組成的機構。中會每年可以派教會代表參加總會的年議會；在總會休會時，有權處理緊急事情的單位叫做總委會，這是由總會的幹部，或總幹事身邊的幾位幹事，或中會裡面的中委，例如中會議長、副議長、書記、副書記，或教會長老來組織的，我做總會總幹事那時候總委會有 30 多位代表。

　　總幹事的職務是負責處理總會內整體教會的宣教行政事務，其任期是 3 年，有時候延長為 4 年，年紀到 65 歲，如果身體健康良好的話，都還能夠被選連任。總幹事下面設有 2、3 位副總幹事，底下還有數位幹事，其中有傳道幹事、教育幹事、社會服務幹事、婦女幹事、原住民幹事等，或有關其他友好教派與國外教會的公關單位、行政組織單位，在《認識臺灣基督長老教會》小冊中有相當詳細介紹的資料。

　　此外，長老教會總會的行政工作設有許多榮譽職：議長、副議長，其次是書記、副書記和總委（常置委員）。負責實際事務的是專任總幹事。總會每年召開一次年議會，選舉總會議長，任期一年；議長主持議事，對外代表全體教會。總會議長都是由下而上選舉出來的。一般來說，要先做副書記，以後再被選為書記、再做副議長，之後再被

台灣基督長老教會總會每年一次召開年議會，1987 年 4 月 21 日至 24 日在台南神學院召開第 34 屆年議會時全體議員合影

選為議長，可是如遇特別時候，有特別狀況發生時會臨時應變。這些工作都是榮譽職。除了總幹事有給職以外，都是義工職，每次開會只領車馬費而已。現在長老教會總會內有 1200 多個教會，信徒的數目約有 23 萬人左右。

二、擔任總幹事

我擔任玉山神學院院長長達 13 年之久，將一個已經快被關閉的學校，變成擁有 30 甲校地，又有許多堅固的校舍的神學院，臺灣教會覺得我對臺灣原住民與其神學教育已有一些貢獻。因為這個緣故，對我倍加寵愛。有人就對我說：「你是不是早就有意競選總幹事？」我說：「沒有！完全沒有這種想法。」因為我第一次要被選為總幹事

1965 年高俊明院長（第 1 排右 9）在玉山神學院主持畢業典禮後全體師生合影

的時候，另外還有 3、4 位由中會提名的候選人也要參加競選，然而，我在第一次投票選舉時就獲得最高票當選。

我當選總幹事時，立即向總會數次提出辭呈，因為我的個性不適合做處理行政事務的工作；我很喜歡讀書、教書和傳福音，最不喜歡處理行政事務的工作，但是大家不肯讓我辭職，一直希望我要出任總幹事。

總幹事是專任的（full time）的職務。在 1970 年 7 月 27 日我被選為總會議長，不到一個月，8 月 18 日就再被選為總幹事，到總會事務所接任，正式負起更重大、更艱鉅的總會總幹事的職務。

為何我被選為臺灣基督長老教會總會第 17 屆議長的時候，在短短一個月內臨時又被選為總會總幹事？最主要的原因乃是當年的總會總幹事鍾茂成牧師被當時動盪不安的政局，主客觀的政治因素所逼

迫，難於順利推動整體教會的宣教工作，心情極為沉重痛苦，因此不得不毅然決然辭去總幹事之職務。為求繼任人選，總會曾開會徵求候選人。在會議中大家曾提出 3、4 位極有名望的人選，但每名均謙虛堅決謝讓。後來我就建議：「如果這是苦杯，受提名者，請勿再推辭。」就因這句話，參加開會的議員箭頭便瞄準我，請我不可推辭。就因為這樣，我被選為總幹事。

◎擔任總幹事面對許多政治打壓

當我去總會事務所接任總幹事時，總會已經碰到了一個非常棘手的問題，就是臺灣基督長老教會於 1948 年已加入基督教國際性最大的基督徒組織——普世教會協會（World Council of Church，簡稱 W.C.C.），當時在臺灣只有長老教會的信徒超過 5 萬人以上才有資格參加。但在

臺灣基督長老教會總會第三任總幹事高俊明牧師就任典禮
日八十月八年〇七九一

高俊明牧師（前排中坐者）於台灣神學院舉行總會第三任總幹事就任典禮

1960 年代以後，W.C.C. 認為代表中國的中華人民共和國宜參加聯合國，接受國際規範的約束，才不會對世界的公義與和平造成威脅。因此，W.C.C. 開會便建議允許中華人民共和國的三自教會入會。在臺灣的中國國民黨非常不滿 W.C.C. 的議決，指責 W.C.C.「容共」、擁共。因此，多年來屢次強烈要求、攻擊、壓迫臺灣長老教會一定要退出 W.C.C. 這個「容共團體」，以防共產思想毒化。

雖然長老教會向國民黨執政的政府說明：「全世界的基督徒是一體的，有的在自由世界生活，但是也有很多人在共產國家生活。因此，教會應關心所有基督徒的信仰，尤其更有責任去關心在鐵幕內受壓迫的基督徒的生活。」

然而，國民黨政府始終不能接受，也不能理解長老教會的說明，而且變本加厲，施壓威脅：「你們如果不退出，其後果會非常嚴重。」

關於此事，拖到 1970 年 7 月總會召開年議會，我擔任總會議長時，再提出總會討論表決。偏向國民黨的人叫大家都要舉手表決要退出 W.C.C.，否則教會的處境會陷入危險，後果會不堪設想。因此，這個案子終於在「委屈求安」之下快速通過了。

在我接掌總幹事要職後，要如何與教會牧長們溝通，尋找重回 W.C.C. 之路，而不受國民黨壓制？真是比登天更難，何況又有許多危險擺在前面等著哩！

據悉，有關臺灣基督長老教會在召開總會時，被中國國民黨逼迫議決通過退出 W.C.C. 的國際組織。根據 W.C.C. 的認知，這不是出自臺灣基督長老教會總會的意願，而是被強迫表決的。所以當年 W.C.C. 的日內瓦總部並無將臺灣除名。這件事情直到 1980 年總會議決希望再加入 W.C.C. 去函申請入會時，才從 W.C.C. 的回函知道：臺灣基督長老教會還是 W.C.C. 的正式會員教會，不必重新再申請。

第 2 個問題，就是在長老教會議決退出 W.C.C. 的國際組織後，次年 1971 年 10 月 25 日聯合國接納中國取代在臺灣的中華民國的會員席位，並進入安理會。美國與數國建議國民黨：「換個名稱，以臺灣取得普通會員資格，繼續留在聯合國。」但是蔣介石總統堅持「漢賊不兩立」政策。因此，中華民國的代表就被逐出（expel）聯合國。再者，在中國成為聯合國的會員國之後，美國總統尼克森表示，他將訪問中國，這是「天大、地大」的事。長老教會認為：臺灣的情況一天比一天危急，唯恐重演 228 不幸的事件，必須根據愛心、說誠實話。我們不願意被不認同人權、公義的中共所統治，而替臺灣人發言，於同年 12 月 29 日，以臺灣基督長老教會的名義發表「對國是的聲明與建議」，其中向國際聲明：「我們擁有堅決的共同信念與熱望——我們愛這島嶼，以此為家鄉；我們希望在和平、自由及公義之中生活，我們絕不願在共產極權下度日。」對於尼克森即將訪問中國這件事，無異於出賣臺灣地區的人民。「我們反對任何國家罔顧臺灣地區 1500 萬人民的人權與意志，只顧私利而做出任何違反人權的決定。人權既是上帝所賜予，人民有權決定他們自己的決定。」關於對國內的建議，最主要的是在自由地區中央民意代表的全面改選，以接替 20 餘年前在中國大陸所產生的現任代表……使國際人士和本國人民感到生活在臺灣確實有公義的保證和內在的和諧。國是聲明的全文如下：

臺灣基督長老教會對國是的聲明與建議

臺灣基督長老教會總會常置委員會，鑑於可能嚴重地威脅臺灣地區全民生存的當前國際局勢表示深切的關懷。秉著耶穌基督是全地的主宰，公義的審判者，也是全人類的救主之信仰，我們代表二十萬基

督徒，也願意代表我們同胞的心聲作如下的聲明與建議：

一、向國際的聲明：

現居臺灣的人民，其祖先有的遠自幾千年前已定居於此，大部分於兩、三百年前移入，有些是第二次世界大戰後遷來的。雖然我們的背景與見解有所差異，可是我們卻擁有堅決的共同信念與熱望——我們愛這島嶼，以此為家鄉；我們希望在和平、自由及公義之中生活；我們絕不願在共產極權下度日。

我們對尼克森總統即將訪問中國大陸的事甚為警惕。有些國家主張將臺灣歸併中共政權，也有國家主張讓臺北與北平直接談判。我們認為這些主張的本意無異於出賣臺灣地區的人民。

我們反對任何國家罔顧臺灣地區一千五百萬人民的人權與意志，只顧私利而作出任何違反人權的決定。人權既是上帝所賜予，人民自有權利決定他們自己的命運。

二、向國內的建議：

最近我中華民國在聯合國成為國際間政治交易的犧牲品是有目共睹的，依此情勢繼續發展，我們恐難免於東歐諸國被共產極權壓迫的悲慘遭遇。為此我們呼籲政府與人民更加要把握機會伸張正義與自由，並徹底革新內政，以維護我國在國際間的聲譽與地位。

最近政府一再強調起用新人，所以我們切望政府於全國統一之前，能在自由地區（臺、澎、金、馬）作中央民意代表的全面改選，以接替20餘年前在大陸所產生的現任代表。例如德國目前雖未完成全國統一，但因西德臨時制憲使自由地區人民得以選出代表組成國會，此例可供我政府之參考。該國雖未成為聯合國會員卻因這種革新政體

而贏得國際上的敬重。

我們相信這種革新與改進必能使國際人士及本國人民感到確有公義的保證和內在的和諧。

臺灣基督長老教會

總會議長　劉華義

總幹事　　高俊明

1971 年 12 月 29 日

三、歷次聲明

◎第一次國是聲明

第一次聲明是「國是聲明與建議」，這是 1971 年發表的。我們瞭解 1970 年聯合國（United Nations）接納中華人民共和國取代中華民國做正式會員。按照他們的講法，說：蔣政權的代表，不是臺灣的代表，也不是中國的代表，必須逐出聯合國！因此，不是我們自動退出，乃是聯合國會員國的代表們把我們逐出（expel）聯合國。

加上當時美國總統尼克森（Nixon），表示他要訪問中國。那時候長老教會感覺事態非常嚴重，假若尼克森訪問中國，中國代表一定會要求他承認臺灣屬於中國的一部分。當時中國已經進到金門、福建沿海，計劃要併吞臺灣了。所以中國政府一定會藉著尼克森到中國訪問的機會，要求他承認臺灣是中國的一部分。在這種極危急的情形下，在臺灣居住的人民或是團體，假若沒有發出一個聲音說：我們的立場就是反共，不願意被中共統治，不然的話就會被中共併吞。當時我們的社會環境就是那麼緊張，所以長老教會一直在等待什麼基金會，會不會發出這樣的聲音？可惜的是，一直等到 1971 年，仍然沒有這樣

的聲音出來呼籲。

　　因此長老教會認為：我們必須冒生命危險、被政府關閉教會的危險也要講出大部分臺灣人的願望。所以那時我們根據愛上帝、愛臺灣全體住民的心情，來發表第一次國是聲明。

　　第一次國是聲明所強調的，就是說在臺灣的住民中有在數千年前就來了的原住民，也有在 3、400 年前從中國來的漢人的後住民，第三批是在第二次世界大戰以後才跟蔣介石過來的新住民，所以有原住民、後住民、新住民。雖然我們的背景，與居住在臺灣的年代都不一樣，但是我們都同樣願意在自由、民主、和平的社會裡面共同生活，不願意被中國併吞。後來我們就說：「臺灣所有人的人權都是上帝給每一個人的，所以臺灣的人民有決定自己前途的權利。」這個也就是世界人權宣言所保障的。

　　關於首次國是聲明，最初是由我們長老教會總委會數位牧長共同來討論，然後才決定發表的。具體成形是在 1965 年，臺灣基督長老教會慶祝福音來臺 100 週年的時候，我們就覺得無論要做什麼事，就一定要跟其他的友好教派一起來做。所以，當年我們就組織超教派的教會合作委員會，周聯華牧師當時代表浸信會，天主教的于斌總主教當時是國民大會主席，所以由羅光總主教代表天主教來參加我們的教會合作委員會。再來就是聖公會代表，是從香港來的龐德明主教。衛理公會代表當時是由一位美國宣教師來擔任，不過現在我已忘記他的名字了。

　　準備國是聲明就是在 1970 年我做總幹事的時候，當時我們已有超教派、友好教派的教會合作委員會。當年，我們幾個人在東海大學開會，我跟彌迪理牧師（Dr. Daniel Beeby）都在場。記得我擔任主席，那時中共已經進入聯合國，蔣中正總統的代表被逐出聯合國。因此，

我跟彌迪理牧師一直想要在合作委員會中提出臺灣的出路問題，請大家來討論。我們一直期待其他教派也會提出這個問題來討論，但是沒有人敢提出這麼重要，又很敏感的政治問題，所以我就跟彌迪理牧師說：由我們來提出，於是彌迪理牧師代表長老教會提出來。因為那時候中共不但進入聯合國，連美國總統尼克森也要訪問中國，臺灣大部分的人都非常緊張，不願意看到臺灣被中共併吞，成為中國的一部分，我們應該為這件事來發表聲明。由於我擔任主席，不應該提出什麼意見，所以這件事就由彌迪理牧師代表長老教會提出來。

當時各教派的代表也都同意，後來就派周聯華牧師擔任召集人。按照我的印象，有一位是當時衛理公會美國監督來參加，另一位是國民黨籍前銓敘部部長雷法章。我現在記得的就是由這三位牧長擔任起草小組，共同討論；因為我是主席，所以我也參與討論。

後來小組擬定草稿，我們讀完之後都有共識，非常同意，盼望每一個教派的代表都能夠簽名。所以國是聲明前一半就是這個小組起草的。然而拿給大家簽名的時候，周聯華牧師說：他贊成這個意思，可是他屬於浸信會，浸信會沒有總會，也沒有一個監督，浸信會的主席才可以代表整個臺灣的浸信會，所以他沒有資格簽名。龐主教也覺得，他們教會沒有正式開會討論，而且看這個內容，他不能簽名，這就是當時聖公會代表的意思。羅光總主教也說，他沒有辦法代表天主教簽名，所以他也不簽。衛理公會代表說，他也沒辦法代表衛理公會，尤其他是美國人，無法代表臺灣人的心聲。結果就是剩下長老教會，我說我願意把這個小組討論的草稿拿回長老教會，由長老教會來共同討論。

因為這樣，我就拿回長老教會，由總會常置委員會派一些牧長來研究。當時我們約定好說：對外我們絕對不發表有誰在裡面一起討論；

因為當時有〈戒嚴令〉，是白色恐怖的時代，任何人或任何團體如果未經過政府同意，絕對不能夠對外發表聲明。因此長老教會就派一些有神學基礎的教授，或是有牧會經驗的牧師，可以瞭解一般人想法的名人，或是具有國際觀、世界觀的人士，從各個不一樣的角度，來討論這件事情。

當時我們要起草稿，非常辛苦，必須東藏西躲，在暗中討論，實在是很危險。而有關單位又已經知道長老教會有人在討論這件事情了。那時候長老教會總會事務所在臺北市長春路，只有小小的四層樓。

當時有關聲明或是宣言的事情，都是由總幹事一個人全部負責，無論發生什麼事情，都由總幹事來承擔。所以常常有人問：有誰在裡面？或是說什麼話？我說我們的決議絕對不向外發表有誰參與，內容如何？我們也還沒有結論。儘管如此，每天都有不一樣的人來到我們總會事務所找我，問我有關這件事情。有時我不方便講，他們就問別的幹事，或者總會的助理幹事。有一次我非常生氣，因為我們工作很忙，當時總會事務所又沒有很多人，所以他們來事務所問這個、問那個，還問到我們的助理幹事或職員，我們心裡很難過。所以我對他們說：「請你們不要再來打擾我們辦事，上班時間我們太忙了。」後來他們每天又派一個人來問我，只要我能夠回答的，我就一一給予回答。

當時我們把教會合作委員會起草的原稿拿回來，討論好幾次以後，改來改去，特別強調臺灣的前途應該由臺灣全體住民來決定，也附帶要求全面改選國大代表。提出當時的西德、東德分開以後，西德面對現實，制訂憲法。所以那時候我們也有提到一點建議：是不是我們要參考西德制憲的事情，受國際尊重，不要用〈戒嚴令〉來制訂我

們自己的憲法。這是第一次發表的國是聲明，或是建議。

我想那時候我們可能有被情治單位監聽。因為有一天晚上，我發覺事態已經極為緊張，雖然我與我內人有講一些完全沒有涉及將要發表的內容，但是當晚我們有講一些跟別人沒有講過的，比方說：「不久也許會發生什麼重大事情，有關我的生命問題。一旦事情發生，請不要為我悲哀；因為我是為愛上帝、愛臺灣，以這種心情去做的，所以請妳也要有心理準備……等語。」這些話的內容到隔天早上，我們就聽到隔壁房間播放那夜我們談話的錄音帶的聲音。那時候我內人在做別的事情，我還在房間裡面，所以我也注意到了，很想知道為什麼隔壁有錄音帶的聲音？仔細一聽，原來竟是昨晚我跟太太講話內容的錄音。因此我就知道我們的談話早就被情治人員監聽了。那時候我們打電話，在電話裡面也有錄音的聲音，甚至在事務所的一言一語，所有講話的聲音也都被錄下來了。

這就是當時很緊張的環境，最後我們還是決定冒著生命的危險發表國是聲明。該聲明的前半部是由三個人起草的，後半部是由 20 幾個人一起修訂的，藏來藏去、再三再四修改與檢討加上去的，最後把它拿到我們的總委會討論。記得當時副總幹事蘇若蘭牧師不在，我們請教育幹事謝禧明牧師（後轉任總會助理總幹事，等於副總幹事）將那個聲明拿到總委會做最後的討論，總委會議決通過才發表。

要發表的時候大家都非常緊張，因為政府不准我們公開其內容，所以我們將國是聲明悄悄印出來，用人帶到各中會，再請各中會派人分給各中會內的地方教會，在禮拜結束後宣讀。但是事實上，當時我接任總幹事職務的時候，臺灣基督長老教會約有 900 間教會，其中有許多教會已經收到政府當局的命令，說：「假若長老教會要發表什麼聲明的話，絕對不能夠在禮拜當中，或是在信徒面前宣讀，絕對不

行！假若違反這個命令，就要抓人。」

接到這份聲明的教會很有限，有的教會實際上根本沒有接到，因為在中途就被人拿走了。有的牧師雖然已經接到，但是被有關單位命令絕對不能夠宣讀，就不敢向會友宣講。這就是剛發表國是聲明的情形。雖然我沒有統計有幾間教會公開在禮拜中有宣讀，但是我想也是有一些牧師勇敢向會友宣讀。

此外，既然我們沒有辦法在國內公開，但是在國外我們有很多友好教會，並且有普世教會協會（The World Council of Churches, W.C.C.），當時它是代表全世界 4 億多位基督徒的組織。還有一個組織是世界歸正教會聯盟（The World Alliance of Reformed Churches, W.A.R.C.），以及亞洲基督教協會（The Christian Conference of Asia），我們都是其中的會員。所以當時的英文稿由彌迪理牧師翻譯出來，委託當時要出國的人在暗中帶出去，他們在國外很容易用傳真機或用其他方法寄送給與我們長老教會有關係的教會，或是社團，或是政府。所以我想情治單位從未沒收我們的資料，乃是從外國傳回來的聲音知道我們的行動，才叫我與我們的教會幹部、幹事，到當時總統府附近的國民黨中央黨部談話。有一次在黨部，也有幾次是在臺北愛國東路的「自由之家」，國民黨的代表就與我們的代表舉行座談。當時我們沒有保留任何秘密，很坦白地說明我們的動機是什麼？內容是什麼？我們的意思就是不願意中共併吞臺灣，繼續保有民主、自由、平安的生活。他們當中有人確實能瞭解我們發表國是聲明的動機和內容，但不是全部。後來他們的結論就是：以後絕對不可以再發表什麼聲明了。

所以一次、二次……，他們要我們再去說明好幾次，我們都很坦白地向他們說明，只有保留參與起草人的身分，沒有告訴他們知道，這是我們自己決定絕對不可以透露的。這是第一次國是聲明發表

彌迪里牧師（中）被迫離開台灣回去英國，過 18 年後 1996 年獲准來台訪問，在台北市義光教會與高俊明牧師的妻女李麗珍（左）、高黎香（右）合影留念

的經過情形。

　　在總會發表首次「國是聲明」後，首當其衝的事就是臺南神學院副院長彌迪理牧師，因勇於批評時局是非，勸告青年學生要反對國民黨的「統一中國」政策，臺灣要獨立，不可被中國併吞。因此被國民黨以「干涉內政的不友好人士」為由，於 1972 年 2 月向他發函通知：限在一個月

高俊明牧師（左）前往英國拜訪恩師彌迪理牧師（右）談往事

臺灣人民自決運動發起人及其家眷黃彰輝牧師夫婦（左上）、林宗義博士夫婦（右上）、黃武東牧師夫婦（左下）與宋泉盛牧師夫婦和千金（右下）。當時他們因為愛臺灣，被國民黨定位為「臺獨四大寇」，禁止返回臺灣

內要離開臺灣。其次就是在 1973 年 3 月 19 日，黃彰輝牧師、黃武東牧師、林宗義教授和宋泉盛牧師等 4 人，在美國華盛頓舉行記者會，展開自決運動，爭取臺灣人民決定自己命運的神聖權利和自由。從此以後，他們四位自決運動的發起人成為國民黨的黑名單人物，不准回臺灣。再來，在 1975 年 1 月，國民黨政府藉「推行國語（北京話）運動」的名義，由警備總部官員率臺北市警察局的警員，強行侵入聖經公會，沒收新翻譯的臺語（羅馬字）新約聖經 1638 本，並查禁長老教會長久以來所使用的臺語聖詩。

◎第二次發表聲明——「我們的呼籲」

第二次發表聲明「我們的呼籲」（Our appeal），那是 1975 年的事。當時的情形是：警備總司令部派幾位穿著便服，沒有穿軍服的軍人，到聖經公會沒收我們翻譯的臺語羅馬字聖經，我們認為這已經觸犯中華民國憲法第 13 條保障人民宗教信仰自由的條文。這是全世界的國家都會認定為極嚴重牴觸憲法的行為。

那時我們都非常難過，認為政府不應該派警總的人來沒收我們的臺語聖經。不僅是臺語的聖經，而且也有泰雅族的聖經。我們為了要讓每一個原住民族群都能夠用自己的族語來讀聖經，所以聖經公會將聖經翻譯成好幾種原住民語言，例如：阿美族、泰雅族、太魯閣族等等。但是有關單位仍然派警察來沒收泰雅族教會所使用的聖經和聖詩。稍早駐在山地的警察也闖入原住民的教會阻止做禮拜。此舉引起世界各國驚訝臺灣的宗教自由，已經受到強烈的鎮壓。結果國民黨不但沒有認錯，反而對長老教會加強監視、滲透、分化和控制。並利用各種媒體來抹黑長老教會，亂說：「長老教會的會友都是叛亂分子，是共匪的同路人。」

我們教會發生這種不幸的事情，而且當時美國總統福特（Gerald Rudolph Ford, Jr.）也發表他要去訪問中國。我們知道那時候中國一定會再要求福特總統承認臺灣就是中國的一部份，所以我們認為這是非常嚴重又緊張的時刻。因為如此，在時局越來越驚險當中，雖然國民黨吩咐（命令）我們不要再發表任何宣言，但是我們仍然認為在這個時候應該再發表「我們的呼籲」。總會不得不被迫站出來為國是說誠實話，於 1975 年 11 月 18 日發表第二次聲明，向大家公開說明「我們的呼籲」的內容和意義。其全文如下：

我們的呼籲

本文由總會常置委員會於 1975 年 11 月 18 日議決通過，接納為我教會的立場。

自從 1971 年臺灣基督長老教會發表國是聲明後，曾引起國內外人士之重視與熱烈的反應。國是聲明之發表乃基於我教會對國家命運之關心。儘管有部分人士對國是聲明加以誤解與抨擊，然而我教會仍憑信仰良心以告白教會之堅定信仰。幾年來，我教會一直堅持國是聲明的原則與信念，一再主張任何世界強權不得宰制我國家之命運。唯有我們自己的人民才有權利決定自己之命運。我教會也迄未曾改變初衷，深信唯有徹底實施憲法，革新政治才能建立符合民主精神的政府。我教會從不鬆懈為達此目標而努力。

時局變化莫測，我國家正陷於外交孤立，面臨世界經濟危機之際，教會不該苟且偷安，放棄先知的職責。我們知道若只有歌功頌德，實不足以表達教會的愛國心，也無法協助政府解除當前之困難。惟有以愛心說誠實話，積極關心我國政治前途，才能協助建立開放、民主、公正、廉能之政府。

鑒於國家正處危急存亡之秋，教會更應擔負起國家存亡之責任，坦誠地向政府表明我教會的立場，提出對國是之意見，同時呼籲教會摒棄本位主義的心理及只重視個人得救的觀念。為了挽救國家的危機應精誠團結，成全教會為維護公義、自由、和平的任務，使教會堪稱時代的基督忠僕。

因此，我們呼籲政府重視下列幾項與國家命運息息相關的問題，並促請政府接納我們之建議：

一、維護憲法所賦予人民宗教信仰之自由

在自由世界各國的人民都享有充份的信仰自由。尤其每一個人應享有自由使用自己的言語去敬拜上帝，以表達個人的宗教信仰。

不幸，聖經公會所印行之地方語言之聖經竟遭查扣取締，此事件發生後震驚海內外。有關當局以方言聖經構成違反推行國語政策為由加以取締。然而，一國之政策絕不能牴觸憲法之基本精神。如今，雖經數度交涉已發還舊版白話字聖經，然而我們陳情政府為維護憲法上的信仰自由，發還新譯白話字聖經，並准予繼續出版任何語言之聖經。

二、突破外交孤立困境

自從我政府退出聯合國之後，我國外交突陷孤立困境。現在政府正鼓勵民間各界積極推展國民外交，以促進文化、經濟的交流。故我政府應該准許教會自由參加普世教協等國際性教會組織，我們不能因世界教會組織中少數不同之意見，而放棄參與國際性教會組織的機會。

三、建立政府與教會間之互信互賴

不可否認的，教會是協助國家進步安定的一股強大力量。政府與教會之間應保有互信、互賴之精神。互信與互賴之關係乃建立在彼此尊重之基礎上。

我們建議政府應與教會當局取得直接關係，彼此坦誠就國家前途與社會的改革交換意見，才能促進教會與政府間之互信與互賴。

四、促進居住在臺灣人民的和諧與團結

此時此地，不應有省籍黨籍之分別，分黨結派，破壞團結，導致不幸與分裂。面臨當前困難局勢，只有同舟共濟，才能挽回危機。為了消除省籍黨籍之差異不應存有彼此之優越感。國民應享有權利與義務平等之機會。我們畢竟是同住在這一塊土地上生活之同胞，所以應以互諒互助及互相接納的態度對待。

五、保障人民的安全與福利

臺灣經濟快速成長發展，固然帶來了社會繁榮，也帶來了人性墮落，道德頹廢，公害猖獗，貧富懸殊，治安問題益形嚴重。教會基於保護人權與維護人性尊嚴之使命，呼籲政府加強社會發展，針對社會風氣之敗壞、貧窮、貪污、治安及公害諸問題，採取有效措施以保障人民之安全與福利。

為了負起教會的時代使命，我們也呼籲教會注視當前所面臨之問題，我們祈求聖靈幫助我們，引領我們，使教會真實發揮先知與祭司的角色。

1. 發揚誠實與公義之精神

教會身處困境，常常失去了誠實的良心，極力避免得罪別人，怕惹麻煩，因此對社會公義的問題缺乏敏感，只是企圖顧全自己利益，教會最感痛苦的一件事是昧著良心說謊話，教會如果缺乏誠實與公義將導致癱瘓。基督的精神無時無刻成為我教會反省之原則。

2. 促進教會內部的團結與堅守教會立場

近幾年來教會的不斷分裂威脅到教會整體的生存，分裂主義的思

想深深地滲透教會，嚴重危害教會團結。教會針對內部紊亂的實際問題，必須重視秩序的遵守及法規的維護。我們主張任何破壞教會秩序與團結之行為必須受到嚴屬制裁。

造成教會混亂的現象乃由於教會失去了正確的信仰立場。我教會的傳道人與信徒由於信仰立場不堅，對自己教會失去認識，常常受到其他團體擺佈，這種任人擺佈的結果往往是由貪小便宜之心理所造成的。教派間之互助合作是理所當然的。但是我們必須先認清自己的原則，顧及教會的秩序與法規。而且教會之合作必須基於互相的尊重才能達成。

3. 謀求教會的自立與自主

教會經過110年的歷史，雖然在地方教會已達到自立的成果，但整個總會來說，我們仍然是「接受的教會」。今後我們應努力從「接受的教會」轉變為「分享的教會」。教會的自立不僅限於經濟，尤其是在宣教上我教會應從依賴差會的時期進入到自立互助的時期，藉著互助的關係我教會始能體驗分擔世界教會的責任。教會必須把握其應有之自主性，站在超然的立場，宏揚上帝的公義並維護自由與平等。

4. 建立與全世界教會密切的關係

教會之所以分裂，乃是由於缺乏普世教會之信念，按我教會信仰告白我們相信教會是聖而公的教會，全世界教會應該尊重異己，彼此接納，達成合一的理想。

近年來有某些教會人士從事破壞我教會與世界教會之關係。我們呼籲教會嚴密注意這種破壞教會合一的行為。同時對於這種破壞行動應加以阻止與譴責。

今後我教會為達成與世界教會之關係更應計劃促進與世界教會在各方面交流之工作，增進教會彼此間之了解與互助。

5. 關於社會的公義問題與世界問題

教會必須成為公義、真理的僕人，教會存在的目的也是為達成傳達上帝愛的信息。因此，教會必須憑著赤誠的愛心進入到社會現實的生活，藉服務改變社會的現況。

今天的世界充滿著不義及戰爭的恐怖。由於人類的自私造成世界人類莫大的痛苦。世界飢餓問題、人口問題及人權問題仍急待關心與解決。我教會與全體教會站在同一線上伸手相助，使上帝的愛真正普及於世。

在此時代，教會無法保持緘默，坐視世界之沉淪，教會除了參與傳福音使人悔改信主之外，必須表達對整個國家社會及全世界人類的關懷，才不致辜負上帝所交託之使命。

臺灣基督長老教會

總會議長　王南傑

總幹事　　高俊明

1975 年 11 月 18 日

「我們的呼籲」這篇聲明比較長，所以情治單位的人或政府沒有注意到其中心要點是什麼。「我們的呼籲」主要分為 10 項，前 5 項是向政府方面的要求或是心聲，比方說一定要保障宗教信仰自由，或是呼籲我們國家一定要加強外交，讓我們的國家在國際上不要被孤立等 5 項呼籲。另外 5 項是對我們教會本身的呼籲，教會不僅是要傳福音，也要為人權或是社會公義、社會正義來奮鬥，這個也是教會的責任。這是在 1975 年 11 月 18 日發表的「我們的呼籲」。

「我們的呼籲」因為對政府有 5 個要求，對教會也有 5 個建議，所以一般人好像摸不到重點在什麼地方？可是那份呼籲主要的目的也是要強調我們是出於愛上帝、愛眾人的動機來發表「我們的呼籲」。我們盼望政府能夠切實保障每一個人的宗教信仰自由，這是人民非常重要的基本權利。並且也要保障全體臺灣住民的主權和人權，絕對不可出賣，或是讓別人出賣我們臺灣成為中共的一部分。

但是在此，我必須稍微說明一下，長老教會發表第一次國是聲明以後，有一些不一樣的反應。在臺灣基督長老教會以外的某些教派甚至攻擊長老教會為什麼要干涉政治問題？其他教派的牧師針對長老教會也開始勸止長老會的牧師不要談政治，只要宣教就好！

在政府方面則認為：在當時的政治環境，敢反對國民黨、不聽國民黨的話的團體只有長老教會，所以長老教會就被列入國民黨的黑名單的第一名。當時在軍中，王昇上將常常主動到各軍隊來抹黑長老教會是政治叛亂團體，又說：高俊明牧師是最壞的叛徒、叛亂犯！

當年從軍中退伍以後的一位基督徒青年曾來對我說：因為王昇對他們那樣說，所以在他們那一連快要退伍的充員當中就有好幾位舉手向王昇表示：「退伍後我們一定要把高俊明暗殺掉！」因此那位青年就忠告我說：「你不要單獨走在路上，也不要太靠近馬路，因為當局可能會派人製造政治謀殺或政治車禍！」

長老教會裡面也有反對發表國是聲明的人，因為當時我們教會內的菁英有很多都是加入國民黨的人；那時候是國民黨一黨專制的時代，你要做公務員，或做什麼事業，假若沒有得到國民黨的同意或肯定，根本沒有辦法做什麼事。所以在我們教會內就有人加入國民黨，我們非常瞭解、同情他們的處境。

其中李長貴牧師（東海大學教授）是國民黨籍，在救國團做過大

事，他不在我們的起草人的名單內。我想他本身保持沉默，是一位很了解我們教會立場的牧師。其他也有因為我們發表國是聲明而離開我們的教會的牧師和會友。據我所知，就有幾百人離開我們的教會而去別的教會牧會或禮拜，或是乾脆不再去教會參加聚會。

但是在我們長老教會發表聲明後的 10 年中，我們整體的信徒數目反而增加了 4 萬人。在我當總幹事的 10 幾年當中，就有教授、大學生，或是知識分子、社會知名人士也相繼來長老教會做會友，所以我們覺得我們走的路是對的。特別是海外天主教的教宗也親自寫信給我，支持我們教會關心人民、民主、自由；美國國務院也寫信給我們，肯定我們的努力；日本、韓國以及其他歐美教會的牧師也常寫信來鼓勵我們，我們得到世界上許多朋友的鼓勵。

有關在國內受到政府和一般不知情的人的攻擊，我們也有發表幾篇文章加以回答。第一點我們強調：教會不僅要傳福音，也要關心人的尊嚴、人權問題、社會公義問題。教會好像一隻鳥，要飛上天空，一定要有兩隻翅膀才能夠飛翔。教會要完成上帝所交託的使命，也要有兩隻翅膀：一隻翅膀是熱心傳福音，另外一隻翅膀就是熱心愛社會、愛國家、愛人類。這個就是我們的回答。這篇聲明如同第一次聲明一樣，都是長老教會內部的集體行動，秘密名單、秘密撰稿，最後由總會議長和總幹事簽名發表。

一般來說，我們不用教會的名義發表什麼宣言，但是假若政府的政策會傷害到國家憲法給人民保障的宗教信仰自由的權利，我們就要用教會的名義公開發表聲明，保護我們的信仰立場。另一種以教會名義公開發表聲明的原因，就是由於我們的同胞或是我們的社會有大部分人的人權受到迫害。比方說：在人類歷史上，我們基督教常常受到迫害，不僅教會受到迫害，一般人的人權也受到剝削，那時候我們也

要用教會的名義公開發表聲明。這是站在人權是上帝賜給每一個人的立場，為受剝削、被壓迫的人民，我們應該發出公義、正義的聲音。這就是我們長老教會所強調主張的今世兩隻翅膀的實踐神學。

　　總會發表 2 次聲明之後，國民黨政府不但沒有給予重視，反而對教會積極打壓，千方百計阻止總會通過人權宣言，並計劃誘導我離開臺灣，移民到外國去居住，但是我卻回覆國民黨的高級官員說：「我的使命不是在那裡，我的使命就是在這裡。」

◎第三次「人權宣言」

　　到 1977 年，臺灣的局勢持續惡化，國民黨非常害怕長老教會又要多說話，加緊利用比較親近國民黨的牧長先發制人，自行批評總會，要求禁止牧師不可做某些事情，或要求某些長執要遠離總會。更加嚴重的國際局勢，就是當年 8 月 22 到 25 日，美國派國務卿范錫（Cyrus Vance）去訪問中國，進行所謂「中美外交正常化」的談判，其結果就是：美國與臺灣斷交，第 7 艦隊撤離臺灣海峽，臺灣的前途與安全，完全陷入危險狀況。當時我們教會的一些宣教師與從國外回來的許多信徒，或來臺灣訪問的國外教會代表，他們帶來的消息也都是說：美國不久就要決定跟中國建交了。所以 1977 年時，本來我們以為美國總統卡特（James E. Carter Jr.）上任時主張用人權做美國外交政策的大原則，我們可以放心，非常高興。尤其很多在美國的臺灣同胞支持卡特參選美國總統的時候，也有臺灣代表問他：「假若你當選美國總統，是不是要支持臺灣的民主、安全、獨立？」那時候他很肯定地回答說：「假若我當選的話，一定會支持臺灣的民主、安全跟獨立。」可是他當選總統，上任以後不久，外交政策就大改變。

因為美國在軍事上為要包圍蘇俄，決定要跟中國建交，卡特派國務卿范錫去訪問中國，中國一定也會藉機要求美國國務卿范錫同意承認臺灣就是中國的一部分。

在范錫訪問中國前一週，於 1977 年 8 月 16 日為了臺灣人民的生存，認為我們不能僅要求自決，必須進一步再要求臺灣獨立，向世界的人民表達臺灣人民的心聲。因此，總會第 3 度以冒死求生的決心，發表國民黨最痛恨的聲明：「使臺灣成為新而獨立的國家」的人權宣言。第 3 篇的「人權宣言」我們很明白地提到盼望政府（雖然文中我們沒有說中華民國政府，但是我們對國內發表聲明說政府的時候，一定就是指中華民國政府）面對現實，不要一再強調我們在臺灣的政府也是代表中國 35 省的人民，甚至也代表蒙古人民共和國的人民，不要有那樣不切實際的應付講法。我們的政府只能統治臺灣、澎湖、金門、馬祖等自由地區的人民，這就是政府的實況。我們盼望政府面對現實，完成臺灣大部分人的心聲，讓臺灣成為一個新而獨立的國家，其全文如下：

臺灣基督長老教會人權宣言

本教會根據告白耶穌基督為全人類的主，且確信人權與鄉土是上帝所賜，鑑於現今臺灣 1,700 萬住民面臨的危機，發表本宣言。

卡特先生就任美國總統以來，一貫採取「人權」為外交原則，實具外交史上劃時代之意義。我們要求卡特總統繼續本著人權道義之精神，在與中國關係正常化時，堅持「保全臺灣人民的安全、獨立與自由」。

面臨中國企圖併吞臺灣之際，基於我們的信仰及聯合國人權宣

言，我們堅決主張：「臺灣的將來應由臺灣 1,700 萬住民決定。」我們向有關國家，特別向美國國民及政府，並全世界教會緊急呼籲，採取最有效步驟，支持我們的呼聲。

為達成臺灣人民獨立及自由的願望，我們促請政府於此國際情勢危急之際，面對現實，採取有效措施，使臺灣成為一個新而獨立的國家。

我們懇求上帝，使臺灣和全世界成為「慈愛和誠實彼此相遇，公義和平安彼此相親，誠實從地而生，公義從天而現的地方」。（聖經詩篇第八十五篇 10 至 11 節）

臺灣基督長老教會

總會議長　趙信㥛（出國中）

總會副議長　翁修恭（代　行）

總會總幹事　高俊明

1977 年 8 月 16 日

當這份人權宣言的「國是聲明」發表後，國民黨政府非常生氣，一波一波或急或緩的迫害接踵而來，與這份聲明有關的牧師隨時都有被槍殺的可能性，但每位起草人都有堅決從容就義的覺悟。當時有好幾位牧師都已寫好遺書，敢請大家基於信仰，繼續愛惜臺灣，勇敢再奮鬥打拚。我曾說過：長老教會發表 3 次宣言，這些事情讓我留下案底，使國民黨非常緊張又生氣，這才是他們要來抓我最大的理由，因為「人權宣言」主張成立新而獨立的國家。宣言發表之後，政府已經在注意我了，不只是「點油做記號」而已。而且是已經要採取行動了。除了監視之外，到某個時候就會動手來抓我。後來美麗島事件發生，我們參與藏匿施明德案。這時候他們才以藏匿政治叛亂犯的理由來

抓我，詳情容我以後再補充說明。所以抓我去坐牢最大的因素就是在「人權宣言」中提倡成立「新而獨立的國家」。

那個時候我們開始用「新而獨立的國家」這句話，國民黨對這句話的含意反彈很大。因為國民黨非常不高興，所以一再追問長老教會說：「已經告訴你們不可再發表任何違背國家政策的宣言，為何你們長老教會還是那麼不聽話？」

在這篇聲明，有兩點非常重要的事，直到如今，仍然成為臺灣人民為追求民主、自由與國家主權獨立的共同目標：第一件事就是臺灣的前途應由臺灣全體人民來決定。第二件事就是今日臺灣人民正在努力的制憲、正名，使「臺灣共和國」成為一個在國際上享有主權獨立的國家，並以「臺灣」的名稱加入聯合國。因此，國民黨開始認真深入研究長老教會的政策完成表決的流程，當中發現 1977 年我們沒有把「人權宣言」拿到總會的年議會去公開表決，僅在總會休會時，以緊急事件處理，就匆匆忙忙代表總會發表聲明。按照會議程序，這案一定要拿到下一年度的年議會先備案，看看總會是否接納或不接納？如果不接納的話，全體總委會要負責；如果接納的話，就是要由總會負責。國民黨了解這件事以後，立即開始策劃長老教會內的總會議員，威脅他們一定要反對總委會所通過的「人權宣言」。國民黨還裝出善意，說政府要招待各位議員參觀當時還沒有對外公開的 10 大建設，並住五星級大飯店。

另一件也是在當時很重要的事情，就是我剛出任總會總幹事不久，次年 1978 年要改選總幹事，所以國民黨就附帶一個條件，不僅要反對「人權宣言」，也要反對高俊明連任總幹事。所以他們招待我們總會的議員時，其中有些中會的議員知道這件事的背後有國民黨的陰謀，乾脆就拒絕邀請。但是也有人想了解國民黨的立場或想法看

看，因此他們答應接受國民黨的招待，搭遊覽車去看 10 大建設，聽他們的訓話與交代。當時有一些原住民的中會代表也受到邀請，並知道遊覽車停在何處正在等候他們，但是有些議員內心不願意接受那種夾帶條件的招待，所以他們就從別的地方離開他們的部落來參加總會的開會。

1978 年 4 月，當時在臺南神學院頌音堂召開總會年議會的時候，國民黨有關當局就大大方方地招待我們總會 300 多位議員中的 50 位教會的代表，希望他們結合在我們教會內有影響力的議員也到他們指定的地方會合，接受國民黨的指示，絕對要控制整個總會年議會的場面，反對「人權宣言」，也要反對高俊明連任。

以往長老教會在總會召開年議會要表示贊成或反對時，有時只是叫大家舉手表決就算了。如果慎重一點的話，就用投票表決，打×表示反對，劃〇表示贊成，要選誰擔任總幹事也是一樣。以往選舉的時候，每位正議員都是坐在自己的座位表示贊成或是反對，或是要提名誰？但是那一次國民黨竟交代：你們這 50 個議員要分散坐在會場各個角落，影響其他議員的投票。但在其中有 1 個人聽到這樣的交代，良心非常難過，所以他就跑回議場，把這件陰謀詭計悄悄地透露給我們知道。因此那一次總會，總會議長因公出國不在，由副議長翁修恭牧師代理議長主持。他在長老教會內非常受到大家的尊重；李登輝先生擔任總統期間，禮聘他為家庭牧師，他也是濟南教會的牧師。

翁修恭牧師聽到這個消息，就臨機應變，把投票地點改在講臺前面。所以每一個人都要離開自己的座位來投票，不必受別人惡意監視干擾，每人都可以按照自己的信仰良心來行使投票權。這是一次很公正的投票。投票以後，又派監票委員負責監督算票。算完票，第一次發表反對票有多少？贊成票有多少？把選票擺出來給大家看還怕不正

確，第二次又換人監票。那一次投票共有 3 次監票，監票的結果都是一樣。反對「人權宣言」的有 49 票，贊成的有 235 票，表明絕大多數人都是按照自己的信仰良心來投票，「人權宣言」案就這樣通過了。接著投票選舉總幹事，反對的也是 49 票，贊成我擔任總幹事的多達 255 票。當時在《臺灣教會公報》裡面有這些投票結果正確的數字。然而在發表「人權宣言」的時候，《教會公報》居然被有關單位沒收了。後來我們還在臺南市舉辦和平遊行，盼望政府能夠把沒收去的《教會公報》還給我們。當我們遊行到當時的臺南市政府前面時，

市政府雖歸還《教會公報》，但這些歸還的報紙不是原來的，而是重新再印過的《教會公報》。

總會要進行投票以前，議場的氣氛也是非常緊張，因為政府跟國民黨二方面都有派代表來做我們的貴賓。表面上在致詞時都說他們是來請安，但其結論都是一樣，一致要求全體議員都要反對「人

高俊明牧師親筆手寫的「遺言」原文

權宣言」，不能讓高俊明總幹事連任。並且還威嚇說：「假若你們反對『人權宣言』成功的話，政府會更加支持你們的宣教。但是假若不反對的話，我們就要開始抓人了。」因此，投票結果發表後，他們當中就有人大聲喊叫：「要抓人！要抓人！」那種氣氛真是非常緊張。在我們開總會散會後，他們就已經決定某月某日要來抓我了。

關於這件事不知道如何傳出國外？有一天，終於有一位不具姓名的人從美國寫秘密信函託可靠的人士帶回來臺灣給我，裡面的話說：「你看完這封信要馬上燒掉！有關單位已經決定在某月某日要去抓你了，所以你現在要有心理準備。」送信給我的人，我不認識他是誰？送信給我時他立即離開，我看完那封信後就把它燒掉了。但是那一天還沒有到，我就發現從總會年議會結束那一天起，每天都有3、4位警察24小時在我家附近在監視我。我們的隔壁二樓沒有人住，他們就從二樓探視我們的家庭生活，還在我家外面設置「守望相助」的監視亭，輪流換班來看守我。

除了那些人以外，還有其他人跟蹤我。那時我一出門，他們的車子就緊跟著我。我去哪一個教會做禮拜、講道或是去何處參加開會，他們就會在會場外面等，有人還很大方地進入裡面觀察。我出來之後，他們再繼續跟蹤。

那時候我有覺悟到我的下場會如何？當時我就親自寫好下面這篇遺言：

我無論遇見何種慘事來離世，也應當感謝讚美上帝。因為祂的旨意是美善的，祂的慈愛永遠長存。我也由衷感謝主耶穌，是赦免我的罪，祝福我。差遣真理的靈帶領我，並使我有光榮與祂同受苦的。祂必將永遠的生命賜給一切真正信靠祂的人。

我的追思禮拜應簡單、樸素、莊嚴。我最喜愛的聖經節是哈巴谷書三章17～19節[1]。我最愛吟的聖詩是臺語聖詩第6首[2]和第255首、第258首等。

　　我的遺體請贈送給彰化基督教醫院，以報答老蘭醫生（Dr. David Landsborough）對先父高再得醫師的恩愛。

　　我的遺產的一半要贈與臺灣基督長老教會總會，作為傳道、教育、保障人權、社會服務及教會行政之用，特請將其中之一半捐給玉山神學院及山地教會。

　　我甚感謝內人高李麗珍。她的犧牲、理智、堅忍、信心、愛心，大大的協助了我完成使命。

　　但願慕源、黎香、黎理以及全體親人朋友都能愛臺灣、愛世界、愛和平，來榮耀上帝、造福人類。阿們！

高俊明
主後 1977 年 8 月 16 日

　　這份遺言寫好以後，我放在總會的抽屜裡，但是我無法告訴牧師娘知道。何況在戒嚴恐怖時代，人言可畏，無論在辦公室或家裡的電話，或談話，24 小時都被人竊聽、監聽與錄音，非常可怕。昨天的朋友，今日可能被下獄關牢。每天早晚，我心中時常充滿不可知道

1　「雖然無花果樹不發旺，葡萄樹不結果，橄欖樹也不效力，田地不出糧食，圈中絕了羊，棚內也沒有牛，然而我要因耶和華歡欣，因救我的上帝喜樂。主耶和華是我的力量，也使我的腳快如母鹿的蹄，又使我穩行在高處。」

2　「主耶和華是我牧者，我無欠缺一件。青翠草埔使我居住，導至安靜水邊。／使我靈魂精英醒悟，導我行義的路，我雖然行過死蔭山谷，免驚死亡凶惡。／雖有危險免驚災害，因為我主同在，用祢的棍顧守保庇，用杖安慰扶持。／對敵面前排設筵席，使我各項足額，在我頭殼用油來抹，使我之杯滿滿。／恩典慈悲的確跟我，到盡一世無息，我欲永遠快樂安住，在耶和華之厝。」

美國宣教師花祥牧師伉儷（台神史資中心提供）

的恐懼感，不知道何時將會發生什麼事情？沒有一個地方是安全的，因為當時國民黨威脅利誘、常常用重話向我清楚地說：「你再不和政府配合，教會將遇到種種困難。」等語。

有一個週末晚上，一位親近的友人告訴我，國民黨要來逮捕我的日期，當晚就有一個陌生的警察來我家按門鈴，說要「臨檢」。當那位警察一入門，每一個房間，包括廚房、廁所都一一搜查，連正在睡覺的女孩的睡房，也要打開讓他檢查。全部看過，結果都找不到他們想要找的東西。因此，次日國民黨又派人來我家「臨檢」。但這位警察卻按到鄰居的門鈴，走入家門，發現走錯了，他才立即離開，但他卻把停在我家前面的汽車，放在駕駛座的工廠生產的樣品資料和照相機全部取走，始終沒有送還給主人。

到國民黨要下手逮捕我的日子，我因公忘記！那天是禮拜日，我照常去教會做禮拜，參加某牧師的就任式，便衣人員仍然緊跟在後面。禮拜完到餐廳用餐，他們也坐在另一桌監視我的行動。當天回家以後，總會的美國宣教師花祥牧師夫婦（Mr. & Mrs. Dan

英國宣教師包珮玉牧師

Whallon）和助理總幹事包珮玉牧師（Miss Revd Elizabeth J. Brown）3 人就好像 3 位天使到所多瑪城要救羅得一家人一樣，開車趕到我家：一人看車，兩人閃身進入屋內緊急告訴我們說：「日常用品整理一下，我們出門去，就當一次短暫的旅行。」牧師娘說：「可是火雞才烤好，孩子怎麼辦？都來不及交代。」他們強迫我們要馬上離開家裡。中途牧師娘想下車聯絡親戚去照顧家裡的小孩，可是花祥牧師警告她說：「不要下去，後面有車子正在跟蹤監視！」牧師娘說：「我有一個兒子、兩個女兒，都還在學校讀書，應該怎麼辦？」花祥牧師說：「我們會設法，我們會交代。」於是我們夫婦就繼續一直坐他們的車子。花祥牧師開車技術很好，會閃過黃燈，繞遠路穿過小巷等等。但是後面跟蹤的 2、3 輛車，他們的技術也很不錯，連紅燈也衝過來，跟在我們後面。可是我們的車子進入臺灣神學院校區之後，校內有很多岔路，花祥牧師馬上開進宣教師的車庫裡面，就立即把車庫的門關起來。跟監的車子後來也進入校區裡面，但是不知道我們走進哪一間房子。當他們在那邊看來看去的時候，有一位老師出來；因為校區在不久以前才遭小偷偷走東西，所以有人輪流在校內守望。那個老師看到有不認識的人在校區內看來看去，就跑過去問他們要找誰？他們說：「要找朋友。」老師又問說：「你們的朋友叫什麼名字？」他們都講不出來。所以那個老師就請他們趕快離開，因為學校幾天前才遭小偷光顧，大家都很緊張、害怕。後來他們很不好意思地離開臺灣神學院的校區。因此，我們就這樣躲過被國民黨有計畫的追捕暗劫。

從那一天開始，他們不敢派人再來調查我住在什麼地方？又不知道該怎麼辦？而我們總會事務所有外國來的電話，或是電報，要找我討論事情也都找不到我，所以外國教會就很緊張，我們總會事務所內的幹部也很緊張，不知道我到底死了沒有？或是被抓去關了？怎麼都

沒有消息！

　　在我避開風險，隱居十幾天，我記不太清楚了。有關單位感到很不好意思，因為人還沒有抓到，外國教會就知道臺灣基督長老教會總會總幹事失蹤的消息。因此，國內外許多教會都很緊張，所以國民黨就派代表到總會事務所，對總會幹事謝禧明牧師說：「這一次暫時不抓人了，趕快聯絡總幹事高俊明牧師回來，照常辦理教會的行政。」所以後來我就回到總會事務所繼續辦公，他們也真的暫時不來抓我。

高俊明回憶錄

藏匿施明德事件

肆 藏匿施明德事件

　　我認為國民黨要逮捕我，有三個原因：第一、他們認為我應為長老教會三次聲明負責，尤其第 3 次的「人權宣言」，主張「讓臺灣成為一個新而獨立的國家」，真是讓國民黨政府無法忍受。第二、我始終主張長老教會應該重新加入普世教協，不應該孤立於國際社會之外。第三個原因才是藏匿施明德的事件。後者只是導火線，我若不下獄於藏匿案，也會為別的案件入獄。總而言之，我都無怨無悔。我又認為有幸為臺灣人入獄，我深以為榮。只是該事件因我而牽連太多人，尤其是林文珍女士的犧牲最大，至今我一想起她的受苦，仍心痛如絞。

　　國民黨為何派人要來抓我去關，這件事我一直都沒有告訴我太太知道，因為一旦她知道，她就會變成「知匪不報」！那我的孩子要怎麼辦？由於我有這種考慮，所以我完全沒有告訴她。但是後來她告訴我，她只知道當時我內心一定有很大的掙扎與痛苦，每天看我絕食、流淚、跪下去禱告，她的心非常痛惜。

　　在這段期間，我們一定要讓國際社會人士瞭解美麗島事件的真相是什麼？臺灣有關民主及人權問題在那裡？並且也要讓他們知道，當時臺灣戒嚴已經 31 年了，是世界上實施戒嚴最長的國家。那時候也有白色恐怖，很多政治犯，或是良心犯，都是被冤枉冠上共匪、匪諜的罪名而被抓去坐牢。當時臺南神學院鄭兒玉教授曾向我建議：「你要忍耐，等到他們來抓。在這段時間中一定要把真正的理由和狀況，趕快讓更多國際上的人士知道。」

我本身沒有辦法向國際社會人士公佈真相，但是當時我們教會有些代表會出國參加國際會議，或是訪問，他們才有機會向那些關心我們的朋友傳述他們所知道的事實。後來在國際上，國際特赦組織（Amnesty International）和教會人士很多人都知道我被抓走的原因，就常常派他們教會總會議長，或是秘書長，或是他們國家的基督徒國會議員來訪問我們長老教會、並關心我的遭遇，非常瞭解我是沒有罪的，因為牧師幫助這些走投無路的人，本是出於一個基督徒正確的良心行為。

一、藏匿施明德

話說 1979 年 12 月 10 日世界人權日，黨外人士在高雄市舉辦遊行大會，不幸發生美麗島事件。之後政府抓到黃信介、呂秀蓮、林義雄、姚嘉文、陳菊、張俊宏等人。施明德當時是《美麗島》雜誌社的總編輯，那時候要抓他們的人在有計劃的行動中抓人，只有施明德有本領突圍，跳出牆爬上鄰家的屋頂逃掉，其他的人都乖乖被抓走了。

趙振貳當時是在聖經公會工作，他的辦公室剛好就在《美麗島》雜誌社旁邊，因為這樣，所以有時候會跟施明德見面、討論事情。所以當時他也被列為嫌疑犯。

另一個就是林弘宣，當時他在《美麗島》雜誌社幫忙。他的英文很好，在臺灣教會公報社當編輯翻譯工作，但他跟《美麗島》雜誌社的人常在一起。林弘宣也是教會的人，跟施明德比較有交陪（交往）。至於在教會方面其他有涉案的人還有我的秘書施瑞雲小姐，她與林弘宣傳道師雖然沒什麼交陪，但都被列為嫌疑犯。

後來我才知道 12 月 13 日他們故意讓施明德逃跑的原因，就是想

把他牽扯到長老教會，尤其是要牽扯到我，所以他們的心機非常陰險，藉施明德的逃亡來設計陷阱。

當施明德逃亡的時候，每天晚上都有警察或特務來我家聊天。他們說還沒有抓到施明德，我一定知道施明德躲藏在什麼地方？是不是躲藏在我家裡？我向他們說：「施明德不可能在我家裡，何況我也不認識他，而且我家四周從好幾個月前就有人在關心、監視，不信的話你們可以到我家的地下室查看，或是到任何房間找看看。」

當時我完全不認識施明德，過去只看過 1、2 次，而且是在他跟別人談話的時候偶然看到的。我的朋友輕輕地告訴我說：「他是施明德。」那時候我對施明德這個人，一點印象也沒有，只知道他為臺灣民主運動在努力。其他的事情我一概不知道，但是我很肯定他這一點的努力。因此，在他走投無路的時候，我必須用基督徒的信仰良心來幫助他。

那時候我也沒想到施明德會叫人來連絡我。施明德一開始逃亡時就秘密住入吳文牧師的家。但是吳文牧師的家很小，又有父母親和孩子同住，不能隱密。如去住旅社又有其他的人出入，無法保密，所以施明德就託吳文牧師連絡趙振貳牧師，而趙牧師就連絡我，要我替施明德找一個比較安全的地方躲藏。

有一天，我接到趙振貳牧師的電話，他比較認識施明德。他對我說：施明德已經走投無路了。他以前曾經被判死刑，後來得到假釋出獄。目前在假釋期間，如果他再犯罪的話，就是死路一條。又說：其他的人都沒有辦法幫助他，因為他的朋友也拒絕把他藏在自己的家裡。最後他找到吳文牧師，可是吳文牧師也有父母親和小孩子跟他住在一起，而且他的家很小，出入的人很多，非常危險，所以不方便躲藏在那邊！接到電話，我回答趙牧師說：「請讓我想一想，再找找看

有什麼地方可以讓他躲藏？」

　　那時候我心裡非常困惑，因為我覺悟我自己可以犧牲，但是絕對不能連累到長老教會，或其他任何人。尤其是國民黨的情治人員早就說要來抓我。我深深地考慮我到底可不可以幫助施明德找一個安全的地方來躲藏，又不會被抓到。於是我對趙振貳牧師說：「我自己是希望能幫助他，但是假如我站在總幹事的立場來幫助他，一定會拖累整個臺灣教會。」當時總會內有 1,000 多間教會，約有 16 萬名信徒，所以我必須禱告、思考。因此我對他說，請給我時間禱告，讓我安靜地禱告一下，求上帝給我智慧。

　　那時我對施明德非常陌生，因為他不是長老教會的會友。因此，如果我幫助他，跟他是不是信徒，一點關係也沒有。後來我禱告，並且聽別人說，現在國外人士還不知道美麗島事件的真相，國民黨的人認為他是政治叛亂犯，其實這不是叛亂，乃是為人權、為民主、法治、自由而打拚，這些人才會去高雄聚會、遊行。當時國民黨派人在遊行中製造暴動，變成提倡人權運動的代表被抓進去監獄關。因為世界各國還沒有人完全瞭解美麗島事件的真相，所以必須有一段時間的說明、分析、解釋，才能讓全世界的人了解真相。

　　其實，我那時候也有託人找看看什麼地方比較安全？因為我的家絕對不安全，我自己的家也是 24 小時被人家監視。如果施明德要來我家，還沒進到家門口，他馬上就會被抓走，一定要找一個跟施明德完全不認識的朋友。但是我實在想不出有什麼人可幫助他。我的秘書施瑞雲告訴我：「有一位林文珍長老，她是女性長老，她有很多房地產，她自己住的家就有 100 多坪，家宅很大，並且她在一些偏僻的地方也有房地產，所以是不是可以跟她商量？」

　　於是我就請施瑞雲秘書去請林文珍長老到總會事務所來，向她說

明這件事：「施明德已經走投無路，我也不認識他，妳更不認識他。」所以我就問林文珍長老：「妳不認識他，但是這個人為臺灣的民主化在努力，妳能不能幫助他？」我知道林文珍的母親跟她住在一起，她也有兩個孩子，還有一個殘障的弟弟，所以我感到實在是不好意思請她幫忙。

但是她聽完以後，也是出於耶穌基督的愛心、博愛，她就答應說：「好吧！我就幫忙他。」所以我們就討論要如何幫助？我們有一個共同的想法，都認為在臺北太危險了，應該把他送到偏僻的地方。如：宜蘭縣某些地方比較偏僻，不會惹人猜疑，所以我們就這樣決定了。可是後來我請施瑞雲祕書轉告施明德這個計畫的時候，施明德反對。他說：「現在無論是離開臺北到什麼地方去，都是非常危險的；因為報紙報導，電視也報導，每一個十字路口都有警察，或調查局的人，絕對沒有辦法離開臺北。」因此，最危險的地方就是最安全的地方，他有這樣的想法。所以最後林長老排除一切風險，果然叫施明德化妝，頭上戴一頂舊帽、眼睛戴一付老花眼鏡，拿掉假牙，打扮為鄉下老人，跟她一同通過大樓管理員和電梯的監視，住進林文珍長老家的頂樓。當時林文珍長老要她的小孩子叫他「阿伯」，說：這是他們的遠親，然後跟他們住在一起。100 多坪的房子有很多房間，於是決定就讓施明德變裝躲藏在林文珍的家裏。林文珍長老以欺敵的手法藏匿施明德先生在這棟有數位國民黨的要員同住的自宅，整整有 2 個禮拜。然後於 12 月 28 日再轉移目標，到他哥哥施明正的朋友許晴富的家避難。

許晴富先生與施明德也沒有什麼特別的關係，但是許晴富先生與施明德的大哥是好朋友，為了友情，並且為了關心臺灣的民主化，所以他願意接施明德到他家裡躲藏。因此施明德就離開林文珍的家，躲

藏在許晴富家裡。

當時施明德常常牙痛，因為他在綠島政治監獄被關的時候，牙齒全被拔掉了，那時他的假牙好像也不合適了，所以就請張溫鷹醫師來幫他開刀，有人是說幫

林文珍長老（左2）出獄後，與為她祈禱的高李麗珍牧師娘（左3）、高明輝牧師（右1）合影。（1983年）

他整型。所以施明德在許晴富家裡也住了1、2個禮拜，在那段期間連絡到張溫鷹醫師，訂某日某時要去幫施明德開刀、整型。但是那時候施明德被人告密就被發現了，因此，施明德就在許晴富家裡被抓到。從我們藏匿他，到他被逮捕，前後逃亡約4個禮拜。

施明德被抓以後，曾經幫助他的人都一個一個被抓進去，受到審問。林文珍和許晴富後來也被抓。林文珍被判了5年，因為她的身體一直很不好，健康惡化，不能夠吃東西，常常陣痛，所以保外就醫，但她也是被關了3、4年才被保外就醫。

那時候我並沒有想到自己的事情，我最關心的還是已經被抓進去的朋友們，特別是施瑞雲、林文珍，她們兩個人確實只是因為我告訴她們怎麼樣做，只是代罪羔羊。所以我對她們兩位被抓進去的事情，感到最難過，心中有很大的痛苦。那時候我差不多每天都絕食、禱告。

話說施明德先生被國民黨逮捕當日，成為各大報紙和電視的頭條新聞，甚至驚動世界媒體的報導，凡是與藏匿施明德有關的人士：許晴富、吳文、張溫鷹等人立即被捕。接著是施瑞雲、林文珍、趙振貳、黃昭輝等人也一網打盡。只有我獨自被國民黨故意「漏網」再繼續嚴密監視。這時候，施瑞雲的母親和兄弟都到總會事務所來責

怪我連累屬下。林文珍的姐姐和姐夫也怪我是禍首,要我負責,出面澄清。因此,想到這些人家庭的苦境,我內心備受煎熬,希望趕快自首,把所有的責任擔起來,但是那時臺南神學院教授鄭兒玉牧師又建議我說:「事件發展至今,一日數變,國際間還沒有時間和機會了解臺灣發生什麼事?和為什麼發生?如果你去自首,當局速審速決,依其裁決下獄和槍殺,教會和國際人權組織等團體,根本沒有拯救的可能。」鄭牧師接著又說:「我們要盡量拖延時間,擴大戰線,引起世界輿論的注目和國際人士伸出援手。所以你不應該去自首,慢慢等,等他們來捉你,並設法使美麗島事件的受難者不要被移送軍法審判。」

二、被捕與審問

　　然而該來的事,遲早總會來到,1980 年 4 月 9 日至 13 日,長老

臺灣政治犯被捕關在新店看守所監獄的資料

教會在臺南神學院召開第27屆總會年議會。之後我去訪問臺南市的親戚，並探望在臺南家專（現為臺南應用科技大學）就讀的愛女黎理。4月24日返回臺北住家，當時在臺灣神學院唸書的愛女黎香返家準備考試，牧師娘出門買香蕉，我正在浴室洗澡，突然間黎香來敲浴室的門說：「爸爸，外面有很多人進來。」我說：「沒有關係。」這時候牧師娘剛好買完香蕉，在巷口就看見便衣警察

高俊明牧師入獄前的全家福

守在門口。當牧師娘開門進入家裡，接著便有十幾位便衣警察硬闖進客廳，不准牧師娘接聽電話，也不能打電話。我從來都沒有向牧師娘說，在那些日子我究竟做了什麼事？每天牧師娘只看到我面帶愁容、禁食、流淚、不斷地祈禱……。

　　我從浴室走出來，看見室內有許多壯漢，門外還有一批便衣警察和車輛待命。雖然我心裡明白，但是仍保持鎮靜與他們一一握手，說：「我就是高俊明。」他們的態度從表面上看來尚客氣，說：「有事情問你，請你和我們一起去。」

　　當天晚上，他們把我抓走以後，他們說有一些事情要問我，很快就會讓我回家。所以我沒有心理準備，也沒有帶牙刷。但是他們一路

直接帶我到新店看守所，不准我打電話回家報平安。就由四位軍事法官馬上開庭。開庭以後用他們編寫好的一套劇本，盡量要把我塑造成唯一的男主角，說：「施明德的逃亡，從頭到尾都是我安排的，由我計劃，甚至我還設計幫施明德逃往國外……。結論是：我必須為此事負起全部的責任。」摻雜了很多不是事實的事情。所以每一次問到不是事實的地方，我都會告訴他們說：「這個不是事實！」以後他們就再改寫，然後再讓我看一看、簽名等等，但是我還是不能夠完全接受裡面的控告。

他們一直問我：「你跟誰連絡？」等等，最後我所知道的，就是變成我是主謀之一，其他 9 個人都是我命令他們的。施明德最後被抓的地方是在許晴富家裡，他也是變成跟我同罪，要被判刑七年有期徒刑，財產全部被沒收。所以，結論還是說：「我是主謀」，責任最重。當我看完國民黨為我寫好的劇本的時候，我很坦然地說：「劇本有許多情節與事實不符。」我一一舉証說：「事實上我並不認識施明德，從未與他講過話，也沒有想到他會尋找我的協助。因此，我不可能從頭到尾計劃和安排他逃亡！」

審問完，他們不但沒有把我送回家，反而把我押入牢房。牢房潮濕骯髒、蜈蚣、老鼠多。睡覺時，種種小蟲在身上爬來爬去。根本無法入睡。當時我的五十肩發作，彎腰洗臉都疼痛不已；痔瘡惡化，經常流血；牙齒搖搖晃晃，後來拔掉三顆。這些肉體上的疼痛，比較容易克服；比較難克服的就是在精神上的寂寞、孤獨。

當我進入牢房，獨自一人被關。起初無人可以交談，只好低聲默讀在我腦海中還記得的聖經金句，或低吟聖詩；後來，有時同房的有2、3 位獄友，或 4、5 個人同住；這些獄友都是來自三教九流的人。如果是政治犯或同案者，就不能關在一起，不准互通音訊。

到 4 月 27 日，我在等待審判的時候，有一、兩次他們讓我跟我的律師張俊雄、金輔政會面。那時候我只能告訴他們事實的經過如何，或是在檢察官的記錄中，有哪些地方是錯誤的事情而已。當時我才被允許寫第一封信寄出去給家人，在信裡我安慰牧師娘說：「麗珍……室內樸素清潔，室友們也很友善……在這種環境中能精修上帝的話語，並靜思十字架與復活的真理。請向總會議長，助理總幹事及其他友人請安並道歉。不要掛慮我的安危，只要關心全體教會的團結與進步……。」（有關高俊明牧師寫給牧師娘高李麗珍的家書，人光出版社已出版《獄中書簡》乙書，可供閱讀。）

5 月 16 日，我又被帶到法庭接受審問，實話實說，法官也速審速決。我說：「我之所以幫助施明德，是基於信仰和良心，基於基督徒的同情心，沒有政治上的動機；而瑞雲與文珍，完全受我牽累。」接著我又表示：「我願意為當場 9 名被告，負起他們該承當的一切刑責。為此，我願意付出我的生命和財產，讓他們能早日回家與父母親、太太、兒女、弟兄姊妹團圓，並繼續造福同胞，貢獻社會。」然而國民黨的法官並未採納我的請求，說：「各人犯的罪，要各人承擔。」因此，9 人被告都要判刑。

1980 年 6 月 5 日我收到軍事法庭的判決書，主文如下：

高俊明、林文珍共同藏匿施明德叛徒，高俊明處有期徒刑 7 年，褫奪公權 5 年。林文珍處有期徒刑 5 年，褫奪公權 3 年。許晴富共同藏匿叛徒，處有期徒刑 7 年，褫奪公權 5 年。全部財產除各酌留其家屬必需之生活費外，沒收。

吳文連續共同藏匿叛徒，處有期徒刑 2 年，褫奪公權 2 年。

張溫鷹幫助藏匿叛徒，處有期徒刑 2 年，褫奪公權 2 年。

林樹枝、趙振貳、黃昭輝、施瑞雲、許江金櫻明知為匪諜而不告

密檢舉，林樹枝處有期徒刑 2 年、趙振貳、黃昭輝、施瑞雲、許江金櫻各處有期徒刑 2 年，緩刑 3 年。

　　其中，施瑞雲幸好判緩刑，只關近六個月，即被釋放出獄。

　　雖然法官在判決後馬上受到國際特赦組織（Amnesty International）的抗議，說：我這個人並沒有做壞事，牧師就是有義務與責任保守別人的秘密。有人需要他的幫助，牧師也應該要用耶穌基督的愛心來照顧他。我又沒有用暴力，所以不應該關我，也不應該沒收我的財產。全世界很多地方、教會，以及國際特赦組織都寫信給政府，要求他們馬上釋放我，可是他們始終不予置理。我的判決書公佈之後，總會議長張清庚牧師於 1981 年 2 月 26 日公開報告，表明：「第一、高牧師等人對於施明德案之所為，乃根據基督徒之信仰與倫理，亦為教會共同信念的表現，正是基督徒應有的作為。第二、牧師係神職人員，其職責乃根據基督教信仰以救人、助人及愛人，給予有新生活的機會。身為牧師，絕不能為了貪圖金錢和意識型態不同而出賣別人。」並再以約翰福音書第十章 11 節的話互勉：「我是好牧人，好牧人為羊捨命。」

　　為要拯救我免於牢獄之災，臺灣基督長老教會總會，不但通知各地教會牧長和會友，迫切為我代禱，而且於 4 月 25 日正式分發「緊急牧函」給全體教會，全文內容如下：

為總幹事高俊明牧師被捕發表
「臺灣基督長老教會總會緊急牧函」

主內親愛的同工、兄弟姐妹：平安

我總會總幹事高俊明牧師以涉嫌藏匿逃犯之名遭警總逮捕，使我全體教會深感震驚與困惑。

　　本人咸信我全體教會對高牧師被捕事件深表關切，因高牧師身為現任總會總幹事，其被捕關係本會甚鉅。本總會常置委員會乃採緊急措施，呼籲全體教會為此突發事件迫切禱告，並函請我全體教會統一於 4 月 27 日（本週主日）晚間 7 時半起，假各地舉行特別聯合禁食禱告會。並請各教會暫停原定聚會，帶領全體信徒前往參加聯合禁食禱告會。

　　高俊明牧師畢生獻身傳道，早年在山地宣道，從事神學教育不遺餘力，深受全體教會及信徒之敬仰與愛戴。高牧師自 1970 年擔任總會總幹事重任以來，無不以其對基督耶穌堅定之信仰，服事教會，宣揚福音；也以無比的勇氣與愛心關懷國家的前途和同胞的命運。他不但是一位良牧，滿有愛心，常擔待別人的軟弱，願意為羊捨命，也是一位正直、愛國的好公民。他對教會、社會，貢獻頗鉅，海內外教會、信徒均表敬佩。今遭此突變，願我教會迫切代禱，求上主施恩拯救。

　　祈願天父上帝垂聽我眾教會的禱告，保守高牧師及其家屬；也保守我臺灣基督長老教會，並賜給我們的社會、同胞有真正的安寧與和諧。

　　「……總要肢體彼此相顧，若一個肢體受苦，所有的肢體就一同受苦，若一個肢體得榮耀，所有的肢體就同一快樂。」（哥林多前書第十二章 25 至 26 節）

臺灣基督長老教會總會議長　張清庚

主後 1980 年 4 月 25 日

三、獄中 4 年 3 月又 22 天

◎監獄變靈修研究院與傳道所

　　本來照判決，我不知道漫漫 7 年牢獄何時盡？當初我想到聖經裡面的大人物，如：約瑟在埃及無辜入獄、但以理因信仰在波斯被害丟在獅窖、保羅和西拉在腓立比傳福音被關到地牢、彼得也因傳耶穌復活被關在監獄……這些信仰的大前輩，從無怨言。何況保羅和西拉在黑暗的地牢還滿心平安、喜樂、祈禱、唱詩。因此，我在監獄中的生活，也開始利用時間為妻兒祈禱，為親友和教會祈禱，為全世界關心我的遠方朋友、或生病欠安、或遇到不幸的朋友，每日清晨在窗外麻雀吱吱叫的時候起床，一一為他們祈禱。從祈禱中，我得到上帝的安慰和激勵，並使我每日的生活，充滿盼望和力量，以解決心中的困境。

　　祈禱完畢，接著是輕聲與獄友閱讀聖經，在坐牢期間，讀完舊約聖經 7 遍，新約聖經 12 遍。每次閱讀聖經，每次都有不同的瞭解和感動，以及來自上帝的活力。藉著讀聖經，有機會向 4x3 平方公尺小囚房內的獄友傳福音。在獄內我曾感動許多人，有些人被視為共匪，也有軍人、商人、走私漁民、角頭兄弟、搶劫犯和人犯等三教九流的混雜囚犯，使他們信耶穌，接納耶穌做他們個人的救主。

　　曾經有一個黑社會青年，起初很排斥我在獄中向他傳道理。但是

高俊明牧師被關，被囚禁的小牢房，室內只有一個洗臉盆和一個馬桶

有一天，他卻貼近我的耳邊輕聲細語，告訴我說：「高牧師，我也要信耶穌！」此後他的人生觀完全更新，非常喜歡讀聖經，並常到圖書館借書來看。後來，他在移監前又告訴我說：以前他怨恨整個社會，因為他只犯小錯，就要被人密告，受刑受辱，而別人貪污舞弊，「歪哥」（oai-ko）幾千萬元，或幾十、幾百億元的大官反而沒事？因此，他認為這個社會很不公平、不公道。本來他決定以後要做更大的「案」，犯更大的罪，害更多的人來報復。但是在他認識主耶穌以後，他要好好地孝順父母，讓他的父母過快樂的晚年，也要用各種方法來造福人類。

祈禱、讀聖經，還有唱詩是我在獄中生活的三部曲。我的歌聲很悠揚、清麗，宏亮又富有吸引力。每逢早餐後或黃昏時，我輕吟聖詩或唱世界民謠時，獄中的班長和獄卒都會洗耳恭聽。其中一個獄友張俊宏（出獄後當選立法委員）後來常常懷念我在獄中的歌聲，帶給他很大的力量渡過人間黑獄的許多艱難日子。

在監獄 4 年中，我覺得非常高興，有那麼安靜的 4 年多，有時候只有住我一個人，有時候是 2、3 個與我住同房的獄友，有時是住 5、6 個人，都是因為政治問題進來的。因為那裡是軍事看守所，其中有很多是漁民，當時臺灣禁止與中國對岸人民接觸。這些漁民抓不到魚，他們發現中國漁民非常喜愛手錶，而那時候臺灣的手錶比較便宜，1、200 塊錢就買得到，所以他們就買一些便宜的手錶與中國漁民交換漁獲，如果被發現到就變成政治犯！跟現在的情形完全不一樣。他們被抓進來審問就判刑要坐牢。我感覺我應該去安慰他們，向他們傳福音，我瞭解他們大部分都是被冤枉的。

其中有一位是開大卡車的司機，他的老闆告訴他把貨物載到基隆某處，他就很單純地把東西送過去。結果那地方有一批流氓，他們上

車後就押他到海邊。那時候他才發現這批貨是要走私的東西。但是當他發現這狀況的時候已經太晚了，因為已經有人通知警察埋伏在周圍等他，所以他的貨車就被包圍了，而他也被抓進來了。他是一個很單純的司機，就這樣被抓進來，遭遇到很多不幸的事情。他說：他父親是外省人，到臺灣不是當兵就是當礦工，家裡的經濟非常困難。在他離開的時候，家裡有父母親、太太和 2 個孩子，只剩下 2、300 塊錢。他既然被抓進來關就沒有人能去幫助他們。好幾天了，也沒有辦法通知家人知道。所以他在經濟方面有困難，另外還要受精神打擊；因他父母親根本不知道他們的孩子跑到哪裡去了，所以常常痛哭流淚。我在裡面聽到很多類似的事情，真是令人直流同情淚。

有一位相當有地位的軍官，大概是隊長。在他退伍以後，到外國訪問自己的親戚，那時候他才知道他的嫂嫂在中國某某地方，經濟非常困難，並且患重病。因此，他利用一個秘密管道偷進中國慰問他的嫂嫂，因他的哥哥已經去世了。後來卻因受人密告，所以他也就被警察抓進來關了。

我被抓進去以後，也在室外小小放封的運動場活動。這位退役的軍官跟其他幾個人出來運動時，看到我就大聲哭出來。他告訴我關於他所經歷過的事情，我才瞭解在獄中也有像他那樣受冤枉的人，為照顧已經成為寡婦的嫂嫂，這是一件非常偉大感人的故事。為什麼會被抓進裡面關，又要受到刑求？真是令人不懂！

我們的政府都向人說沒有刑求，其實是有的。在獄中雖然我沒有辦法看到他們有沒有被獄官刑求？但是在監牢裡面有一個秘密的地方，犯人被刑求以後都會講出來。我沒有被刑求，他們對我一開始就相當尊重，因為我被抓之後 1、2 天，歐美的報紙或電視就以頭條新聞播報我被關的事情了，所以政府當局相當緊張。因為以這個理由，

總會議長賴俊明牧師（左1）、代理總幹事謝禧明牧師（右2），與臺南神學院院長蕭清芬牧師（右1）到新店看守所探訪高俊明牧師被關在監獄的生活情形

政府官員把一個牧師抓起來關在裡面，他們也覺得實在是很沒有面子。所以他們就告訴我說：「你若自動辭掉長老教會總幹事，我們就馬上釋放你。」我就說：「我不能那樣做，那是不負責任的態度。我不是自己喜歡做總會總幹事，而是幾百位總會議員用選票選我出來做的。所以你們應該叫我們的總會把我辭掉。」但是這個建議總會拒絕了。大家都認為：「眾議員選出來的總幹事，我們人人都承認高俊明還是我們的總幹事。」所以我被關的4年當中，長老教會依然承認我是總幹事，保留我在事務所的職位，總會也將總幹事的辦公桌子留在那裡，有代理總幹事替我處理公務。所以警備總司令部的人對我也相當客氣。

我在獄中時，只要有新的人進來，我就連絡我太太送新舊約聖經

來，給他們每人一本。早上吃完飯之後，我都會邀請他們輪流讀聖經，互相分享個人的經驗。

我跟美麗島事件其他的人士沒有什麼關係。當時我跟姚嘉文、林義雄等人都沒有什麼接觸，好像只有一次，就是從前在一個信徒家庭做禮拜時遇見姚嘉文，就是這一次而已。

我跟他們的接觸都是在看守所裡面被關的時候。我住的那一間囚房，就是以前林義雄住的囚房。為了要關我，臨時將林義雄遷移到我隔壁的囚房。我從入獄以後，每天傍晚都會唱詩歌。本來在監獄裡面都禁止唱詩歌，可是因為我不會唱太大聲，我會控制我的聲量，而且我所唱的大部分都是聖詩、日本讚美歌，或是英文的宗教歌曲、世界的名曲、民謠，所以他們認為我唱詩歌是可以特准的。

在這 4 年當中，我曾經患重感冒，所以有 1、2 天沒有唱。負責看守我們的憲兵，看到我被放封出去運動的時候就問我：「你這幾天為什麼沒有唱詩歌？」因為他們每天都在聽，很欣賞我唱歌，所以我覺得那也是我很好的回憶。

那時也有一些插曲，林義雄先生在監獄裡也很認真讀了許多書，包括聖經，或是其他好書。特別是他也很喜歡研究日語，所以有關日語方面他不能夠瞭解的，他都會寫在一本筆記簿裡面，在他要出去運動的時候，都會經過我住的囚房，他就從牆壁下面一個小小的送飯、送信的小空洞，把筆記簿從這個洞口丟進我的囚房。因為我受過日語教育，就幫他改一改或是寫答案。通過此一來往，我們就變成好朋友了。所以監獄也是幫助我與美麗島事件的其他人士建立友好關係的地方。

我出去運動，那時候叫做「放封」，運動場有兩個小小的庭園，分為兩段，每段都有一個小運動場。憲兵對我們比較熟識的時候，就

瞭解我們不是暴力分子,而是和平有理性的人。所以有時候,我們出來放封就能夠彼此見面,講幾句話。讓我跟林義雄先生,或是姚嘉文、黃信介等人見面講幾句話,這就是我們接觸的開始。

當時呂秀蓮跟陳菊住在我們的樓上,夏天非常熱,我們常發現樓上的自來水開關好像壞了,一整天都會有水從牆壁外面流下來。後來,我很有趣地向呂秀蓮詢問:「很奇怪,有一段時間為何樓上的水都會沿著牆壁流下來?」她告訴我:「那是她們故意要讓我們樓下的房間比較涼快一點,所以才那樣做。」可是我告訴她,因為那些水不斷地流下來,外面的地都濕透了,所以也影響到我們的囚房,床底下濕了,所以蜈蚣特別多,都爬出來了。我告訴她們:「雖然那是妳們的好意,但是那種現象會讓我們嚇一跳!」我跟美麗島事件這些相關人士的接觸,都是在監獄裡面被關的時候才認識的比較多。因此從那

被囚禁的政治犯,行為表現良好,就有機會被「放封」到室外的小廣場運動透透氣,但是廣場四圍都架設通電的鐵絲網,以防囚犯逃獄

這裡是被禁囚犯接見家屬來訪用電話機互相通話談話的地方，兩者間用安全玻璃隔開

裡的看守所出來以後，我們就成為交情比較深的朋友。

　　我不知道在國民黨宣傳我們是暴力分子的情況下，負責看守我們的憲兵，過多久才會相信我們是和平主義者？但是他們對我從一開始就很客氣，我想這是因為教會的關係。因為外國教會馬上會回應，肯定我們所作的是對的，所以這個也是他們對我們改變態度的原因之一。

　　在那個時候有一個女作家陳若曦，她從美國回來，調查美麗島事件。在我的記憶中，她是寫有關單位僱用流氓，或剛從監獄放出來的人，交代他們在 12 月 10 日人權紀念日那天，要在人群中製造擾亂和暴動。當天這些人就按照他們所受到的吩咐，製造暴亂。當時遊行外面如果被鎮暴部隊包圍，裡面發生一些暴動，一般人一定會拚命跑到安全的地方，所以他們就不得不衝啊、打啊，於是就會發生更大的暴

政治犯被扣帶的腳鐐，與雙腳被扣的實況模型示範圖

動。有關單位就把其責任歸到《美麗島》雜誌社的人身上，用這個罪名把他們抓進去關。我很高興後來李總統知道這件事情的真相，終於給我們平反了，我也接到平反證書，說明他們的遊行活動和我們教會所發表的「國是聲明」絕對都不是叛亂，沒有罪。

　　有人問我：我為救施明德被關了4年多，值不值得？我的回答是很值得的！因為我救施明德不是因為他是我的朋友，乃是因為耶穌告訴我們要愛兄弟姐妹，人為朋友犧牲生命，沒有比這個更大的愛！所以他雖然不是我的朋友，但是為要幫助一個走投無路的死刑犯，這是我們有良心的基督徒的使命。那時候我幫助施明德，就是為愛臺灣的緣故，因為每一個為臺灣的人權、民主化努力的人，我們都應該要去幫助他們，這是我的信念。我在獄中的想法也是這樣。

　　我被釋放出來以後，施明德在三軍總醫院絕食，那時候我們有幾個人，每禮拜都有一次去慰問他，為他祈禱，那是比較直接的。在這

之前，我與施明德都沒有直接見過面。

四、波及兒女

我的小女兒黎理是在臺南家專（現今臺南應用技術大學）就讀，10幾歲的時候，因我被抓被關入軍事看守所的事情，她就被5位教官輪流叫去問許多問題。當時她的年紀大概15、6歲。有關我的事情，她完全不知情。教官問她：「妳有沒有看過施明德？」她很老實地說：「有啊！」教官又問她：「在什麼地方看到的？」她說：「在報紙上看到的。」她是很單純的女孩子。

她在家專就讀時擔任班長。她比較活潑，跟其他同學的感情非常好。她最快樂的時候就是禮拜六、禮拜天，因為她能夠去訪問我們的親戚，或是朋友，或是在禮拜天到教會去敬拜上帝，參加教會中的各種聚會。可是發生我被關的事情以後，那時候她住校，教官每天命令她絕對不可離開學生宿舍，所以她非常難過。因為每禮拜六當她看到別的同學都能夠回家，或是到其他的地方去；禮拜天也是休息天，但是她只能一個人留在宿舍，不能夠去教會，也不能去訪問親戚朋友，而且又不知道父親究竟發生什麼事情？只知道我被抓去關在看守所裡面。在報紙上所看到的新聞，很多都是在攻擊我、誣蔑我。然而這些新聞報導都不是事實，所以她心裡感覺到非常難過，精神幾乎快要崩潰了。

當時教官還要求我女兒的朋友也要報告她在看什麼書？講什麼話？參加什麼活動等等，所以她的生活似乎變成被軟禁一樣。此外，因她當班長，平常還必須假裝心情很快樂、很活潑的樣子，跟大家關係很好，所以她的心理就失去平衡。她的朋友知道她的心情好像快要

崩潰的樣子，就透過一些人連絡我內人，告訴她說：「妳女兒在學校，精神好像快要崩潰的樣子，請妳趕快來處理！」所以我內人就趕快到家專，向校長、班主任請假。讓我女兒能夠馬上離開學校，回到臺北的家，受母親的撫慰。之後母親就設法讓她轉到臺灣神學院繼續就讀。

　　臺灣神學院有培養傳道人的神學系，也有教會音樂系。音樂系符合我女兒的專長，她非常喜愛音樂，她會彈鋼琴，聲樂方面也很好；

臺灣神學院具有美化心靈東方建築色彩的禮拜堂

她從小就學彈鋼琴。她讀我們長老教會自己的神學院，在學校就比較不會受到調查局或是警察人員的打擾、偵詢。在那邊她就安心讀到畢業。

我非常不喜歡「反政府」這一句話。我們是很注重人權，不是反政府，也不是提倡反對運動。我們主張臺灣獨立，形成新而獨立的國家，這不是反政府！我們盼望政府要公平、公正、公義，我們只是要求這個目標。所以政府如果有做什麼不公正、不公義的事情，我們就要表示反對，「反政府」和「反對政府」意思不同。

我們海外的教會都是支持人權，也支持每一個國家成為民主國家，這是全世界教會的原則。所以政府如做不公正、不公義的事情，教會就會發聲，用和平、理智的方法發聲訴求，不是用暴力來達成目的。這個就是教會處事的態度。我在監獄裡面也有看到很多不公正、不公義、不公平的事情，也發現很多良民都被冤枉了。

在獄中，有一次我接到憲兵進來說：有人特別要來見我，上司也准許我接見他，於是我就穿著整齊的衣服，到特別會客室去。那時候我嚇了一跳，居然有一位天主教的神父與一位修女在那邊出現。那位神父自我介紹說：「我明天就要回到梵諦岡見教宗約翰保羅二世（John Paul II）。」這位教宗是代表全世界十幾億天主教徒的身份。教宗特別請他擔任特使來訪問我，瞭解我的健康，瞭解我的家人的情況。這位神父是外國人，修女是臺灣人，但是她的英文很好，本來她是來當我的翻譯，可是我們見面的時間有限，普通都是 30 分鐘，所以我就告訴那位特使，我們可以不用翻譯，直接用英語交談。當時我告訴他有關他想要瞭解的一些事情。次日，他回到梵諦岡就向教宗報告。教宗接到他的報告，後來有寫一封信給我，但那封信在我被釋放出來的時候被獄官沒收了。內文的意思是說：教宗很高興瞭解臺灣基督長老

教會為臺灣的民主化與人權問題在努力，他懇求上主祝福我們所努力的這些事情。我收到這封信，非常感動，這麼有代表性的教宗，也關心我們這個小小島嶼上的一個平凡的牧師。

4年多的獄中生活，我得到很大的鼓勵，就是世界各地寄來的信件非常多。一開始他們一星期還給我5、6封從國外寄來的信，但是不久之後他們就限制一個禮拜只能夠給我收到兩封外國寄來的信，沒給我看的其他信件都拿去燒掉了。因為有一次我出去運動的時候，有一件令我覺得非常抱歉並深感

政治家及教會牧師從海外寄到監獄來安慰高俊明牧師的部分信件

遺憾的事，就是有一位在外役監受刑人充當雜役、幫忙送信時告訴我說：「寄給你的信很多，但上面規定，一個禮拜只能給你2、3封，其他有好幾箱信都拿去燒掉了。」所以我根本就不知道從歐美、大洋洲，與太平洋小島上的教會信徒有誰寫信給我。此外，獄方還規定：一個禮拜我只能寫2封信，又每封信不得寫超過200字。寄出之前，還要接受獄方逐字逐句檢查，認為沒有問題時，才能寄出去！

經過這4年多的牢獄生活，我也體驗到耶穌基督所說的一句話：

「凡遵行上帝天父旨意的人，都是我的弟兄姐妹和母親。」那時候我也體驗到：全世界各國的基督徒關心我的事情，關心臺灣的民主化或是人權問題者，寫了那麼多封信來安慰、勉勵我，這件事讓我非常感動，非常受安慰。

所以在 4 年多的牢獄生活當中，我很感謝主，上帝確實是慈愛的真神，讓我在牢獄中，能夠瞭解社會黑暗的一面。以往在我的人生中所瞭解的都是光明的，教會內好的一面，親戚朋友的關懷。對別人的缺點我不太喜歡聽，也不喜歡講。但是進到牢獄裡面，透過這些被冤枉的人的遭遇所說的話，終於使我瞭解到社會比較黑暗的地方。其中有一些流氓被關進來，因為他們犯了某些罪，這些流氓對壞警察吐露出一些評語：「其實警察就是有執照的流氓！而流氓就是沒有執照的警察。」我對這句話印象很深刻。

因此，我認為讓我進入牢獄被關，對我以後判斷是非、真假、善惡這些事情有很大的幫助。在獄中我也體驗到苦難中的朋友就是最寶貴的朋友。在當時社會中有很多人都很害怕跟政治犯扯上關係。我記得有一個結婚不久的年輕人，也是因為某些事情被抓進軍法處看守所。由於他剛結婚不久被抓進來，所以他就一直很期待他太太趕快寫信來安慰、鼓勵他，但是他等了很久都沒有接到他太太寫來的信。最後，有一天，他很高興大聲喊說：「我終於接到太太的信了！」但是當他讀完他太太的信後就哭出來了，因為在那封信中他太太要求跟他離婚。當時的社會就是這樣，人人都想要跟政治犯切斷關係。

在教會裡面，我們感覺到很有福氣，因為在苦難當中我們才能夠瞭解到誰是壞朋友。聖經有一句話：「朋友跟弟兄的出生就是為了救患難。」這是我很喜愛的一句話。

五、外界的搭救

我聽說我的姨丈蔡培火先生當年確實也很努力想辦法要營救我，我小時候在日本東京讀小學，其中有 2、3 年住在蔡培火家中。在我長大之後，蔡培火先生的兒子娶了我妹妹，可以說是親上加親。雖然他的政治理念與我完全不同，但是我能夠瞭解到他仍然對我非常關心，非常愛護我。我還沒有被抓以前，常常到他家去，跟他談話，有時候是辯論。但是有一段時期，他居然很意外地把我趕走，說：「你不要再來我家這裡了！」因為我的政治理念跟他發生衝突，所以我有一段時間就不再去他的家。

有一天，他叫他女兒到我家裡來，帶來一臺黑白電視機說：「培火丈仔說這個要送給你們看。」她說：「今後你可以再到他那裡去了，再辯論、再討論什麼政治問題都不要緊了。」所以那時我才再開始去跟他談話，而且是無所不談。在施明德事件中，他為了我也相當出力向政府說情。

國際特赦組織也經常為這件事情努力向政府說真話。此外，外國教會人士和美國國會議員，也都常常呼籲政府說：「高某某所做的，是合乎基督徒的倫理，不應該把他關起來，也不應該沒收他的財產。」所以世界各地的衛道者都會時時刻刻關心我，向政府要求儘速釋放我。

我被關 3 年後，遲遲未見政府有任何善意，把我釋放出獄，因此，我們的總會又寫一份陳情書，遞交政府，全文如下：

促請政府釋放高俊明牧師及林文珍長老之陳情書

　　本會總幹事高俊明牧師及臺灣女子神學院院長林文珍長老於民國69年初，因涉及藏匿施明德案入獄，經軍法分別判刑7年及5年，迄今已逾3年；此案引起海內外教會之矚目與關切。他們是忠誠盡職的傳道人，由於愛心、謙遜、愛好真理、維護公義而受人敬重。他們除了本著基督徒的信仰和愛心做事之外，從未參與任何政治組織和活動，也絕無任何政治野心。

　　他們兩位面對著施明德避難的求助乃本著傳道人之信仰和職責來做決定，相信任何一位具有信仰良心的傳道人都會有同樣的行為。

　　本會懇求政府有關當局重新查明傳道者之職責及高俊明牧師、林文珍長老出於基督徒愛心的動機所做出之行為，以寬容來處理本案，促成早日釋放他們；我們相信他們的早日得到釋放，不但能改變我政府在國際上的形象，更能促進全民的團結、創造和諧的社會，來為我國邁向自由、民主的目標努力。

　　本會為關切高俊明牧師及林文珍長老，曾於民國70年（1981年）12月10日及71年7月間陳情早日釋放他們。深信政府體諒本會全體教會傳道人和信徒之心情，重視本會之呼籲和陳情，促使高俊明牧師、林文珍長老得到釋放，則為我全體教會之願望。

臺灣基督長老教會總會議長　戴忠德

1983 年 7 月

　　1983 年 10 月 26 日本會接到立法院的來函：依陳情書為「本會總幹事高俊明牧師……」一案，依請願法第 3 條：「人民請願事項，

不得牴觸憲法或干預審判」之規定，未便受理。

　　我被抓的時候是在晚上，後來我被放出來的時候，有些記者不知道是從哪裡得到消息說，我要被假釋了，他們都在看守所的大門旁邊等我，要看我的情形。所以看守所當局就從後面的小門把我送到家，那時候我根本還不知道關我的看守所監獄究竟是在什麼地方？

　　李登輝先生擔任副總統時我還在獄中。後來他曾告訴我說：「當時我曾去見蔣經國總統好幾次，向他報告有很多外國人寫信來，要求政府應該馬上將你釋放。」李登輝副總統一次又一次地告訴蔣經國總統這件事情，後來蔣總統才瞭解這件事的嚴重性，假如不馬上釋放我的話，對國家的形象有很不利的影響。因此經過 4 年多以後，蔣總統就准我假釋。本來判刑 7 年，後來只關 4 年 3 個月又 22 天。

　　回憶 1984 年 8 月 15 日，我在獄中吃過午餐，當時有一個憲兵忽然進來我的囚房，叫我整理行李，並帶我到所長那裡去見警備總司令陳守山。他說，我在監獄表現良好，上司決

受難者姓名	高俊明		性別	男	出生年	1929
案件名稱	美麗島事件 / 藏匿施明德案		案發年齡	51	籍貫	台灣省台南市
罪名	叛4-1-7藏匿叛徒					
羈押、執行處所	台灣警備總司令部軍法處看守所					
判決年度	1980					
坐牢時間	徒刑4年3月22日					
判決刑期	有期徒刑7年，褫奪公權5年，全部財產除酌留其家屬必需生活費外，沒收。					
案發時職業	服務業		案發時身份	傳教士		
送案機關	台灣警備總司令部保安處		裁判機關	台灣警備總司令部		
扣押日	69/04/24		釋放日	73/08/15		

高俊明牧師被判關在新店看守所冤獄的電腦存檔記錄

高俊明牧師入獄後美國宣教師花祥牧師父子到新店軍法處看守所探訪高牧師（中）

總會幹部商正宗牧師（中）陪著美國長老教會助理總幹事 Rev.Dr.Bob Steavenson 探訪在獄中的高俊明牧師，表達美國信徒的關心與代禱

定讓我出獄。其實，後來我也聽到牧師娘麗珍說才知道：當時副總統李登輝先生對我的事情很關心。他本身是基督徒，了解牧師有保守秘密的職業倫理，必須關心和幫助走投無路的人。為此，他曾數次去見蔣經國總統，請求他要提早釋放我。所以我才能提早出獄！後來李登輝先生當選總統，發平反證書給我，說明我所作的不是叛亂，沒有罪。

　　回憶 1984 年 8 月中旬，李登輝先生邀林義雄先生的家人和麗珍到官邸，說明當局有可能放人，結果那週我和林義雄兩人就被釋放了。我們出獄後，李登輝先生曾幾度邀請我們夫婦以及教會的幹部，同赴官邸，分享信仰經驗。也是因為他的努力，1987 年，已經罹患肺癌的黃彰輝牧師、黃武東牧師和林宗義博士才能獲准回來臺灣，參加臺灣宣教會議，與離別 22 年的鄉親良友見面。

　　在我出獄後，臺灣北中南各地長老教會均盛情舉辦「高俊明牧師

我出獄後才知道，從前擔任副總統的李登輝先生（左）多次去見蔣經國總統，請求他要提早釋放我。後來他當選總統，發平反證書給我，說：「你所作的不是叛亂，沒有罪。」

獲釋聯合感恩禮拜」，世界各國關懷我入獄的教會牧長、信徒、朋友，也紛紛來電致賀，並邀請我分別到英國、瑞士、德國、美國、加拿大、日本、韓國等 20 幾個國家，與大家分享生命經驗、坐牢經驗和信仰經驗。稍後又應邀前往巴西、阿根廷、紐西蘭、澳洲等未曾去過的國家答謝他們的關懷，並報告臺灣的現況。每到一處，都受到非常熱烈的關懷與歡迎，而且來參加聚會的人數每場都有數千人。在小教會裡面至少也有 500 名以上，其盛況至為感人。

出獄後的隔年，1985 年，我擔任總會總幹事任期屆滿，改選中仍以 380 票贊成，5 票反對而當選，再續任一屆，共 19 年才卸任。

我常常聽到別人批評臺灣基督長老教會的牧師不務正業，高度介入政治。其實，在不公不義的社會裡，關心和參與政治，永不嫌多。我就提起：半世紀以前，朝鮮人反抗日本殖民統治，爭取獨立建國這

件事，而於首爾（漢城）發表獨立宣言。當時在 33 位獨立宣言的發起人中，就有 11 位牧師，7 位基督徒。他們不惜犧牲生命，堅持以莊嚴肅穆的態度來追求整個社會的公義、和平。因此，我們也希望以同樣莊嚴肅穆的態度，來追求臺灣整體社會的正義、和平。

然而，基督徒要參與「人權運動」時，我們「必須考慮三件事情：第一正義，第二智慧，第三愛心」。例如：1989 年 1 月 28 日，臺灣基督長老教會與 228 和平促進會、臺灣人權促進會等數十個海內外團體，聯合發起「228 公義和平運動」，事後於 2 月 1 日發出「228 公義和平牧函，向全體會友說明：「……如今為了促進社會的公義與和平，我們切盼每位基督徒於 2 月 28 日當天中午，為紀念 228 事件之慘案禁食祈禱，並為開拓臺灣未來光明的前途而舉辦的 228 公義和平之各項紀念活動奉獻。為使所有臺灣住民和睦相處，我們籲請政府訂 2 月 28 日為國定假日，設立 228 和平公園，並給予受害者及家屬適當的補償；更期盼政府為表達與人民和解的誠意，嚴禁對政治異議者施予暴力。同時儘速釋放因政治案件繫獄的政治犯，使臺灣成為公義與和平的樂土。……」當這個牧函發出之後，大家仍懾於當局的戒嚴統治，除了極少數的牧長和信徒勇於關懷受難家屬外，整個教會並未能給予應有的聲援和溫暖。為此，總會向 228 事件全體受難者及家屬表示虧欠。由此可見，我們當時的愛心顯然不足，不敢跟威權抗爭。

不過，總會所發出的牧函，在李登輝先生做總統的 12 年間，有關 228 公義和平運動的具體呼求，已經一一實現。可是有關第 3 次的國是聲明，希望政府把臺灣建設成「新而獨立的國家」，至今仍有待全國人民的共識與努力。

嘉義與台南兩中會傳教師為高俊明牧師出獄後在長榮中學舉行感恩禮拜後留影

高牧師出獄後，南部原住民在高雄新興教會感恩禮拜中贈送原住民的英雄帶與頭目冠冕給
高牧師夫婦（1984 年）

高俊明牧師出獄後應邀訪美，與美國參議員索拉茲、愛德華 ‧ 甘乃迪等人合影留念

1986 年高俊明牧師出獄後訪問紐、澳教會，與紐西蘭的牧師 Rev. Vogal. Mrs. Rushbrock 全家在機場接機歡迎合影

六、獄中著述

我在監獄裡面，前面我已經說過，每禮拜每人只可以寫 2 封信寄出去。有時候檢查官的標準不一樣，或是有寫到他們不願意我們寫出來的事情，就不准我們寄出去。《獄中書簡》這本書就是我每禮拜所寫的書信，其內容比較屬於感想，讀聖經心得與報告，或是對一些事情的看法，都沒有批評政府，或有一些悲觀的想法。我內人一開始打算選擇一半出版就好，但是在我被釋放出來以後，經過一些時日，我覺得我在獄中所寫的信應該盡量都放在這本書裡面比較好，所以在1983 年 11 月就出版這本書，1997 年 12 月再增訂出版。

我知道有一位軍人雷學明，他的女兒雷倩曾任立法委員，有一次也是為了「拉法葉」軍艦採購案被關在監獄裡面，那時候他每天讀我

離別容易相見難，戒嚴令解除後黃彰輝牧師（右2）、安慕理牧師夫婦（右3、4）回來臺灣參加宣教會議，與高俊明牧師夫婦（右1，左1）合影（1987 年 8 月）

這本《獄中書簡》。在他獲釋之後，寫信給我，說他在獄中很高興讀完我這本書。

回想我被釋放以後，他們並沒有把我被國民黨沒收的東西全部還

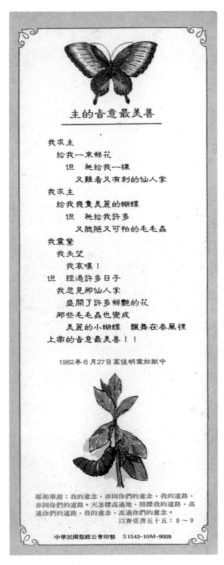

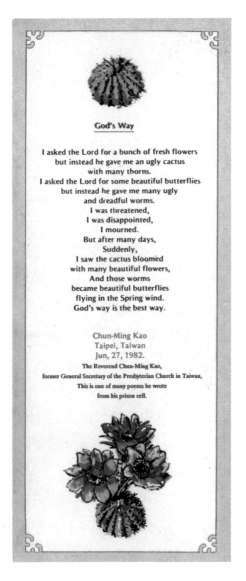

印成書籤的獄中短詩

高俊明回憶錄

給我，只有我在獄中所寫的這些書信沒有被沒收，其他的文件就是在他們到我家來抓我時，帶幾位調查局的人進入我家中各處尋找、搜查，將我所寫的一些資料都沒收走了。其中包括我年輕時候所寫的一些人生的感想，或是詩詞。我喜歡用日文寫一些現代詩，雖然他們看不懂，但是連那些原稿，有好幾箱的資料，都被他們通通沒收走了。最後在他們釋放我的時候，有一次軍法處看守所所長來訪問我，我就向他說：「那些你們沒收去的東西，是不是可以還給我？」他說：「沒有問題，我馬上交代！」但是到現在他們都尚未還給我！所以我確實有被他們欺騙的感覺。

那時候有一些外國人會寫信給我，所以我與內人在獄內會面談話的時候，我就會用電話告訴她，請她幫我回信給某某人，但是獄方一聽到這話，就會馬上切斷電話，我們用日語、英語或是母語談話都不行。因為他們有他們規定的標準，我們不能夠瞭解為何必須說他們聽得懂的華語才可以？

國外的那些弟兄姐妹們，出於真正的愛心，他們在高度民主化的國家裡面，無所不談，他們想表達什麼意見就寫信來，但是很多封信我都沒辦法收到。有一次我內人告訴我，我的英文秘書，以前總會事務所裡面美國宣教師花祥牧師夫人，她的文章很好，我被抓進監獄裡面之後，她幾乎每週都會寫一封信給我。結果我從頭到尾，一直到我被釋放那天，都沒有收到她寄來給我的任何一封信。後來她瞭解這個情況，內心非常失望！

有時候連國外人士出版的新書，我內人拿到監獄要給我看，當局也是拒絕，不能夠給我。好像只有五等親以內的人才可以寫信給我；有些人是寫給總會議長，或是總幹事；有時候他們看內容沒什麼問題才會交給我，但是從外國來的信件就不可能給我了。從外國寫來的信

高俊明牧師夫婦（右1，2）參加臺南神學院畢業典禮後，與退休回國的國際特赦組織人士萬益士牧師夫婦（右3，4，他們曾安排被國民黨軟禁中的彭明敏教授以日本護照離開臺灣出國）、鄭兒玉牧師（左1）合影（2004年6月8日）

件大都是英文、日文，他們看不懂，根本就不會輕易地交給我看！實在太沒有自由了。

松年大學與長老教會的事工

伍 松年大學與長老教會的事工

一、松年大學

1989 年，我的任期到了，那年我 61 歲，比總會設定的 65 歲的退休年齡還早 4 年，我就從總會事務所的總幹事退任。退任那一年，剛好在我們總會召開年議會時，有兩個單位提出同一條很重要的議案：一個單位就是松年事工委員會，要關心老人福利的教育、健康、或是其他各方面的問題；另外一個單位是新竹聖經學院，這是一所訓練每一位信徒更瞭解聖經裡面的真理的教育機構。這兩個單位同時提出同一個議案，就是說我們長老教會應該要關心在高齡化社會的老年人。當時我記得，根據統計，在臺灣 65 歲以上的人已經超過 110 萬人，其中平均每年有 300 多人自殺，也有很多單身老人家在家中過貧困、久病、寂寞、孤獨的生活。所以盼望我們總會能夠為這些老人家創辦松年大學，並推廣到各大城市的教會續辦，使長輩能繼續學習知識和技能，繼續和社會保持聯繫。

這個議案，我們總會議員表決，全體一致贊成通過。所以總會就交託我與一群牧師和長老共同研究課程和講師組成籌備委員會。我們覺得這件工作非常有意義，一定要積極去推行。我們召開數次籌備委員會，擬定設四年制大學的計劃。達成協議後，1989 年 4 月，總會所交代我們去做的事工，同年 9 月我們就開辦松年大學，請我擔任校長。學員們至少要讀 4 年，每年分為兩個學期，每個學期上 16 週，每週 3 個上午從 9 點到 11 點半上課，4 年結束後才能畢業。

我們的構想是不必考試，假如要考試的話，老人家的血壓恐怕會升高，對他們的健康不好。所以就決定不考試，只計算他們的出席記錄，有沒有超過上課的3分之2，做這樣的規定。

當時有很多人警告我們，說：「你們要求這些老人家來參加上4年的教育課程，這是很不合理的；因為老人家的交通，走路最不方便了。你們要他們在這4年當中常常到教會來學習這麼多的課程，絕對沒有人會來報名參加的。」在我們上課的科目中有一科「人生哲學」，就是根據聖經的真理來講課，還有老人的醫學常識都邀請醫院的醫生或是護士小姐來講。其他也有傳授社會上的新知識，包含法律、經濟或政治、文化等。還有語言課程教英語、日語，因為有許多老人家的子孫分別住在北美洲，或在巴西、紐西蘭、奧地利等地，日本也有，所以就教日文、英文等等。學校也有美術課程，例如畫圖、書法。也有插花、茶道，或是其他的手工藝等。在音樂方面則有唱歌、民謠、跳舞。此外，也有辦郊遊的康樂活動。室外教育常常帶他們到博物館、美術館，參觀藝術作品。內容相當充實豐富。

開學第1年來報名上課的有82名學員，我們認為沒有達到理想；因為我們設計那麼好的課程只有82名學員來參加。不過，辦過第2年、第3年之後，人數就漸漸增加。完成首屆課程的時

高俊明牧師在松年大學開學典禮向學員致詞

伍 松年大學與長老教會的事工

松年大學總校長高俊明牧師頒發畢業證書給學員

候，我們就祝賀這些畢業生，說：「恭喜你們，你們是松年大學第一屆畢業生。」但是他們卻開玩笑說：「老師，我們要留級，不要畢業，在這裡上課很高興、很快樂。不僅從老師身上學習到很多知識，也交到很多朋友；朋友裡面很多是老師退休的，醫生退休的，護士退休的，各方面的人才都有。我很高興有這樣的學校，所以我們想再唸 2 年，當作是碩士班。」後來他們讀碩士班畢業時，因為當時臺北縣長蘇貞昌先生的母親也是畢業生之一，所以蘇縣長也來致詞。那時候他說：「盼望你們的學校能夠設博士班。」我們說：「博士班不能夠隨便設

松年大學第一屆畢業典禮師生合影

松年大學各地分校校長到豐原分校參觀（1996 年 11 月 12 日）

總校長高俊明牧師訪視松年大學嘉義分校和師生合影

總校長高俊明牧師與雙連松年大學各科講師合影（2001 年 9 月 4 日）

的，但是假若他們願意繼續讀，也是歡迎他們。」想不到來上課的老學員那麼踴躍，出席率又那麼高，畢業後欲罷不能，真令人感動。大家都說：「活到老，要學到老。能活到 100 歲，只要能夠動，還要來上學。」因為如此，松年大學就繼續辦「終身學習」的課程了。如今，20 多年了，松年大學在全臺灣已有 40 多個分校；每所分校也都設有校長、聘請名師執教。在各地教會還再增加中。我做全臺灣的總校長，當時的工作，我只負責掌舵，到校教書，主持各地聯合開學和畢業典禮，有時請李前總統登輝先生來講話，勉勵大家。這項工作，現在已成為我覺得最有意義，最快樂的工作。

　　幾年前，我們曾想到：假如碩士班畢業以後，變成自由學習，那不太好，還是要有新制度比較好，所以我們就再開博學班，不是博士班，他們還是很認真再來上課學習，所以松年大學的博學班就成立

松年大學舉辦事工研討會（1999 年 8 月 16 日）

了。至於博學班要上幾年？有些人說 3 年就好，或是 4 年就可以了。但是最後我們考慮到要配合終身學習的理念，所以我們就規定博學班每一級是 3 年。聖經很注重 7，7 在聖經裡面是一個神聖完整的數字，所以讀完 7 級才能夠畢業，總共是 21 年。這個構想是因為現在有些人，如老師、公務人員到 50 歲就申請退休。在他們退休以後，有些人知道要怎麼樣利用時間，可是也有很多人不知道要如何好好利用他們的時間？所以我們就說：「好！歡迎這些人進入我們的松年大學。」假若他們 50 歲就退休，那麼一共有 21 年的時間、如在 50 歲再學習 21 年，活到了 71 歲已經學習差不多可以再畢業、再退休了。

這 20 多年來，我們一直很注重加強老師陣容和教學內容，所以學生越來越多，分校也是越來越多。已經讀完 4 年以上的畢業生，將近 6 千多人，所以在這 20 多年來，我們從 82 名學員漸漸增長，做這

樣的服務來教育更多眾人（包括教會內和社會人士）的機會，我們認為
這是一項非常有意義的事工。

2010 年時已有 50 間分校，其中有幾間是為原住民辦的學校，可
是原住民分校有一些困難：第一就是交通，從一個部落到另一個部落，
有時候騎摩托車至少需要 30 分鐘，甚至 1 個小時以上。所以要在什
麼地方辦松年大學，這個也是一個相當難決定的問題。因此在原住民
地方開辦的松年大學，沒有辦法每週上課三個上午，變成一個禮拜只
有一天。他們利用教會公車，或是請親戚幫忙，用摩托車或其他的交
通工具，帶他們到分校來上課。那一天就是從上午 8 點開始，上到下
午 4、5 點，把一個禮拜要學習的功課，都在一天內學完。很多原住
民分校都是用這種方式上課，以解決他們的交通問題。

此外，原住民的另一個問題就是學費。在平地，我們一個學期約
收 2,000 元到 3,000 元的學費，很便宜，但是仍有一些人還是付不起。
都市有政府辦的長青學苑，那是免費的。所以在繳學費上，我們教會
的松年大學就辦得比較困難。現在我們的政府，比方說高雄市政府
也有像長老教會辦
長青學苑，課程內
容也相當好。所以
好幾年我們都不敢
在高雄市辦松年大
學，可是因為上課
內容各有特色。現
在據我所知，高雄
市的教會也有 4、
5 間松年大學分校

高俊明牧師主持屏東排灣族原住民松年大學畢業典禮向畢業學
員致詞祝福

松年大學創辦十周年校慶高俊明牧師禮聘總統李登輝先生榮任名譽校長（1999 年 11 月 8 日）

　　了，而且辦得很好。臺南市的教會，在後甲、或東門、太平境、看西街、郊外的佳里，都有松年大學分校。臺南縣新營也有，但嘉義市比較少。最多的還是在臺北市。

　　我們的收費按照各分校的需要有所不同，有的只有幾百元，不夠的經費由教會的獻金來補助。我知道原住民大學辦得最好的就是屏東縣的佳義教會，創校校長是林建二牧師，他做過我們長老教會的總會議長，並且是第一位被選為總會議長的原住民牧師。我們非常尊敬林建二牧師。他們那邊的分校，要求學員繳學費也是很困難，所以牧師就鼓勵信徒為這些學員奉獻。據我知道每年佳義教會都有一百萬元的預算在幫助這些讀松年大學的學員，我想這是很好的善舉。

　　在所有松年大學中，學員最多的就是位於臺北市中山北路的雙連

總統陳水扁先生蒞臨雙連松年大學致詞，與高俊明牧師在講台上同席（2004 年 10 月 2 日）

教會，他們共有 500 多位學員。不是長老教會的信徒也可以來就讀，所以八成以上都是非基督徒。而且無論任何教派、任何宗教，即使是無神論者，也都歡迎。有人就很坦白告訴校長說：「我不是基督徒，所以我不想上人生哲學，或是相關的聖經科目。」後來他因為好奇心的緣故也來參加一、兩次人生哲學或是聖經科目的上課後，覺得也很不錯，對他的人生觀有很大的幫助。事後就很喜歡來參加，甚至還有幾十位學員終於信耶穌受洗，成為基督徒。

　　有些人讀松年大學後才發現，他們自己也有某些專長，比方說書法，有些人以前連寫字都不會，但是因為好奇心參加了書法課之後，也變成很喜歡書法。有一次我參觀他們的畢業作品展覽會，居然嚇了一跳，因為當中有人連國小都沒有畢業，他們寫的書法卻非常有力

總校長高俊明牧師頒發畢業證書，向畢業生恭喜（2002 年 6 月 25 日）

松年大學雙連分校結業禮拜大學部第 16 屆畢業生合影（2002 年 6 月 25 日）

氣。羅東有一位學員對書法非常有興趣，全部時間差不多都放在練習書法上。後來他參加日本的書法比賽，終於得到佳作，獲得獎品，心中很高興。剛才我提到前臺北縣長蘇貞昌先生的母親，也是一樣，她以前還沒有來讀松年大學的時候，都是自己一個人很孤單地留在家裡。雖然蘇縣長夫妻很孝順母親，可是每一個人都有他們的工作，每天一大早他們就要出門上班，所以媽媽一個人留在家裡面非常孤單，但是自從參加松年大學以後，他的媽媽就變成很快樂，特別是每逢上課時間，她一大早就起床，選看看當天要穿什麼衣服，打扮一下，9點上課；她往往在 7 點的時候就出門了，所以蘇縣長就問：「媽媽，不是 9 點才開始上課嗎？」她說：「是啊，但是我們同學中有人會教

高俊明回憶錄

松年大學雙連分校結業典禮研究班第 14 屆畢業生合影（2002 年 6 月 25 日）

我們唱卡拉 OK 和外
丹功的體操哩，很快
樂！所以我要早一點
去學校。」

我教松年大學的
學員時，感覺他們都
很認真。我常常對他
們說：「你們比大學
生更認真！」有時我
也會應邀到幾所大學

總校長高俊明牧師禮聘前行政院長蘇貞昌先生（左）到雙連
分校專題演講（2009 年 5 月 14 日）

演講，雖然大部分的大學生也都很認真聽講，但是有些學生的精神還
是比不上我們的學員。

本來我們招收的學員都是 60 歲以上的一般民眾。但是原住民說，
他們的平均壽命比平地人短少 10 年，所以原住民應該是 50 歲就可以
來就讀。因此，我們規定 55 歲以上的民眾就可以來報名。據我所知，
過去參加松年大學年紀最大的是 100 歲，有一位王興武牧師，100 歲
時還來讀松年大學。

此外，雙連教會在新北市三芝區有一所安養中心，設備和環境都
達到國際水準，確實辦得很好，完全像五星級大飯店一樣。就我瞭解，
一個人住 1 個月須要花 3 萬多元的費用。他們第一棟大樓要收容 100
多位老人時，馬上爆滿，還有幾百人在後面排隊，所以他們又興建第
二棟大樓。現在已經收容了 300 多位民眾，但是還有人在後面等。由
此可知，他們辦得相當好。

我聽到的消息是說，在雙連安養中心也有辦松年大學，而且與新
北市政府合辦，所以一面採取社區大學方式，一面又用我們松年大學

的方式來辦理。他們的學員從宿舍搭電梯下來就是教室,坐輪椅的人也可以搭電梯下來上課。據說年紀最大的有 102 歲,精神還很好。

　　有一次他們邀請我去參加畢業典禮,畢業典禮後有學員發表會,無論獨唱、合唱,或是跳舞樣樣表演都很精彩。最感動我的是他們表演的輪椅舞。我問老師要怎麼教這些坐在輪椅上的人跳舞?他說:「你看就知道!」最後我們看到有 5、6 組夫婦,大部分都是太太坐輪椅,先生推輪椅,一同在臺上很優雅地跳著輪椅舞,很多人都受到感動。教大家跳輪椅舞的老師,其年齡已有 7、80 歲,還不認老,是一位很活躍的老師。

　　有關松年大學,在開始的時候我們還沒有想到要開英文班,因為覺得到了年紀大的時候才要學習語言,實在是很困難,但是我們也有安排英文課程;因為很多學員的子孫住在外國生活,而且是講英語的國家,所以教他們講一些生活上最基本的英語,他們就會用英語與孫子講幾句話了。

　　最後他們自己也覺得,雖然年老才開始學英文有困難,但是如果遇到重要的時刻,還是能夠想到一些有用的單字來活用。其中有一個人對我說,他們在暑假或寒假都有 1、2 個月的休假,所以他們就組團到國外去旅遊。有一次到歐洲去的時候,他們住在五星級大飯店,要離開的時候,有一位同學接到國際電話費付費單,說她有打 3 次國際電話,費用相當多。但是無論她怎麼想,都想不起來她第 3 次打給誰?她認為她只有打 2 次,沒有打 3 次,所以她就請老師帶她到櫃臺去,要向飯店的服務生說,她只有打 2 次,沒有打 3 次。那時,老師一時不知道怎麼用英語替她講?正在猶疑時,那位姐妹就對老師說:「那我自己去講好了!」她很勇敢,就拿著付費申請單到櫃臺給服務員,說:「telephone, one, two..., no three...」對方馬上就瞭解她的意

總校長高俊明牧師致詞

思了,幫她改成兩次。老師回來後對我說:「她的英語比我更厲害,我沒有教過這一套,但是她還能夠活用。」

所以我們認為教學員學英文,也可以學到很多,很高興!特別是他們比我們更加快樂。到學校來沒有考試、沒有負擔,很快樂地在聽講,其人生真快樂,又有意義。所以到現在,還有十幾位或是更多的學員從一開始報名讀到現在,已經讀了 19 年還沒有畢業。這個就是我們辦松年大學的樂趣。

長老教會總會松年大學自 1989 年至 2009 年長達 20 年之中,在全臺灣各地已設有 43 個分校,目前學員總數從最初的 82 名已增至 3394 人,畢業人數多達 6329 人,其中有 200 多名學員受洗成為基督徒。

2009 年 5 月松年大學慶祝創校 20 週年,我卸任總校長的職務,續任榮譽校長,在新舊任總校長交接典禮中,我發表卸任謝詞,全文如下:

老樹結果子

感謝上帝的恩典與諸位的美意,使我能擔任松年大學總校校長達 20 年之久。

聖經說:「義人要發旺如棕樹,生長如黎巴嫩的香柏樹。」又

說：「他們年老的時候，仍要結果子要滿了汁漿而長發青。」（詩篇第九十二篇 12 節、14 節）

（一）老樹發芽

20 年前（1989 年）臺灣基督長老教會已經是 124 歲的老樹了。但，在那一年的總會年議會，有「聖經學院」與「松年事工委員會」提案說：總會應關心臺灣 110 萬的 65 歲以上的老人家，他們大部分都在過著孤單困苦的生活，甚至每年都有 300 名左右的老人家自殺。我們的總會應創辦「松年大學」來照顧這麼多的老人家。

總會的眾議員一聽到這個提案都非常受感動，即時通過這案，並馬上選派委員，積極促進這事工。

（二）老樹開花

受派的委員們，即刻開會熱烈討論學習的科目，老師的聘請，教書的地點，經營的費用，4 年的制度等，而議決當年（1989）的 9 月就要開學。學習的課程內容有：聖經、人生哲學、醫學常識、社會新知、不同的語言（英、日、臺、原住民），美術、康樂、書法、音樂、插花與旅遊等。

（三）老樹結果子

本來我們以為「松年大學」一開學就有很多老人家來入學。但第 1 年我們只有兩個分校開學，而學員的總數只有 82 名。我們有一點難過，但沒有失望。我們確信以信心與愛心來開始的事工，一定會蒙上帝的祝福。第 2 年開始，我們的學員越來越多。現在我們有 50 間分校，3,000 多位在學生，讀 4 年以上的越來越多。70% 以上的學員

是非基督徒，但其中已有不少信主而受洗的人。

【結論】

感謝主的恩典，祂已通過今年的總會年議會，任命黃德成牧師擔任「松年大學」的總校長。黃德成牧師是我所敬愛的、有信仰、有愛心、有世界觀、多才多藝的牧師。願上帝祝福他結更多的好果子。

二、長老教會的五項宣教事工

長老教會有時候被外人批評只關心政治，不注重傳福音。其實，長老教會強調耶穌基督教我們要做的事工就是宣教，但是宣教至少要

高俊明牧師（左）榮任松年大學名譽總校長，將大學印信移交給新任總校長黃德成牧師（右）由總會議長林宗正牧師（中）監交

包括下列五個重要的事工：

第一，就是傳道、傳福音。臺灣基督長老教會在這 140 多年來的歷史當中，雖然發展很慢，在臺灣甚至比佛教、道教都慢了幾十年。基督教有分新教與舊教。舊教就是天主教，新教就是歸正教會，平時稱為基督教。在歸正教會中，長老教會是最大的教會，目前統計有 23 萬名會友，剛好是臺灣人口的百分之一。至於其他教派參加禮拜聚會的信徒也有十幾萬人。

長老教會關心政治，是因為政治與人權、民主、尊嚴都有關係，所以長老教會一面會關心政治，但是最關心的還是宣教、傳道事工。

184

第二，長老教會認為，宣教事工應該包括教育，所以剛才所說的，就是老人教育。早期我們教會一開始就有辦小學和主日學。在 1885 年又辦中學，長榮中學就是臺灣最早的中學，2 年後 1887 年又辦長

臺南新樓基督教醫院本院前景

彰化基督教醫院南廓本院全景

榮女中，對女生教育。後來馬偕博士（Dr. George Leslie Mackay）1872 年從加拿大來到臺灣北部淡水做醫療傳道，10 年後就創設牛津學院（牛津學堂）和女學堂等等。牛津學院就是後來的臺灣神學院，與現在真理大學的前身。所以長老教會非常注重教育，而且男女並重。在南部於 1993 年又創立長榮大學。因此，現在長老教會有 2 所大學，3 所中學，還有 1 所護理專科學校和醫學院。我想除了天主教以外，其他教派聖公會還有一所工專學校（現聖約翰科技大學）、路德會有協同中學，安息日會有三育中學。

除了這些教育機構以外，我們長老教會也有 4 所神學教育機構，就是臺南神學院、臺灣神學院，以及專門培養原住民牧師的玉山神學院，與培育信徒的新竹聖經學院。

此外，在日治時代最早在臺灣開辦幼稚園的也是長老教會。後來政府規定，除非有聘請受過正統的褓姆教育（幼教教育）的老師以外，都不能開

臺北馬偕基督教醫院臺北市本院外景

辦幼稚園。但是在這個規定之前 100 多年，長老教會在神學院受過基督教教育的老師，早已辦了 7、8 百個幼稚園。其中現在規模最大的就是雙連幼稚園。小朋友的數目曾經高達 7,000 多人，是亞洲第一大的幼稚園。由此可見，長老教會在傳道事工上，很注重教育。

第三，我們長老教會也非常注重社會服務。臺灣第一家西醫院就是新樓醫院。此外，彰化基督教醫院、馬偕基督教醫院，這些都是我們長老教會辦的醫院。2、3 年前，我看這 3 家醫院的報告，來馬偕醫院就診的人次（有些病人一年中來好幾次，所以我們只能以人次來統計），一年中就有 200 多萬人次來接受馬偕醫院醫師的治療。假若包括彰化基督教醫院、新樓基督教醫院與麻豆分院 3 家醫院在內，每一年至少有 400 萬以上人次的病人來院受醫治。可見我們長老教會很注重全人的健康。

除了醫院以外，我們長老教會也很關心原住民，所以在我們長老教會現有 1,200 百多間教會裡面，原住民教會就有 500 多間，這也是我們一向所關心的宣教事工。原住民教會除了信仰方面以外，在經濟方面，或是大學生的照顧方面，也是需要我們整體教會去關心。所以我們在平地大學附近有設學生中心，也有原住民學生中心，或是原住民服務處。

社會上有許多婦女問題。當我們看到有一些婦女遭遇到家庭暴力；有些人很不幸丈夫遭遇不測，或因感情問題離婚了；有些人的先生因公受傷了，或是發生意外死亡，婦女就要負起整個家庭經濟生活的重擔。所以我們也設置婦女展業中心，幫助社會上遇到家庭變故的婦女學到一技之長來謀生，以維持家計。

另外，性（sex）貞潔問題也是我們所關心的。亞洲地區有很多 20 歲以下的童妓，男、女都有，這些童妓淪為觀光客非法的性（sex）

的玩物，這是非常嚴重的不道德問題。我們長老教會為保護未成年的少女、少男，設有彩虹或勵馨中心來關心他們，輔導他們過正常的生活。

　　此外，我們也關心殘障朋友，設有殘障關懷中心，還有農村關懷中心，漁民關懷中心及勞工關懷中心，最近也漸漸開始關心外勞。所以長老教會對社會各方面所發生不良的問題都很關心。數十年前，我們發現農民與原住民向高利貸錢莊借錢的情況很嚴重：許多人的房屋、土地都被放高利貸的錢莊拿去了。長老教會為了解決這個問題，就跟天主教會合作，引進德國的儲蓄互助社（Credit Unions），教農民和原住民甚至都市教會成立儲蓄互助社，指導大家儲蓄金錢，以防萬一。

　　以前許多原住民都是今天賺 100 元馬上就用光了，明天賺 200 元也是用完了。不僅通通用光，有時候喝酒還欠錢等等。債務積欠越來越多，就把祖先的土地很便宜地賣出去，變成很嚴重的社會問題。我們介紹設立儲蓄互助社的目的，就是要幫助原住民、農民和市民解決債務問題。這個做法相當有效，讓大家的經濟慢慢好起來。有些原住民把錢儲蓄起來，不久以後還把自己以前被高利貸拿去的土地或是房屋再買回來。真是一項大福音！

　　如今我們又發現在社會上有很多自殺事件。那些想要自殺的人非常可憐，沒有地方吐露他們的苦境，所以「生命線」就是要讓社會大眾知道：無論你心裡有什麼痛苦，在輕生之前，你可以打電話把你的痛苦告訴接「生命線」的輔導員，他們會舒解你心中的痛苦，給你有勇氣活下去的希望。

　　「生命線」的服務員都受過專業訓練，會安靜耐心地傾聽每人的苦衷，給你最好的建議，介紹你到附近的教會，或是找適當的人士協

談、使你不致輕生自殺。「生命線」的救生事工是長老教會率先在臺灣開辦的。

臺灣的「家庭協談中心」，也是長老教會的創舉，然後逐漸影響到很多地方也相繼設立；因為社會上離婚的家庭越來越多，有增無減，現在臺灣的離婚率在亞洲佔第 1 位，在全世界佔第 3 高。所以我們在幾十年前就開始創辦「家庭協談中心」，通過雙方協談方式來幫助破碎家庭、想要自殺的人解決感情生活的問題。長老教會不僅關心人權、政治、民主問題，也很關心這些家庭問題。

第四，我們所關心的事情是社會公義的問題。假若政治方面有什麼不公正、不公平的地方，我們的教會一向主張用和平、理智的方式，我們叫做牧函（apostolic letters），就是以牧師關懷社區、社會和國家的這種心情，來發表我們的理念。有時候對二二八事件有意見想要講、我們必須講出我們的信念與看法，以基督教的倫理道德來觀察社會，有何不公正、不公義之處？再以和平理智的處理方法，寫信給整個社會，或是呼籲全世界的人一起來關心。因此，我們教會對社會關懷表現在適當的時機發表公開聲明、宣言。我們向來都是根據社會公義或是人權、民主主義等來履行這項任務。

有些人只看到我們教會有關社會公義方面的事工，就說長老教會只關心政治問題，不做傳道工作，或是其他慈善工作。其實，長老教會到現在已經做了相當多的社會服務、教育與善事。

第五，就是合作。我們長老教會認為與基督教別的教派，或是跟外國的教會合作，是一件很重要的事工。因為我們相信全世界的基督教應該合而為一，成為一個合一的基督教會。因此，我們很注重與外國教會結為姐妹教會。現在我們與英國、美國、加拿大、德國、瑞士、日本、韓國、非洲、印度，或是香港（在還沒有被中國統一以前的香港教

會）也是有姐妹教會的關係，還有紐西蘭、澳洲的教會，在全世界六大洲都有我們的姐妹教會。很多與臺灣沒有邦交的國家基於主上帝的愛，我們長老教會與他們的教會也有姐妹教會關係。這就是我們長老教會的特色。

長老教會與世界最大的新教組織也有很密切的關係，我們長老教會就是普世教會協會（The World Council of Churches，簡稱普世教協，W.C.C）的正式會員。這個代表全世界約有5億基督徒的組織，臺灣基督長老教會就是發起教會會員之一。其他還有世界傳道會與一些國際性的教會組織，與我們的教會也有很密切的關係。

我們與臺灣的天主教會也有組織臺灣教會合作協會（National Council of Churches of Taiwan，NCCT），這個協會包括天主教會、長老教會、聖公會、信義會，以及衛理公會等教會在內。我們長老教會始終堅持與臺灣其他教派，或是外國教會保持密切的聯繫，促進教會間的合作關係。長老教會一向很努力往這一個方向走。所以盼望大家能夠瞭解，長老教會不是政治教會；政治是當中一部分的社會公義。此外，我們還有很多其他的大事工要做，例如：我們追求臺灣本土的進步、和平與發展，同時也關心亞太地區與全世界人類的和平、安全、公義、繁榮與進步等等。這是教會長久以來一貫、且不會改變的立場。注重本土、注重我們自己國家人民的主權，同時也要尊重外國的主權，外國人的人權、尊嚴，並為全世界人類的進步、得救、公義、和平與福祉等等來共同努力。

我的基督教理念

陸 我的基督教理念

一、我的基督教理念

　　長老教會創始人加爾文說：人生的目的在於「榮耀上帝」。要榮耀上帝的大原則就是按照聖經所說的，第一，最重要的就是盡心、盡性、盡意、盡力愛上帝；第二就是要愛鄰舍如同愛自己。換句話說，就是愛眾人如同愛自己一樣，這是根據「愛」：愛自己的國家，愛自己的同胞，同時也愛上帝、愛全人類。過去我們教會也是基於這種博愛的大原則來發表歷次聲明。

二、總會議長、總會幹部和助手們

　　當總會議長，或是在總會事務所的總幹事、幹部們，例如：翁修恭牧師，他做過我們長老教會的總會議長，並且在李登輝先生當總統的時候，擔任李總統的家庭牧師。李登輝先生的孩子結婚的時候，就是在翁修恭牧師的濟南教會舉行結婚感恩禮拜；去世以後，也是在翁修恭牧師的教會舉行告別禮拜。以前翁修恭牧師做過總會議長，其他還有張清庚牧師、王南傑牧師也是做過總會議長，這些人都是當時我最得力的助手。

　　當時在總會事務所裡面，有謝禧明牧師，他做過助理總幹事，也有臺南神學院教授鄭兒玉牧師，他是研究歷史方面的專家；前行政院院長張俊雄、李勝雄律師，他們是我們的長老；還有玉山神學院的副院長陳南州博士。其他還有施瑞雲，就是美麗島事件以後，藏匿施明

德案件，因為她是我的秘書，也被抓去關了，後來被判刑，所幸獲得緩刑。大概就是這些人，當時幫助我很多。

許天賢牧師在美麗島事件發生後，也被抓進去。當時他在教會裡面講道，警備總司令部派來的人叫他下來。他說：「我現在正在講道，禮拜完後，我就跟你們去。」結果警總派來的人不肯，硬要他馬上就跟他們走，所以他從講臺上被押下來，以後也是被關了。

除了剛才我所說的以外，其他的人沒有被抓。除了這些我們本地的同工以外，也有加拿大或是美國、英國的宣教師，例如：蘇若蘭牧師（Rev. James Sutherland），其名字翻譯成漢字，用蘭花的蘭，有人以為他是女士，其實他是男士，那時他是我的助理總幹事。

另外一位就是包珮玉姑娘（Miss Brown），她是英國人，英國的宣教師。美麗島事件之後，她不得不回到英國，在李芝大學（Leeds University）當校牧，那時候她是我的助理總幹事。另外一對宣教師夫婦花祥牧師伉儷（Mr. & Mrs. Falen）是美國人，擔任總會的英文秘書，同時處理會計方面的事務。還有一位是彌迪理博士（Dr. Harry Daniel Beeby），他是臺南神學院的副院長，因為「國是聲明」與愛臺灣的緣故被國民黨趕回英國，在我的母校伯明罕雪黎奧克神學院（Selley Oak Colleges）當副院長。這些朋友就是當時幫助我的人。

我被抓的時候，張清庚牧師是總會議長；我們的總會議長，一任只能夠做 1 年，所以我在監獄裡面 4 年多的日子，換了 4、5 位總會議長。張清庚牧師知道我被抓進去新店的看守所坐牢，馬上召集總會的總委會委員來討論要怎麼辦？他們馬上說要發動全國教會的弟兄姐妹們，為我被抓的事情禱告。第一次禱告會就是在臺北雙連教會舉行。雙連教會大概能夠容納 7、800 個人，不過我聽說當天超過 1,000 人擠在禮拜堂及走廊上，為我祈禱。

總會議長張清庚牧師發動「禁食禱告會」的時候，政府當局相當掛慮會變成暴動，所以禁止我們教會舉行禁食禱告會。雙連教會也是第一個舉行禁食禱告會的教會。我因美麗島事件施明德案被關後，我的姨丈蔡培火先生曾經幫忙奔走營救。後來他到監獄探視我的時候告訴我：其實他去參加雙連教會的禁食禱告會，目的就是要叫大家馬上散會、結束。但是後來他看到大家都非常有秩序地唱聖詩，或是說明這一次禁食禱告會的目的是什麼？我為什麼會被抓？總會研究的結果，我並沒有違背我的信仰良心，也沒有違背我們長老教會的神學立場。所以他們支持我所做的，就是正確的。他們說明這些事情，並為我禱告。他看到這個情形，就不敢說要散會，或是要求大家停止禱告。

後來臺灣全國各地都舉行禱告會。我在監獄裡面沒有流過眼淚，但聽到這麼多人為我禁食禱告，我流淚了。也有教會每禮拜都為我禁食禱告一次，特別是原住民教會；因為我在原住民地區傳道並擔任玉山神學院院長13年，我所教過的學生、畢業生，遍布全臺灣原住民教會牧會，他們都知道我的為人，所以有些地方甚至連續2、3天禁食禱告，這件事情使我受到非常大的感動。

三、連任長老教會總會總幹事

1980年我被抓以後，當時有議員在總會開會中提議：總幹事已經被抓進監牢裡，我們沒有總幹事，應該改選總幹事。不過受到很多議員反對，認為：我們仍要認同高牧師所作的，雖然高牧師在監獄裡面，但是我們不要再選新任的總幹事，用代理總幹事即可。所以在總會開會中一定都安排總幹事的桌子，空在那邊，而代理總幹事則坐在另外一張椅子，議長主持會議。這種狀況一直維持到我從監獄被釋放

臺南東門教會家庭團契訪問臺東原住民新香蘭教會

出來。

　　我出來以後，我就說：「我已經做總幹事很久，應該換人來做。」
但是他們堅持我至少還要再做一任總幹事。後來進行投票，300 多票
贊成我繼續擔任總幹事，反對的大概只有 12 票而已。絕大多數的人
要我繼續做，這就是為什麼我又連任，一直做 19 年的總幹事。

　　他們肯定我所作的事情，因為他們的立場就是：全世界的教會，
無論是神父、牧師、律師或是醫師，這些人士對自己的會友、病人，
或是對自己的申訴人，都有保密的責任。有人告訴我施明德躲藏在什
麼地方，我也不能夠對外密告，因為我是牧師，有保守對方秘密的責
任，這是我們的倫理道德。我們的信徒們都瞭解這件事情，同時也是
為了保障人權，或是為了讓我們的國家成為民主、自由、法治的國家，

這就是我們教會大多數人的意見。

每一次要表決我們的宣言，或是聲明時，都要問我們的議員贊成不贊成？他們都贊成總會的立場，支持我繼續做。

另外一個理由，總會議員願意選我做總幹事是因為：長老教會非常尊重原住民，原住民教會在我們所有的教會裡面，成長最快。1945年以前，沒有原住民教會，可是我們長老教會進入原住民部落傳福音以後，30 個人、50 個人、100 個人，有的地方整個部落都來信耶穌基督。因此，從 60 幾年前的零，沒有原住民教會，到現在我們長老教會已有 500 多個原住民教會，原住民信徒有 8 萬多人。

有人批評我們長老教會沒有傳道，或是對傳道不夠熱心，其實我們非常注重傳福音，雖然其他教派也進入原住民部落傳道，可是我們長老教會的原住民教會的成長就是這麼快。這是因為我們的教會很重視向原住民傳道的工作，以及原住民的尊嚴。

四、長老教會的傳道

對於教會的傳道，我們的大原則是：教會好像是一隻鳥一樣，要用兩支翅膀才能夠飛到更高的地方，才能夠飛往正確的方向。兩支翅膀，一支是愛，另一支就是公義。

在我們教會所信仰的上帝，正義和愛並存，假若沒有公義做為脊椎骨（backbone），愛就會變成溺愛；假若沒有用愛做為動機的公義，也不是真正的公義。所以愛與公義就好像鳥的兩支翅膀一樣，非常重要。

從事工方面來看，一支翅膀可以說是傳道，傳道就是救人的靈魂。救人的靈魂要用教育的方法，也要用合作的方法。另外一支翅膀

宣教百週年紀念大會慶祝教會倍加運動如期超越目標，全臺教會在長榮中學大操場舉辦感恩禮拜，臺南神學院聖歌隊由梅佳蓮老師指揮，在大會中獻詩，並帶領會眾唱大會紀念歌

就是公義，就是社會關懷，包含社會服務與社會公義。有這兩支翅膀才能夠飛高，才能夠飛到正確的方向，這是我們的理念。

我曾分享給大家一份 1974 年《洛桑信約》（Lausanne Covenant），這是當時受全世界基督徒尊敬的牧師葛理翰（Dr. Billy Graham，又譯葛培理）牧師提出來的，他曾來過臺灣佈道。1974 年他在瑞士洛桑（Lausanne）召集全世界 151 個國家的 2700 位代表出席開會，在那裡研究：這個時代我們要用什麼方法？根據什麼教義？怎麼樣的神學來傳福音、來傳道？另外，在傳道以外也要關懷社會的貧窮問題、疾病問題等等。還要關心政治問題、經濟問題、文化問題、人權問題等等。

1955 年我們召開總會年議會，討論我們在 1965 年慶祝長老教會在臺灣宣教 100 週年的時候，要用什麼禮物奉獻給上帝？大家就說傳

福音，帶領更多的人來信主耶穌，並且在 10 年當中讓我們的教會倍加。所以那時候我們極力於傳道、傳福音的事情。我記得 1955 年，我們平地的教會數目是 233 間。但是到了 1965 年，恰好達到 466 間，平地信徒人數從 59,471 人增至約 12 萬人，超出倍加的目標。長老教會的 PKU（pōe-ka-ūn-tōng）臺語叫做「倍加運動」。

1964 年，含山地教會在內，教會總數成長至 863 間，包括原住民教會在內，信徒數目增長到 16 萬人左右，可見這 10 年當中增加了相當多的教會與信徒。

2007 年，在臺中市成立教會發展聯盟的資料研究中心，這不是

基督教在台宣教百週年紀念歌

長老教會的，是超教派
的，可以客觀地來看各
教派如何發展，按照他
們 2007 年出版的《教會
一覽表》統計，教會數目
最多的就是長老教會，
擁有 1,193 間教會，信徒
有 225,307 人。2007 年受
洗，正式加入長老教會成
為會員的有 7,168 人；其
次就是召會，其原名叫做
聚會所，他們的教會數
目是 201 間，信徒數目
有 118,464 人。2007 年受
洗正式加入召會的信徒有
3,029 人；第 3 是臺北靈
糧堂，靈糧堂是非常熱心
傳福音的教會，他們的歷

慶祝基督教在臺灣宣教百週年紀念大會在長榮中學大
操場舉行感恩禮拜的盛況（1965 年 6 月 16 日）

慶祝基督教在臺灣宣教百週年紀念大會在臺北體育館
舉行的盛況

史比我們晚，在 2007 年只有 67 間教會，信徒數是 41,016 人，當年
受洗的信徒有 1,605 人；第 4 位是浸信會聯會，他們的教會人數比第
2 名、第 3 名多，有 214 間教會，但是信徒數比靈糧堂少，有 37,426 人，
當年受洗的信徒沒有統計；第 5 位是臺灣信義會，他們有 58 間教會，
信徒 20,848 人，當年受洗信徒 960 人。這樣列下來就是要讓大家瞭解，
我們長老教會在傳道方面的努力確實不夠，我們自己也常常反省，我
們長老教會好像不冷不熱，但是不夠熱也不是那麼冷，就是溫溫的，

這種現象會被主耶穌警告。

　　但是，在上帝憐憫之下，我們仍然逐步地增加教會的數目。信徒的數目也是一步一步地增加。受洗的人也是這樣子，一步一步地增加，並不是沒有增加。這個就是我們的實況。

　　2010 年出版的《教會一覽表》，顯示我們長老教會的數目又增加一點點，變成 1,230 間教會，信徒的數目還沒有正確的統計，但差不多已達到 23 萬人了。我們的教會應該要再檢討傳道方面的努力，或是計劃，但是看教會的數目，我們知道並沒有退步，仍然一步一步在成長。

　　我們傳福音的內容，在我們的〈信仰告白〉裡面寫得比較清楚。第一是神觀：〈使徒信經〉是全世界教會都公認的信條，雖然簡短，但是非常清楚地說明我們的神觀，我們相信三位一體的真神，就是聖父、聖子、聖靈，是全宇宙的創造者。就好像我們的人格一樣，我們的人格裡面有理智、感情、意志，這三個都不一樣，感情與理性不一樣，理性與意志也不一樣，但是由這三個合起來才有一個完全的人格。

　　聖經告訴我們：有聖父、聖子、聖靈；聖子就是主耶穌基督，聖靈就是耶穌基督的靈。耶穌升天以後聖靈充滿當時信徒的心，讓信徒得到新力量，到全世界傳福音。我們信一神論，非常反對崇拜偶像，或是把任何一個偉人神化、偶像化。

　　第二是聖經觀，對於新舊約聖經，我們認為這是上帝的話語。上帝要讓我們知道的人生真理，或是宇宙的真理，其重要的地方都是記在新舊約聖經裡面。信徒每天要撥出一段時間來研究聖經，不僅要了解聖經的一部分，還要了解整本聖經，以及它裡面所說的真理。

　　第三點就是教會觀，我們相信臺灣有很多教派，日本或是其他國

家，全世界各國，都有很多教派。可是假若這些信徒都相信耶穌基督就是全人類唯一的救主，我們就承認他們就是耶穌基督教會的一分子，無論是屬於信義教會或是聖教會，或是聚會所，教會最中心的信仰就是耶穌基督是上帝的獨生子，全人類唯一的救主，這一個信仰就是最重要的一點。所以教會的頭就是耶穌基督，不是牧師，不是教宗，耶穌基督才是教會的元首。全世界的人凡按照聖經，相信耶穌基督就是我們唯一的救主、我們教會的元首，那麼我們就承認他是耶穌基督教會的一部分。我們相信全世界的教會合而為一，在主裡成為一個身體。

再來，我們相信教會就是由於聖靈充滿初代信徒開始成立的，所以我們非常注重聖靈。我們也相信復活，耶穌基督被釘死在十字架上，贖回我們的罪惡，使我們的罪獲得赦免，但是第 3 天，祂從死裡復活以後，再過 40 天之久，其間常常顯現給門徒和其他的人看到、並與他們談話。40 天以後，祂就在眾人觀看當中升天了，回到天父那裡去。但是我們相信耶穌基督現在仍然與我們同在，這就是〈使徒信經〉中很重要的信仰。

長老教會在 1984 年至 1985 年間，完成臺灣基督長老教會本身的〈信仰告白〉。那時候我們的國家面臨很多危機，在政治、人權、民主等方面的危機，所以我們感覺要按照〈使徒信經〉所說的聖經裡面的真理，並面對現代的危機或是問題，再一次告白我們的信仰。

中文版的〈信仰告白〉共分 5 段，第 1 段談到我們對上帝的信仰，這一段說到聖父、聖子、聖靈。第 2 段提到聖經就是上帝所啟示的，對我們的信仰與生活是最重要的準則。第 3 段就是說：全世界的教會合而為一，成為一體。同時在教會觀裡面，我們特別注重一些文字：「我們信，教會是上帝子民的團契，蒙召來宣揚耶穌基督的拯救，做

和解的使者，是普世的，且根植於本地，認同所有的住民，通過愛與受苦，而成為盼望的記號。」這幾行文字就是我們在這個時代所要強調的部分，我們承認教會是普世的，全世界六大洲的教會都是一體的，但是這個教會也是根植於本地。本地對我們來說就是臺灣，並且認同所有的住民，2,300萬人，我們都認同我們的鄉親，是我們的弟兄姐妹，無論是原住民、後住民或是新住民，我們都認同，不要有偏見。

最後一句很重要：「通過愛與受苦，而成為盼望的記號。」在政治很混亂、道德非常墮落的時代，我們要通過愛心與受苦。我們有正義感，要糾正政治、道德、社會或是經濟方面等等的錯誤，那時候我們一定會受苦。耶穌基督說：「為義受逼迫的人有福了，因為天國是他們的。」為政治、為公義，我們一定會受苦。所以在這裡，我們強調在混亂的時代，我們一定要用愛、用受苦，來讓社會變成上帝所喜悅的地方。使我們臺灣成為充滿著公義、和平、愛心與誠實的國家。所以這個信念非常重要。

第4段談到我們的罪觀。每一個人都有罪，無論是總統，或是國王、女王，或是教宗，或是任何一個人，按照聖經說：我們相信每一個人都有罪。聖經所強調的罪，不僅是在行動方面的殺人、強盜、詐欺、犯姦淫等等，這些事情當然包括在罪裡面，但是聖經所強調的罪，與一般人的標準不一樣。人是看外表，上帝是看內心。按照耶穌基督說，假若你看到異性——男性看到女性，女性看到男性動了情慾、淫念，那個人在他心裡就已經犯姦淫了。

聖經又說，你恨弟兄姐妹，你恨別人，就等於殺人一樣；雖然你沒有殺他，你也沒有打他，但是在你心裡有恨他的心，從上帝看來，就跟殺人一樣。或是說貪心，就是與偷竊一樣；雖然你沒有偷竊，但

是你有貪心，從上帝來看，這就是罪。

聖經裡面的道德觀或是倫理觀，更進一步，就是積極的，不管你做什麼？從上帝的眼光來看，每一個人都是罪人，因為在每一個人的內心都有始祖亞當的原罪。最大的罪就是不愛上帝，背逆上帝；因為上帝是我們的天父。在地上，我們說不孝就是最大的罪，不孝順父母親就是最大的罪，聖經告訴我們要孝順父母親，但是更要順服天父，因為創造宇宙萬物的真神，就是我們的天父。人類若不順服天父，那麼我們就是得罪上帝。我們若不聽祂所說的話，所說的真理，而按照自己的私利、私慾來做事情，我們就有罪。所以從這個觀點來看我們每一個人，都是罪人，無論是國王、總統、官員，還是聖人、君子，也都是罪人，都必須在上帝的面前認罪才能夠得救。這就是我們的福音的一部分。

最後第 5 段談到人的社會。我們相信，上帝賜給人有尊嚴、才能，以及鄉土，使人有份於祂的創造，負責任，與祂一起管理世界。這點我們長老教會非常強調，我們就是按照上帝的形像被創造的，有尊嚴、有才能，並且也有鄉土，所以我們要負責任與上帝一起創造。我們發明，我們發現，這些都是參與上帝要我們所作的工作。從上帝所創造的宇宙學習科學或是其他的智慧，並且與神一起共同管理這個世界。

在舊約聖經第一卷〈創世記〉，上帝創造宇宙萬物之後，就交代人要管理萬物。所以我們相信「政治就是管理眾人的事情」，那是孫中山先生所說的一句話，這是符合聖經的教訓，上帝叫我們人類要管理萬物，要管理上帝所創造的一切。

所以，臺灣的八八水災，有人說這是天災，但是從基督徒的觀點來看，雖然這是天災沒錯，但也是人禍。因為我們人類不按照上帝給

我們的使命，好好管理生態環境、大自然，就是我們破壞了生態環境、大自然的結果。不應該開道路的地方，我們開道路；不應該砍森林、樹木，但是幾百年、幾千年很寶貴的檜木，我們也亂砍；不應該做隧道的地方，我們挖隧道，把那些鬆土放在原住民的部落上面，颱風一來，下大雨，這些就變成土石流，把下面的部落全部覆蓋了。

所以這個不僅是天災，也是人禍。人沒有按照上帝的吩咐，好好管理萬物，好好管理大自然與我們的生態環境。所以我們在這裡強調：我們每一個基督徒都要有愛大自然、愛萬物、保護生態環境的責任與使命。

〈信仰告白〉最後一段的第 3 行：「因此，人有社會、政治及經濟的制度，也有文藝、科學，且有追求真神的心。」這就是我們從上帝得來有關制度方面的責任。「但是人有罪，誤用這些恩賜，破壞人、萬物、與上帝的關係。所以，人當倚靠耶穌基督的救恩。祂要使人從罪惡中得釋放，使受壓制的人得自由、平等。在基督裡成為新創造的人，使世界成為祂的國度，充滿公義、平安與喜樂。」所以我們相信，基督徒有雙重國籍：地上的國籍，我們就是臺灣的國民；天上的國籍，我們就是上帝國的國民。所以我們常常禱告說：「願你的國降臨」，就是願上帝的國降臨在地上，如同在天上。我們長老教會舉辦聯禱會的時候，常常會為上帝國與地上的國禱告。以上就是我們長老教會在1984、1985 年代所通過的〈信仰告白〉的中心信仰。

五、我與教會對李登輝情結的看法

1996 年，我們教會非常高興，因為李登輝通過選舉擔任總統。他剛接任總統的時候，並不是通過選舉。那時候我們還沒有全力支持

他，但是通過民主的程序，被選為總統以後，我們對他有很大的期望，盼望臺灣能夠實實在在成為一個新而獨立的國家，並且趕快變成一個正常的民主、自由、法治的國家，我們有這麼大的期待。

不僅是國內的信徒，在歐美的臺灣同鄉，他們也因為黃彰輝院長發起臺灣前途的自決運動，對臺灣的民主、自由有一股熱望。很多海外的臺灣同鄉也都很支持臺灣基督長老教會的聲明，盼望臺灣成為一個新而獨立的國家。

另外，我們對於李登輝先生的期待，因為他是基督徒，並且在他擔任副總統的時候，就已經把他的信徒籍，從聚會所（現今召會）移到長老教會濟南教會。本來他是屬於聚會所的基督徒，後來申請成為長老教會濟南教會的會友。濟南教會正式召開小會之後，決定接納他成為該會的會友。從這件事，讓我們長老教會對他有更大的期待，朝

李登輝總統（左）與高俊明牧師（右）

我們所想要的新而獨立的國家前進。

黃彰輝牧師對於老朋友李登輝總統付出真情衷誠的支持。他也說過：「不要急著要李總統做我們在聲明或宣言中所說的更多。因為有很多事不是那麼簡單就能實現的。我們要留給李總統時間，一步一步實現我們的願景與理念。」

是的，李總統在他任內確實做了下列的事情：

1. 釋放全部的政治犯，並平反他們被冤枉的罪，還其清白。
2. 廢除黑名單，使在國外的優秀臺灣人可以自由回國來造福眾人。
3. 廢除萬年國會，全面改選中央民意代表，又實施總統民選與政黨輪替。
4. 實現 K 黨（國民黨）軍隊成為國家軍隊。
5. 全力促進民主、自由、法治，而除去 K 黨一黨獨裁的恐怖統治。
6. 對 228 事件、代表國家向全國人民道歉。使受難家屬除去心中長久恐懼的心理。

那時候李總統每個月一次，請翁修恭牧師邀請 2、30 位基督徒到他家裡去做家庭禮拜。這一點我們非常高興，至少每個禮拜他都有敬拜上帝的時間。本來他有一段期間都親自到濟南教會做禮拜，可是後來他覺得每一次去都有安全人員隨行，在教會周圍或裡面保護他，讓大家感覺很不一樣，他也覺得這樣會讓來參加禮拜的會友心裡很不自在，所以就改變方式，每個月在他家裡舉行一次家庭禮拜。因此，從信仰方面，我們覺得他仍然堅持以基督徒的良心來辦事情，我們對這件事情感到很欣慰。

現在李登輝先生好像還是會不定期邀請翁修恭牧師去他家裡主理

家庭禮拜。有一段時間他透過夫人連絡我，每個月到他家裡主理一次家庭禮拜。有時候他回到桃園，也會去那邊的大溪教會做禮拜。當我去李總統家裡參加家庭禮拜的時候，有幾次他也會邀請我講道，有時

高俊明牧師在高雄市大廣場上臺呼籲民眾要支持臺灣加入聯合國的具體行動

請其他的牧師證道，或請聖歌隊的弟兄姐妹去獻詩讚美。那時候他住在靠近故宮博物院外雙溪的翠山莊。

他把會籍從召會轉到濟南教會之後，有沒有再去召會或聚會所，我就不知道了。除在他家裡做家庭禮拜之外，現在他常去臺灣神學院的禮拜堂做禮拜。

本來李總統說，他不做總統以後就要到原住民的教會去傳道，但是他去幾次以後覺得他有其他更重要的事情要做，繼續關心臺灣的民主、自由與主權問題，就不克繼續再去了。

前總統李登輝（左，名譽總召集人）與高俊明牧師（右，榮譽總指揮）在反併吞護臺灣運動大會盛典中由宋泉盛牧師（中）為臺灣祈禱（2005 年 4 月 16 日）

六、長老教會教義與其他教派的差異

　　長老教會的特色，基本上在平地我們是用臺語來做禮拜，我們的聖詩也是臺語的聖詩。但是按照臺灣住民宗教的分布圖，我們每禮拜用 17 種不同的語言來講道、做禮拜，其中原住民就有 10 多種，其他還有客家語、日語、華語，也有英語等等。現在還有韓語、泰語，因為有外籍勞工，我不知道有沒有印尼話或越南話？另外，也有手語，所以總共至少有 20 種不同的語言。

　　我們看重每一種語言的重要性，大部分 50 歲以上的人，比較習慣用自己的母語；現在的年輕人不用，但是我們希望年紀大一點的人，用自己的語言唱聖詩、聽道，比較容易瞭解裡面的意思。因為這個緣故，我們邀請海內外的專家將聖經翻譯成每個族群的語言，比方說原住民的阿美族、泰雅族、達悟族等等，都有全部或是一部分的聖經譯本，而且大部分的族群都有他們自己的讚美歌、聖詩，這是與其他教派不同的地方。

　　另一個不同的地方，我們主張像剛才所說的，小鳥要飛必須用兩支翅膀，一個公義，另一個是慈愛；一個就是傳道，另一個是社會關懷。有了這兩支翅膀才能夠飛得高，才能夠飛向正確的方向和地方。

　　在教義方面，我們強調宣教的使命，就是傳道、教育、社會服務、社會公義及合作，五項合一。我們非常強調這 5 項，比方說跟海外團體的合一，我想全臺灣只有長老教會參加普世教協，這是代表全世界 5 億基督徒的世界性組織，在臺灣除了長老教會以外，還沒有其他的教會參加。

　　普世教協（W.C.C.）的會員包括共產國家的教會，所以國民黨以前很反對任何教會加入普世教協。有一次國民黨派人叫黃彰輝牧師

（總會議長）要長老教會退出有共產國家教會參加的普世教協。當時黃牧師很靈巧地回答國民黨的特務說：「聯合國也有共產國家的會員參加，中華民國是否也要退出聯合國？」又說：「如果中華民國退出聯合國，我們長老教會就退出普世教協！」因為這句話的緣故，當時國民黨就暫時不再逼黃彰輝牧師要臺灣基督長老教會退出普世教協。當黃牧師在 1965 年從臺南神學院長卸任以後，續任普世教協神學教育基金會主任的時候，臺灣基督長老教會曾被迫宣佈退出普世教協，但普世教協知道這件事是被迫的，不是主動申請退出，所以普世教協仍一直保留臺灣基督長老教會的會員籍。

其次是世界歸正教會聯盟（World Alliance of reformed Churches, WARC），從加爾文（John Calvin）發起宗教改革成立長老教會後，所組織的世界性聯盟，比普世教協的規模小一點，差不多有 8 千萬的基督徒會員。

第三是亞洲基督教協會（Christian Conference of Asia, CCA）。我們與世界各地的教會都有很密切的關係，這是臺灣基督長老教會的特色。

在國際性宣教合作教會組織方面，我們跟全世界六大洲的 30 個教會機構、團體，包括英國、加拿大、美國、紐西蘭、澳洲、日本、韓國、香港等等，都有密切的合作，這個也是長老教會的特色。

另外在教育方面，天主教跟聖公會（Anglican Church）都很注重教育，長老教會也很注重，有長榮高中、長榮女中、淡江高中、真理大學、長榮大學與馬偕醫學院，馬偕護理學院也包括在內。我們也非常注重幼稚園，有一段時間，長老教會曾經辦了 800 間幼稚園，後來政府規定大學畢業取得幼教資格的老師才能辦幼稚園。

另外一個特色是社會服務，我們有十幾個平地與原住民的學生中心，也有漁民、船員、殘障等服務中心，以及婦女展業中心、勵馨、彩虹等保護中心。此外，我們也有醫院，在北部有馬偕醫院，又有臺東分院、竹圍分院與新竹分院，規模都相當大；在中部有彰化基督教醫院，新醫院大樓有 10 多層樓，4、5 棟建築物，還有 3、4 個分院，頗具規模；在臺南有新樓醫院、麻豆分院。差不多在 3、4 年前，我根據總會年會提出的報告，計算每年到這些醫院看病的病人人次，已經超過 400 萬人次。此外，嘉義基督教醫院、花蓮基督教門諾會醫院、屏東和恆春基督教醫院，不屬於長老教會。

牧師的職務因年紀大，長老教會規定在機關服務者到 65 歲要退休，在教會牧會身體健康者可延長到 70 歲才退休。在我 60 多歲卸任總會總幹事以後即提前退休。教會牧師的職務可以退休，但牧師的傳道事工卻要至死忠心，沒有因退休而終止。因此，在我退休以後，仍然繼續關心臺灣教會的傳道事工，受各地教會邀請，主理主日講道、培靈，做總會松年大學總校長，並響應愛惜臺灣的民間活動，關心臺灣的民主運動，國際事務，以及推展國際幸福家庭聯盟等等，活出基督的香氣。

七、我與幾位民進黨人士的關係

◎陳水扁與呂秀蓮

1999 年，陳水扁先生和呂秀蓮女士代表民進黨出來參選第 2 屆民選總統，臺灣基督長老教會總會認為這是臺灣人使政黨輪替的良機，使臺灣人得以脫離 400 年外來政權統治的時候，應該好好把握這個機會，使臺灣真正成為一個民主、自由、享有主權獨立的國家。因

此，在選舉期間，我負責關心原住民，而牧師娘高李麗珍也被推選為「水蓮會」會長。當時臺灣政情很像坐飛機遇到亂流，國民黨和中國共產黨聯合以重啟兩岸戰事來威脅恐嚇臺灣人民不可選民進黨的正副總統候選人。因此，我們夫婦兩人在 2000 年 3 月 18 日投票之前，每天清晨都到禮拜堂，虔誠跪求上帝保佑臺灣永遠平安，然後再向選民呼籲要投給：「真心」愛臺灣的候選人。投票結果揭曉的時候，扁、呂當選正副總統，在萬民歡呼的慶祝中，我仍在自己家中的客廳中更加祈求上帝保佑臺灣往後的日子，能夠讓政權得以和平轉移。

2000 年 5 月底，陳水扁總統就職後，即時聘我做「有給職的國策顧問」，我即刻婉謝說：「我願意不領任何的報酬來擔任國策顧問的職務。」但，陳總統卻一直將那俸給直接存入我在臺灣銀行的帳戶，直到 2001 年 3 月底止，才改成無給的國策顧問。因此，我就於 2000 年年底將其中的 52 萬 2 千多元領出來，通過臺灣基督長老教會總會事務所來捐助弱勢團體與窮苦的人。2001 年 3 月底又將其他的 130 萬 9,846 元整以臺灣銀行的支票歸還總統府。

我感謝上帝使我無薪擔任 8 年國策顧問職務。我希望陳總統能為臺灣的民主、自由，早日把臺灣建設成為一個有主權、新而獨立的國家，盡心盡力奉獻，用智慧來治理國家。

對於阿扁，我從一開始就強調，要堅決「行公義，心存憐憫，謙卑與上帝同行。」基督徒都要遵從上帝的命令。這是舊約聖經非常著名的一段話，在〈彌迦書〉第六章 8 節，行公義，就是正義，心存憐憫就是用慈悲的心、愛心，謙卑與上帝同行，要謙卑，與上帝同進退。

阿扁就任總統以後，每個月都會邀請我們 10 多位國策顧問或資政，針對他的政策，或是他所遭遇到的困難，來跟大家分享，說出我

們的意見。每一次我都是按照上述這處聖經來與他討論很多事情。所以這處聖經就是我覺得對每一個執政者，或是執政黨具有非常重要的勉勵。

2003 年時，陳、呂兩人再度出馬競選，希望連任總統和副總統。我又到處為陳、呂兩人站臺，並應邀到電視臺與各教會呼籲必須使要領導臺灣「制憲、正名、建國」的陳、呂兩人競選連任，否則臺灣遲早會被中國併吞、統一。結果，陳、呂兩人的得票率從上次的 39%高升到 51% 以上，再次當選連任。不過 2004 年年底的立委改選，民進黨的立委雖然再增加二席，成為立法院國會的最大黨，但仍無過半數。因此人民期望臺灣「制憲、正名」之路繼續受阻，陳總統至為委屈，以致發表被人評為「要去抓鬼，反被鬼抓去」的扁、宋會議的 10 項聲明，令許多民心極感不安。然而為追求臺灣「制憲、正名、建國」的努力，我非常體諒陳總統的苦衷，雖然不便置評，但在暗中卻默默地為阿扁總統祈禱。同時我也鎮定地站出來與前總統李登輝先生，以及臺灣人民自決運動的發起人之一的宋泉盛牧師，一起呼籲陳總統要堅持臺灣的主權獨立的大原則。更在連、宋兩人在 2005 年 5、6 月中分別應中國邀請到中國大陸訪問時，與李前總統共同站出來一起反對連、宋「出賣臺灣」和「聯共制臺」的聲明。

臺灣人、臺灣人，真正有臺灣良心的臺灣人，大家應該站在一起為愛臺灣，使臺灣成為一個享有民主、自由、主權獨立、真善美與信望愛的新國家，一起用生命來「做伙打拚！」這是臺灣基督長老教會總會長期以來所努力的目標，也是現在住在臺灣寶島上真正的新臺灣人的期待與願望！

呂秀蓮做副總統的時候，我比較少與她接觸，但是她後來組織臺

灣心會，常常聚會，關心臺灣，她也邀請我擔任她的顧問，我按照我的良心對她也提出一些建議，但是平時沒有很多私人的來往和晤談的機會。

◎施明德

在他因美麗島事件走投無路的時候，我並不認識他，但是基於基督徒的愛心，聖經說：「人為朋友捨命，沒有比這個更大的愛。」雖然他不是我的朋友，但是我看到他已經走投無路，那時候他為臺灣的民主、人權來奮鬥，所以我是受聖經的話感動才來幫助他，事後竟因他被關。

後來他開始絕食，身體虛弱，被送到三軍總醫院。那時候我被關4年3個月又22天，已經出獄，我跟一些朋友常常去探望、訪問他。那時候常常跟他接觸。後來他競選立委，我也支持他，常常為他禱告。但是以後我聽到他做立委的態度，或是對臺灣前途與臺灣人權的關心越來越少，變成非常滿足享受他的官位和利祿，或是他的充裕收入。相當多有關他的壞消息曝露出來，例如有關男女不正常的關係等，這些壞消息常常傳入我的耳中，所以我漸漸地就與他疏遠了。

特別是在他為反貪腐，帶領紅衫軍走上街頭的時候，我本來就贊成反貪腐，但是因為他只是鎖定某一個人攻擊，不針對每一個貪腐的官員，或是每一個貪腐的政黨來出聲反對。當時我也針對他本身的做人態度要他反省。我說：「你也要用同樣的倫理道德標準來檢討自己，反省自己。」所以那時候我非常反對他，我跟他的關係也自然就斷裂了。一直到某年，有一位陽明醫學院（陽明大學）的張教授來找我，這位教授站在基督徒的信仰立場，來做施明德的朋友，在信仰方面也

是常常幫助他。張教授說施明德已經成為基督徒了。我的感覺是：基督徒的第一要件是在上帝面前要懺悔自己的罪，才能夠做真正的基督徒。所以當張教授說他已經成為一個基督徒的時候，我覺得我應該與他再和好。我們彼此向對方道歉，他要向我說：「對不起」，我也會向他說；當時當他發動紅衫軍上街頭的時候，我跟他持完全不一樣的態度，他用許多不實的話來侮辱我的人格，那時候我對他批評的言論也太重了，所以請他諒解，與我和好。之後，我們開記者招待會，就在他的家裡和解。

　　那是完全出於基督徒的愛心。耶穌基督說：「你跟弟兄要到法院去的途中，假若想到不應該由沒有信主的法官來判決你們的事情，你們就應該在途中要彼此握手和好。」那是耶穌的教導。所以我也想到張教授已經對我說了，施明德已經告白，信仰耶穌，成為基督徒，我就說：「好，我去他家，面對面向他道歉，握手和解。」所以從那一年以後，有1、2次我就與他通電話。但是現在，我仍在為施明德能真正活出基督的正義與真愛迫切祈禱。切望他不會使我失望。

　　2006年施明德先生發起「百萬人民捐款靜坐倒扁運動」。我的想法如下：

1. 堅持抗拒誘惑

　　記得施明德出獄後常說：「要忍受苦難，抗拒誘惑」，很多人深受感動。但經過數年後，很多人對我說：「施明德墮落了，沉溺於酒色之中。你20多年前抗拒300多萬元的獎金，冒生命之險保護施明德，而被關4年3個月又22日，值得嗎？後悔嗎？」

　　我常回答他們：「我不後悔，因為我是為了愛臺灣才保護施明德的。能為愛臺灣的人來受苦是我的光榮，也是值得的。」

但是為了愛臺灣，我們必須抗拒幾項誘惑。我們要抗拒「錢」的誘惑，因為貪財是萬惡之根源。我們要抗拒「酒色」的誘惑，許多英雄豪傑因酒色而害己、害國了。我們也要抗拒「爭權奪利」的誘惑。假若每一個政治人物不能抗拒這三項誘惑，就是逼退了 100 個總統也無法救臺灣！

2. 堅持民主法治

40 多年來，我們在一黨獨裁與白色恐怖中，受盡了剝削、痛苦、恐懼的日子。許多愛臺灣的人，為要保障 2,300 萬人民的人權、尊嚴、主體性，冒著生命之險來爭取「民主、自由、法治」。許多人因此被關數十年，也有許多人因此被殺害。

今日，我們已得到某種程度的「民主、自由、法治」。我們已能依法辦理王親國戚的罪，也能依法罷免總統。今（2006）年春天，泛藍政黨發起罷免陳總統，經過立法院投票結果，此案無過關，陳總統仍然要負責任做總統到 2008 年。雖然許多人不滿這個結果，但我們仍然要以民主國家主人翁的風度，來接納這個結果。我們要堅持這得來不易的民主法治的大原則來造福眾人。

3. 以真愛疼惜臺灣

許多參與「倒扁」運動的人，說是出於愛臺灣的動機。但這樣做，反而會激化藍綠的對立、族群的分裂與社會的混亂，而促使有心爭權奪利的政客們獲利，並使中國有隙可乘，來侵略臺灣、欺壓臺灣的同胞。我切望陳總統能浴火重生，若有錯就勇敢認錯，若沒有錯就勇敢證明沒有犯罪。此外，我們也切望司法單位能公正、公平來判決。我們盼望陳總統與政府官員都能以生命與心血，信靠真神來保障臺灣全

體人民的人權、尊嚴、主體性，又以真愛來促進治安的改善、教育的革新、人民的均富與弱勢團體的關愛。

我要呼籲國內外千千萬萬的臺灣同胞，每天定時迫切祈禱，懇求上帝賜給我們智慧來判斷是非、真假與善惡，來力行正義、實踐真愛。

◎林義雄

我一直非常尊敬林義雄，他的母親被謀殺，一對雙胞胎女兒也被屠殺，大女兒奐均身上又受到6、7刀重傷。但是林義雄不願意再提起這件悲慘的往事，並且原諒兇手。此後他繼續組織「慈林文教基金會」，積極從事各種有關人權方面的工作，或是做「反核四」之公投等等。並推動興建臺灣民主運動館，正面關心臺灣的人權問題。所以我對林義雄非常尊敬，參加過他的反核四公投，也去過他的民主運動館。對他的女兒奐均，我非常尊敬。他的太太，我們稱「素敏姐」，也讓我非常敬佩。他的太太與女兒，都已經成為非常熱心的基督徒。奐均更變成美國宣教師印主烈牧師娘，對傳道或音樂，或是兒女的教育，她曾寫出很有價值、經驗豐富的育兒書籍。所以我對他全家都非常尊敬。

最近我聽說，林義雄先生開始學習寫書法。我與我內人結婚50週年紀念時，他送我一幅他寫的字，我非常感動，我還要求他為我寫兩句聖經的話，第一句是耶穌說：「我就是道路、真理、生命。」第二句是：「要盡心、盡意、盡性、盡力愛主你的上帝，也要愛鄰舍如同自己。」他馬上就寫給我了。有些人的字很潦草，不知道在寫什麼，但是他的字卻一點一撇都是很正確的，非常漂亮又非常容易讀，所以我就把它裱起來，放在我的客廳，每次看到這些聖經的真理，就會為

他們全家人禱告。所以，我非常尊敬林義雄。

◎陳菊

對陳菊，我仍然非常尊敬。在戒嚴時期我們就常常在一起參加爭取人權，或民主、自由、法治的遊行或聚會，就是有這種關係了。後來她因高雄美麗島事件被捕入獄、坐牢。獲釋出獄，在陳水扁先生當選總統以後，被選入閣，在行政院擔任勞工局長，相當受勞工們的愛戴。之後，參加高雄市長競選，非常辛苦。當選後政績卓越，把高雄市建設成為更美麗的國際海洋港口，市民更適宜居住的都市，因此，再連任大高雄市長。

八、我所期待臺灣總統蔡英文的十大堅持

一、堅持臺灣是主權獨立國家，不屬中國。一邊一國，共存共榮。

二、堅持自由、民主、法治。反對獨裁與專制。

三、堅持公平、公正、公義的政策。反對不公平、不公正、不公義的司法及財經政策。

四、堅持實現全民均富的國家。

五、堅持人民作主。重要政策應以公正的「公民投票」來決定。

六、堅持積極促成臺灣進入聯合國及各種國際組織，以貢獻人類的「正義、和平及萬物的完整」。「Justice, Peace and Integrity of Creation」

七、堅持培育「正義、真愛、誠實、才能、謙卑」的各種人才來造福臺灣與世界眾人。

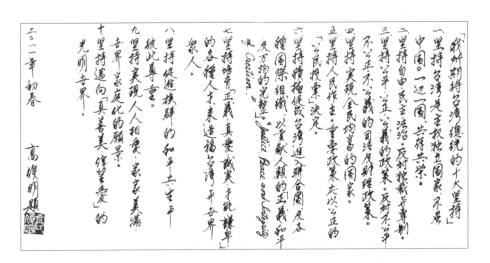

八、堅持促進族群的和平共生與彼此尊重。

九、堅持實現人人相愛，家家美滿，世界家庭化的願景。

十、堅持邁向「真善美、信望愛」的光明世界。

促進會 記者會

柒

我與疼惜臺灣運動

柒 我與「疼惜臺灣」運動

一、疼惜臺灣促進會發起的因由

　　下面這些話是疼惜臺灣促進會籌備委員冬聰凜牧師於 2006 年 11 月 3 日在臺南市政府記者招待會首先發表的。

（一）一個故事的感動

　　1987 年，在東德共產黨政權統治下的萊比錫的尼可拉教會，有一位牧師帶領 3 個青年，每禮拜一晚上在禮拜堂查經。有一天晚上，

疼惜臺灣促進會在臺南市政府新聞室舉行記者會，高俊明牧師以籌備主任向各界人士發表發起的經過；左邊是冬聰凜牧師，右為戴馨德牧師

讀到先知以賽亞書第九章時，他們深受感動對牧師說：「讓在共產黨政權下的東德人民看見上帝的大光。」

從那天晚上開始，每禮拜一查經祈禱後，每人帶著 2、3 支蠟燭走上街道，逢人便說：「你願意讓我們的國家多一點亮光嗎？」對方若說：「願意」，就把蠟燭分給他一支，並說：「請用同樣的方法分發這蠟燭，讓我們的國家多一點亮光。」從 1987 年 5 月到 1989 年 11 月 23 日，竟然有 30 萬人，人人拿著一支蠟燭走上街道，照亮了整個東德地區與人民。

就這樣，將這個充滿冷漠、恐怖、懼怕、黑暗、流淚，隔絕親情、友善、互信、互助的柏林圍牆打碎了！不用戰車、火箭、大砲、軍隊，乃是以祈禱、蠟燭。這是何等令人充滿希望、力量的大好信息！

（二）現今臺灣的危機

臺灣國家面臨極大的不安與危險⋯⋯

臺灣社會充滿怨恨的暴力與紛爭⋯⋯

臺灣經濟遭遇快速的衰退與崩盤⋯⋯

臺灣人民互愛互助互信撕裂與破碎。

臺灣國家面臨生死存亡的危機，社會秩序嚴重失控，人間溫情和睦破碎，人民心靈污穢扭曲，面對此一亂象與空前的浩劫。基督徒應基於基督的愛心、先知的良心，站出來結合臺灣的人民，不分族群、黨派、宗教、男女老幼，大家同心、誠心用真愛疼臺灣。

冬牧師講完，接著由我帶領大家祈禱、在大家祈禱與號召下，積極地籌組疼惜臺灣促進會。

（三）期待

　　深深盼望藉著疼惜臺灣促進會的成立，喚起全國人民，用臺灣心行臺灣路、唱臺灣歌、說臺灣話，建設臺灣文化，喚醒臺灣意識，再造臺灣識別，豎立平安價值典範。

　　讓居住在臺灣土地上所有的臺灣人，大家疼惜臺灣，重燃臺灣的希望，重建臺灣的信心，重拾臺灣的愛心，使臺灣站立於國際上，真正成為新而獨立的國家，貢獻於全世界。

　　聖經說：「你們要為那城（國家）求平安，為那城（國家）禱告上帝，那個城（國家）得平安，你們亦得著平安。」（耶利米書第廿九章7節）

二、疼惜臺灣促進會成立的動機

　　下面這些話，疼惜臺灣促進會成立的動機，也是我以籌備主任身分在記者招待會中發表的：

　　鑒於最近臺灣的政治紛爭，人與社會的亂象，嚴重影響內在的團結和外在的形像，更阻礙臺灣邁向民主、法制、公義、和平、自由與愛心、真善美國家的實現，呼籲臺南市各界的菁英成立「疼惜臺灣促進會」。

　　成立臺南市疼惜臺灣促進會的時代背景，主要原因有下列7項：

1. 臺灣400年來受外來政權壓迫，已有許多人流血汗、犧牲生命，我們需要以愛心代替仇恨。
2. 第二次世界大戰終戰50年以來，歷經戒嚴專制體制統治及二二八之慘痛事件，有許多各界菁英被殺害，家破人亡，極為

悲慘，我們需要散播和平的種子，化解對立與仇恨。

3. 臺灣人民渴望建立民主、自由、法治、公義、真善美與信望愛的國家。期待轉化絕望、黑暗，成為光明與希望。

4. 今日在臺灣外面有中國用強大軍隊的威力與 800 顆飛彈對準全臺灣的威嚇，急於將繁榮進步的臺灣化為一片焦土，以達到消滅民主臺灣的目標，我們必須具有以善勝惡的力量。

5. 在臺灣國內有傾向中共的政客和媒體，無時無刻不用各種方法、各種手段來擾亂臺灣社會，要將臺灣出賣給中國，我們需要凝聚萬眾的毅力，給予抗拒。

6. 鑑於臺灣處在上述種種危機當中，切切盼望臺灣各界人士，超越族群、宗教、黨派，透過組織，用臺灣心、唱臺灣歌、走臺灣路，培養臺灣主體意識，具體計畫、舉辦活動，用和平、理智、公正的方法，促進臺灣成為真善美與信望愛的國家，以保障臺灣 2,300 萬人民的人權、尊嚴與主體性。

7. 盼望政府用「臺灣」正名加入聯合國與各種國際組織，以貢獻世界的公義、和平，來造福全人類。

為達成上列 7 項目標，本會章程已訂定下列 7 項主要任務：

1. 建立暨發揚優質價值觀及臺灣文化。
2. 謀求臺灣種族之融和及認同。
3. 推廣真善美、信望愛之家園與國家。
4. 關懷弱勢族群、建造美滿祥和之社會。
5. 推廣各種兒童、青少年、婦女暨老人福利的服務工作。
6. 辦理其他政府相關規定及委託項目。

賴清德立委（現任大臺南市長）應邀在第二屆會員大會致詞，勉勵大家用真愛來愛臺灣

7. 其他相關福利事務。

疼惜臺灣促進會於 2006 年 12 月 25 日在臺南市太平境教會成立，剛成立當時的會員僅以臺南市愛臺灣的人士 100 人為限。後來贊助會員一直增加，又變成正式會員，到目前（2010 年）已有 200 多名。第一屆會員成立大會，我被選為理事長。主要的活動有舉辦過愛臺灣音樂會、專題演講，時勢分述評論研究會，增加會員對臺灣現勢與國際情勢的認識。4 年後理事長改選，因為我年紀大，身體健康比較差，就辭去理事長要職，並選出黃德成為第二任理事長，但大會卻頒給我名譽理事長之榮職，再與各位會員心連心、手牽手為臺灣更美好的明天共同努力打拚。

三、「正義、和平宣言」綱要

在我擔任疼惜臺灣促進會理事長的時候，於 2009 年 4 月 30 日我曾在會員大會中，向各位會員發表我們教會公開的「正義、和平宣言」的內容及意義，以下原文收錄：

不要靠英雄，不要靠政黨，不要靠政府，不要靠總統。只要靠又正義又慈愛的真神、真理，而成為真人。因為全世界的真人團結起來，才能夠建構正義、和平的國家與世界。

1. 我們信真神是正義的神，必刑罰一切的不義與罪惡。我們也信，真神必在最合適的時候，實現充滿著真善美，又正義又和平的新天地。（啟示錄 21：1-4）
2. 21 世紀的今日，世界充滿著天災、人災、恐怖、相殺、戰爭、

第一屆與第二屆理監事合影（2010 年 6 月 13 日）

暴力、罪惡。許多人恐惶、懼怕，甚至絕望。但，我們不懼怕、不絕望。我們要信靠正義又慈愛的真神，勇敢獻身，來克服不義與罪惡。

3. 這幾十年來中華人民共和國崛起，成為共產黨一黨專制的軍事大國、經濟大國、外交大國，但忽略了人權的保障與正義的伸張。

   (1) 中國國內幾億人民，在恐懼、饑餓、貧苦中生活。

   (2) 中國以千枚左右的飛彈，不斷的擴軍，與各種統戰的手段在剝奪臺灣 2,300 萬人民的人權、主權、尊嚴與民主。（註：到 2011 年 5 月已增加到 1800 枚飛彈。）

   (3) 中國也以各種不公正的方法來迫害中國的地下教會（家庭教會 House Churches）、法輪功人士與其他的民主鬥士。

4. 中國的軍事無上限的擴張與強化以及對侵略臺灣的陰謀，確實是臺灣 2,300 萬人民的痛苦與悲哀。但中國對臺灣的侵略，不僅會扼殺臺灣 2,300 萬人民的人權、主權、尊嚴、民主、性命，也必影響到日本、韓國、菲律賓、亞洲各國，甚至全世界的正義與和平。

5. 為了臺灣 2,300 萬人民的主權、生命、尊嚴、人權，與亞洲，甚至世界的正義與和平，我們切望世界各地的教會、宗教團體、社會團體、人權團體與個人，都能踴躍支持臺灣人民的人權與自決權。

   (1) 人權是真神所賦予每一個人的。

   (2)「自決權」是聯合國章程所保障的。

   (3)「公民投票」是最理智、最和平的。

   (4) 美國衛理公會總會支持臺灣自決。

(5) 50 年來 120 多國，基於自決權而獨立。

耶穌說：「在世上，你們有苦難；但是你們要勇敢，我已經克服了世界！」（約翰福音書第十六章 33 節，現代中文譯本）

四、賴清德就任大臺南市長感恩禮拜

主辦：疼惜臺灣促進會

時間：2011 年 12 月 26 日下午 3 時

地點：臺南東門巴克禮紀念教會

賴清德市長就任感恩禮拜有近 800 人參加，由高俊明牧師講道，其信息謹摘錄如下：

各位敬愛的兄姊大家平安：今天是我們大台南市長賴清德醫師的就任感恩禮拜，大家都很歡喜。

12 月 25 日是全世界都在歡慶耶穌的聖誕節，也是賴市長就任的第一天，所以大家都很歡喜。今天的感恩禮拜，就是賴市長的壯行感恩禮拜，新的出發。我們一面感謝上帝的恩典賜福，也要一面感謝大多數市民踴躍投票的支持與擁護。

在新的出發，我們要思想聖經彌迦書第六章 8 節說：「世人哪，耶和華已指示你何為善。他向你所要的是什麼呢？只要你行公義、好憐憫，存謙卑的心與你的上帝同行。」我們每一個人都是領導者，不可驕傲，要謙卑與真神同行，這才是真正的領導者，真正的人！

耶穌也說過：你們人生的價值觀，居越高位者，就要做眾人的僕人，並要與眾人同甘共苦，同流眼淚。做領導者必須有三點特色：

台南市各教會牧師為賴市長在感恩禮拜中決志說：「我遇到困難一定要向主耶穌祈禱」而聯合為他齊聲迫切祈福

1. **實行正義**：羅馬帝國的軍隊很強大，所以國家富強，但其亡國的最大原因是不行公義，沒有公道，執政者驕傲，沒有謙卑！上帝叫摩西領導以色列人出埃及，在西奈山上帝賜他們十誡，叫以色列人要敬拜上帝，孝敬父母，愛鄰人如同自己，這就是上帝的正義，每一個人必須走這條公義之路，才不會像某些官商捲巨款逃到國外，逍遙法外，這是很不公平、不公義之事。

2. **心存憐憫**：上帝喜歡我們每一個人做有愛心的人，主耶穌憐憫弱勢的人、窮人、病人，甚至妓女。做領導者，要用無私的愛切切實實來照顧這些人，使他們也能做一個有尊嚴的人。我的牧師娘過去曾做工讀生在日本幫助挪威的一個女宣教師做翻譯工作。最近在臺灣有一位高官輕視大學生打工。這種看不起

工讀生的長官，也等於看輕我的牧師娘，我很不能接受這種看不起工讀生的長官的看法。在我被關在監獄的時候，我的牧師娘反而關心受難者的家眷，用聖經的話來安慰鼓勵受苦流淚的人，這種愛心是從耶穌而來的。

3. **謙卑與真神同行**：真神每天都在管理宇宙萬物，也在管理臺灣、我們的城市。所以我們也要與賴市長一同管理我們的臺南市，用謙卑的心與真神同行，使每一個人都有工作做，快樂過日子，和睦相處。林肯從小沒有讀很多書，只讀 18 個月，但是他每天都很認真讀聖經，後來考取律師。他 52 歲時當選美國總統，為解放黑奴，不惜發生美國內戰，但後來勝利，使黑人在美國受解放，也能做大學校長，甚至當總統。盼望賴市長也能謙卑與真神同行，使默默無聞的台南市，也能成為世界第一流的都市與第一流的市民來貢獻臺灣與全世界，受人尊敬。

感恩禮拜結束，賴市長走出禮拜堂大門，一一與來參加感恩禮拜的市民握手致謝

最後，希望我們各位要持久繼續支持、幫助賴市長，一起努力打拚。願上帝祝福賴市長，祝福我們每一個人。

　　在感恩禮拜中，賴市長敘述他個人從醫師工作走入政治界的心路歷程，並向大家表示：「在從政的時候，我遇到困難，一定要向主耶穌祈禱。」

捌

我與國際幸福家庭聯盟

捌 我與國際幸福家庭聯盟

為愛臺灣國，臺灣人必須先愛自己的家庭；因為治國之前，必先齊家。有了美滿幸福的家庭，才有真善美與信望愛的國家。鑒於近年來臺灣社會的家庭狀況，呈現許多不正常的現象，極須關懷，例如：

1. 離婚率 2010 年居亞洲首位：每天約有 159 對夫妻辦理離婚，結婚五年內及熟齡離婚是兩大離婚高峰。

2. 有 3.8%，推估全國有 21 萬孩童，感受不到家庭的溫暖，更有孩子把家庭視為核爆廠、墳場、監獄等。

3. 平均每天因婚姻暴力被害者有 131 人，平均每天通報兒童保護人數為 58 人。

4. 生育率全球最低，但是一年墮胎卻有 30 至 40 萬人次（2010 年的統計高達 50 萬個），為西方國家的 5 倍。

5. 每天有 52 名兒童被性侵害，每 27 分鐘可能就有一個孩子遭受性侵。

6. 5%民眾達到重度憂鬱：平均每20人就有1位飽受憂鬱症所苦。在自殺的人口當中更有高達 70% 的人，生前都曾罹患憂鬱症。

此外，據《親子天下》雜誌針對全臺灣 18 歲以上、家中有 15 歲以下子女的父母進行電話訪問，發現有高達三分之二（63%）的父親常因工作而犧牲家庭，甚至有四分之一（24%）「總是」犧牲家庭生活。統計顯示：女性勞工參與率逐年提高，尤其 25 至 44 歲女性更高達 75%，意味著半數以上的媽媽沒有放棄職場工作，必須和爸爸一

起分擔家庭經濟重擔。但職業婦女在家裡仍被賦予多數家務的職責，也造成母親們心理的不平衡。調查指出，有高達七成女性表示臺灣社會兩性家事分工不平等。若能重新選擇，有三成七的女性不願意投入婚姻，四分之一的女性不願意生育。相對於男性而言，超過八成的男性還是願意選擇當爸爸，顯然男性對生育的滿意度比女性高。

因此，為拯救臺灣人的不幸家庭，我以「國際幸福家庭聯盟」發起人的身分，於 2011 年 4 月 19 日到立法院呼籲立委要參照聯合國的辦法，在臺灣通過立法成立國際幸福家庭聯盟，制定每年 8 月第 2 個禮拜日為「幸福家庭日」。此案幾乎受全體立委全場一致通過，並將此一聯盟推廣到全國各大城市響應成立分會。

國際幸福家庭日聯合國訂於每年的 5 月 15 日。在臺灣由於這一天沒有放假，每一個家庭的父母與兒女，或祖父母與子孫各有不同的工作，或上班、上學，無法團聚一起在家裡吃飯用餐。因此，立法院通過立法，訂於 8 月第 2 個禮拜日為臺灣的「幸福家庭日」，呼籲每個家庭的家人都能有時間一起回家，在家裡團聚、吃飯、談話，增進家人的親情，互相瞭解各人的需要，互愛互助，白首偕老，越老越健康快樂

一、訂定「幸福家庭日」的用意

訂定每年 8 月第二個禮拜日為「幸福家庭日」：

1. 結合父親節，恢復父親角色與職責之美，來與全國所有母親及單親家庭，一起投入建設「幸福家庭」，促進「國家家庭化」的願景。

2. 連結七夕情人節，宣導適婚男女早日結婚生子，延續後代生命，成全家庭的生命價值，提升生育率，增進整體國家健康發展。

3. 彰顯「家家彼此守望平安」在中元節之節期主軸，建立社區「家與家平安守望網絡」，促進「社區家庭化」的願景。

4. 國際家庭聯盟組織倡導「禮拜日」留給家人，齊心孕育幸福家庭文化，共同關懷家庭的議題、文化與政策，促進「世界家庭化」的願景。

二、孕育幸福家庭文化

1. 結合傳統節期：訂 8 月第 2 個禮拜日為「幸福家庭日」

父親節、七夕情人節、與中元節剛好都在 8 月第 2 個禮拜日前後，希望結合節期家人聚集之時藉由訂定「幸福家庭日」來激發投入建設幸福家庭之熱情。藉由推動「幸福家庭日」，倡導「禮拜日」留給家人，齊心孕育幸福家庭文化，如果：（1）每天留 10 分鐘做幸福家庭時間。（2）培養餐桌文化。（3）家庭日吃柚子（佑子，同時促進經濟成長），以共同保護下一代免受性侵、霸凌、暴力等傷害。

2. 透過府會帶領各界，如：學校、企業、宗教團體、社團、機構等參與推動倡導「禮拜日」留給家人的觀念，並舉辦如下婚姻家庭教育活動來創造幸福家庭文化。

   (1) 藉由「一家之主、全家蒙福分享會」等來恢復父親角色與職責之美。

   (2) 推行「餐桌文化之學習與觀摩」與每天「10分鐘幸福家庭時間：LAST 幸福長長久久」喚回夫妻、親子相向之心。餐桌讓家人彼此分享來營造祥和的氣氛，減少暴力傾向。鼓勵盡量找時間與家中長輩餐敘。暑假舉辦幸福家庭活動：研習家庭價值、幸福家庭格言、圖騰、與族譜等主題。

   (3) 大手牽小手，守約一起走（強化青少年真愛相約、真情相待的價值觀），將家人漸失的心找回來，將家人漸散的關係重新建立起來。

   (4) 舉辦全國婚姻節慶祝會（11月22日），表揚婚姻家庭楷模。選拔幸福家庭、美滿婚姻楷模，轉化良善風氣，使社區家庭化。

   (5) 透過真愛相伴，成長良伴週末營之婚前教育學習及「鍾愛一生7小時」夫妻成長課程，協助銀髮族規劃晚年生活，藉此預防與降低離婚率。

   (6) 籌募「建設幸福家庭獎助金」來關懷部落原住民、新住民與受困之婚姻家庭關係。

   (7) 推廣全國國小六年級學生於兒童節前夕記錄「家庭幸福護照 C.A.R.E.」，舉辦護照記錄心得徵文。

   (8) 建立社區「家與家平安守望網絡」，孕育平安、相愛家庭文化。

3. 與內政部、警政署、家暴防治中心不定期舉辦宣導，預防家暴、兒虐、性侵研習會，藉以減低家暴、兒虐、性侵等兒童受害人數。

4. 透過宗教團體、社團、機構等經常舉辦幸福家庭活動，激發學習熱情（如宣導每天 10 分鐘幸福家庭時間），選拔幸福家庭、美滿婚姻楷模，轉化良善風氣，使社區家庭化。

三、制定家庭政策，同甘共苦

友善的家庭政策應該包括「父職准假」、「彈性工作時間」、「對父親的教育方案」（包括從醫院誕生開始到童年學生的完整、加強聯繫、育兒技巧）。法令政策不要對父親育兒的參與建立不必要的障礙，尤以離婚的案例來說，更應讓單親爸爸感受到社會的支持。

各國共同面對之家庭問題，可歸納為以下兩個主要變化：傳統家庭模式愈受挑戰：由於單身、同居、離婚等社會趨勢，家庭模式愈來愈多元化。兩性分工愈來愈平等：由於教育普及化，女性就業率提高，兩性分工由過去的「男主外，女主內」愈趨向平等。

德國一直以支持傳統家庭模式為本，即支持「男主外，女主內」的分工模式，故此家庭政策注重現金支援和育兒假期，托兒服務就相當缺乏。德國的家庭政策，一直缺乏對在職婦女的支援，導致生育率下降。協助國民平衡工作和家庭。由於女性就業率提高，「平衡工作和家庭」成為各國家庭政策的重點，其中包括為父母親提供更長的有薪育兒假期，並提供更普及和多元化的托兒所服務。

政策效果的分析：家庭團結、鼓勵生育和兩性平等的取捨。

基督教幸福家庭倫理的價值規範：一夫一妻，一生一世，婚前守

貞，婚後守約，人人守份，家庭和樂，代代相傳。

四、國際幸福家庭聯盟簡介

1. 名稱：國際幸福家庭聯盟──Happy Home World Alliance
2. 宗旨：協同有關團體來建設「家家美滿，人人有愛」的國家而促進世界的公義與和平。
3. 願景：社區家庭化、國家家庭化、世界家庭化。
4. 精神：基於公義、慈愛、和平……等大原則來促進家庭、族群、宗教等的對話、和諧、合作……造福眾人。
5. 邀請：政府、駐臺代表機構、青年婦女與松年團體、宗教與公益團體、教育與家長團體、科技與資訊團體、扶輪／獅子／同濟／青商／國際蘭馨等社團、醫藥與生技團體、企業與基金

臺南市國際幸福家庭聯盟啟動典禮，發起人高俊明牧師親臨市政府向大家說明「幸福家庭」的重要性（2011 年 5 月 9 日）

市長賴清德響應高俊明牧師的「幸福家庭」運動，贊成在臺南市成立分會，積極推廣

會、文化與藝術團體、媒體等……從臺灣國內發起，漸序邀請日、美、歐洲等世界各國相關團體參與聯盟。

6. 工作：

(1) 關懷國家家庭議題、家庭文化與家庭政策，聯盟國際家庭組織與資源，以促進國家家庭化、世界家庭化的願景。

(2) 每年婚姻節表揚「幸福家庭」，推展 8 月第 2 禮拜日為幸福家庭日及每天「10 分鐘幸福家庭時間」以鼓勵建設幸福家庭的熱情。

(3) 舉辦男女老幼的親子同樂會、音樂會、營養簡餐同樂會、懇談會、趣味運動會、才藝友誼賽等來促進社區家庭化的願景。

(4) 定期舉辦「建設幸福家庭」相關之研習會、分享座談會、

幸福家庭O Happy Home

Voice

詞曲高俊明

Piano

幸福家庭　人人相愛　幸福家庭　光照社會　幸

Pno.

福家庭　興旺國家　幸福家庭　造福人類

（台）Heng-hok ka-teng lang-lang san -thian , Heng-hok ka-teng kng-chio sia-hue ,
　　　Heng-hok ka-teng heng-on kok-ka , Heng-hok ka-teng cho-hok jin-lui
（英）O happy home love each other , O happy home let the nation grow ,
　　　O happy home shine in the world ,O happy home make the world one home.
（日）He-i-wa-na ka-te-i-yo ,O ta-ga-i na-ka-yo-sh-da ,
　　　He-i-wa-na ku-ni-gu-ni, He-i-wa-na se-ka-i-yo

捌 我與國際幸福家庭聯盟

幸福家庭歌

家家幸福美滿，國家繁榮富強，世界才能和平進步！

健走活動與讀書會，暨幸福家庭、家庭倫理與社會道德，與公義相關之國內外藝文作品創作、欣賞與分享等，以豐盛「幸福家庭」文化內涵。

(5) 倡導幸福家庭價值，邀請各級政府及民意代表積極參與「建設幸福家庭」，長期有效對抗影響臺灣家庭與臺灣文化的爭戰。

五、臺南市慶祝首屆國際幸福家庭日活動剪影

時間：2011 年 8 月 14 日禮拜日下午 3 點

地點：臺南東門巴克禮紀念教會

國際幸福家庭聯盟發起人高俊明牧師致詞勉勵會眾

楊榮敦牧師夫婦的銀婚紀念

吳啟由長老夫婦的金婚紀念,與高俊明牧師(左)、黃德成牧師(右)合照

結婚滿 5、滿 10 年以上的夫妻接受表揚贈禮者全體合影留念

高俊明牧師証道言論集

高俊明牧師証道言論集

一、二二八事件與臺灣魂（寫於 1989 年）

1989 年 1 月 28 日長老教會與民運人士共同發起「二二八公義和平運動」，這篇文章是我對「二二八事件與臺灣魂」的論述：

臺灣 400 年來的歷史是臺灣人的尊嚴被剝削的悲慘歷史，其中最悲慘的莫過於 42 年前（1947 年）爆發的二二八事件。在此悲劇中，臺灣人的心靈深受重傷。為要醫治這創傷來促進公義與和平，我們必須面對二二八事件的事實提出一些答案。

1945 年第 2 次世界大戰結束，日本人撤離臺灣。中國國民黨政府就派陳儀帶領國軍來託管臺灣。當時許多臺灣人很高興，誤以為是光復，回歸祖國的懷抱。但不久，臺灣人發現國民黨政府腐敗惡劣，公財私用，貪污橫行，到處欺壓臺灣人。因此，治安很亂，物價暴漲，民生困苦，眾人對國民黨政府自然而然就產生強烈的不滿。

1947 年 2 月 27 日晚上，一位緝拿私煙的人員在臺北沒收了一位窮寡婦的錢與私煙，並以槍柄打傷那寡婦的頭，使她血流滿面而倒下去。於是臺灣人 2 年來壓抑在心底的公憤終於爆發，如野火一般地延燒到臺灣各地，造成臺灣人與外省人的流血衝突。

3 月 7 日至 8 日，陳儀自大陸引進大批軍隊，開始進行大屠殺。臺大文學院院長林茂生，於 3 月 10 日被國軍士兵騙走就一去不回頭。據說他的屍體被棄入淡水河內，另一說是被國軍用布袋裝石頭，一起

丟在基隆港口的海裡，永遠不見天日。岡山長老教會的蕭朝金牧師於
3月中旬，在岡山通往大岡山的平交道旁被槍殺；死前，他的鼻子與
耳朵都被割掉。當時的國大代表張七郎醫師與他兩位公子宗仁醫師與
果仁醫師，於4月4日被國軍士兵帶走。是夜11時左右，未經法律
程序，父子3人在鳳林鎮郊外公墓就被槍斃。此外，成千上萬的青年
學生與社會菁英也遭遇同樣的殺害。

　　提到臺灣近代史上的這件悲劇，我們深感痛心。我們切望這種悲
劇不在臺灣重演。我們切望能轉變這悲情社會，成為臺灣人與外省人
真正彼此相愛、和平相處的溫情社會。

　　因此我們呼籲，國民黨政府能拿出勇氣，向受害者道歉，平反冤
屈，安慰受難者家屬，釋放政治犯並停止一切政治迫害。

　　我們也呼籲被害者能從心底赦免加害者，而全臺灣的人民一致來
促使2月28日成為「公義與和平紀念日」。

　　臺灣，這塊島嶼是創造宇宙萬物的真神賜給我們的故鄉。我們是
臺灣的主人，我們應基於仁愛與公義，來建設臺灣成為世界最光明、
最美麗的國家。為要完成這個偉大的使命，我們急需一群具有偉大心
靈的人。我們在這裡要稱這種心靈為「臺灣魂」。

（一）**不怕苦難**：有臺灣魂的人是有勇氣的人。為真理、為同胞，他
　　　們不怕被打、被誤解、被關牢、被沒收財產、被殺害。他們
　　　只專心一意要使臺灣全體人民活得有尊嚴，並在國際上受眾
　　　人尊重。

（二）**伸張正義**：有臺灣魂的人是有正義感的人。他們願意冒生命
　　　之險來抗拒不義，願意「以善勝惡」（羅馬書十二章21節）。
　　　他們確信「正義使國家強盛，罪惡是民族的恥辱。」（箴言第
　　　十四章34節）

（三）**促進和平**：有臺灣
魂的人是愛好和平
的人。他們願意尊
重異己，也願意在
不同的種族、黨派、
團體間做橋樑，來
促進溝通與有原則
的合作。他們所要
促進的是：基於公

淡江中學校史館展出在美國哥倫比亞大學首位臺灣留學生榮獲哲學博士的林茂生的生平事蹟圖片

義的和平。他們的目的是要使臺灣成為原住民與漢人、早期
的移民與後期的移民共存共榮的多元社會。

（四）**熱愛臺灣**：有臺灣魂的人是認同臺灣並敢大聲說：「我愛臺灣」
的人。他們要紮根於臺灣，使臺灣真正成為民有、民治、民
享的國家。他們也要使在臺灣的每一個人，真正活出人性的
尊嚴。

（五）**熱愛人類**：有臺灣魂的人是肯定
自己也是世界公民的人。他們有
「四海之內皆兄弟」的寬闊胸懷，
也有世界大同的眼光。他們要通
過仁愛、公義、智慧與一切力量，
促進人類的正義、和平與進步。
我切望，我們都能培養這種臺灣

淡江中學埔頂二二八蒙難紀念碑，紀念該校董事長林
茂生、校長陳能通、老師黃阿統、盧園、學生郭曉鐘
和校友張七郎醫生父子無辜被害殉難

長老教會為紀念二二八建立新臺灣的公義和平運動的文宣資料

紀念二二八建立新臺灣，民眾高舉臺灣共和國大旗在臺北市街頭大遊行

臺南中會青年在臺南市列隊迎接二二八牽手護臺灣車隊從基隆市出發經臺南市前往高雄市

臺南太平境教會主日學老師站出來，連臺南市廟宇的神明也站出來支持「二二八牽手護臺灣」
的運動往高雄市與南臺灣的墾丁前進

魂，來熱愛真理、熱愛臺灣、熱愛人類。

我又切望，能以這種臺灣魂來驅逐二二八事件的恐怖黑影而建設臺灣成為世界上最光明、最美麗的「新而獨立的國家」來造福同胞，貢獻人類。

二、為臺灣的人權和平祈禱（寫於 1990 年）

創造宇宙萬物的上主啊！

我們感謝祢將人性的尊嚴賜給我們。

愛我們的主耶穌啊！

我們感謝祢，祢曾說「致力人間和平的人有福了，因為上主要稱他們為兒女」。

祢不僅是這麼說，祢更是付出祢的生命與一切來擔當我們人類的罪與苦難。

通過祢的犧牲，祢救了我們，並建立了神與人的和平關係，也建立了人與人的和平關係。

高俊明牧師為人權和平祈禱

主啊！祢要我們每一個人也能如此付出我們的生命與一切來維護每一個人的人權，而建設臺灣成為公義、仁愛、和平所充滿的地方來造福人類。

但是，我們卻違背了祢的旨意而使臺灣變成充滿著罪惡、痛苦、恐怖與污染的地方。

我們懇求祢赦免我們的罪。

今天晚上，我們特別在紀念 43 年前，在臺灣各地所發生的二二八事件。在那不幸的事件當中，許多優秀的青年與社會的精英被

殺害。

　　主啊！我們的心非常痛苦。

　　求祢赦免我們這 40 多年來沒有拿出愛與勇氣來醫治二二八事件所造成之傷痕的罪。

真理的靈啊！

　　求祢賜給我們新的心、新的力量。

　　求祢使我們能除去一切的偏見與仇恨。

　　突破省籍、語言、種族與立場的圍牆，而彼此關懷、彼此體貼、彼此接納、彼此相愛，來建設光明又美麗的臺灣，來促進人類的公義、和平與進步。

　　奉主耶穌基督的名禱告。阿們。

三、一起來建造美好的明天

長榮管理學院第一屆（1997 年）畢業典禮證道辭

證道：高俊明　牧師

整理：杜英助　牧師

　　敬愛的校長、諸位老師、教授、應屆畢業生、家長，大家平安！在此臨時代替臺灣基督長老教會總幹事楊啟壽牧師講道，題目仍然是「一起來建造美好的明天」，我覺得這

題目非常美！因為我們今天很高興，看見畢業生完成了 4 年的課業，就要畢業了。但畢業不是結束，畢業是新的開始，是要向著明天、更美好的世界，獻出所有的才能，來建設美好的國家、社會、世界。剛剛所讀的聖經提到，耶穌在被出賣以前，對祂的門徒說：「我來不是要受人服事，乃是要服事人。」所以祂拿起毛巾和水，自己成為僕人的樣式，親自為祂的 12 個門徒一一洗腳，表明祂來到世上：不是要享受，而是要付出；不是要做大人物來被人服務，而是要做僕人來服務眾人。耶穌在世上的時候，非常熱心傳揚天國的福音，叫人認識宇宙中有一位真神，就是創造宇宙萬物，真、善、美的源頭的神。祂也對人說，每個人都是上帝的傑作，每個人也都有尊嚴，即使身體不完全，或者家境不好，每個人都一樣是有尊嚴的人，都是具有特別使命的人。所以我們不要以為，人生結束就結束了。耶穌讓我們知道，人生不斷的都在開始，而且人生結束、死亡之後，我們還要進入另一個新的人生。所以我們要好好地做人，而其中最重要的精神，就是要服務眾人，付出自己所有的一切，來愛眾人。而在愛眾人之前，我們要愛那看不見的真神、愛真理，才能夠愛看得見的眾人。

根據這段聖經，以及一些其他的信息，我要與大家分享三件事。第一件就是「**用信仰來建造更美好的明天**」。我們要建造一個更美好的明天，就要用信仰！在 100 多年前的清朝時期，有一個土匪頭叫做李柺，他有很多的部下，他常常帶著部下到別的部落去殺人、放火、搶劫，可以說是無惡不作。但是有一天，李柺聽到耶穌救人的福音，知道耶穌是全人類的救主，醫治病人，在人群中做出許多愛人、公義的事情，但是到最後為擔當全人類的罪，被釘在十字架上。祂在十字架上仍要叫人認識天父上帝。祂在極端的痛苦中，仍然祈禱說：「父啊！求祢赦免這些逼迫我、把我釘在十字架上的人。」這就是充滿愛

附錄一　高俊明牧師証道言論集

心的福音！所以李梣深受感動，覺得自己的人生真是羞恥，都是在害人、破壞社會、破壞家庭，這樣不對！李梣就決心離開罪惡的行為，他對部下說：「從今天起我不再當土匪，請你們也要做正經的人，一起貢獻社會。」那一天李梣就回到家鄉，開始開墾他父親所留下的土地，並將土地的出產拿去賣。看到貧窮的人，就免費送菜給他們。這就是李梣——信耶穌、被耶穌改變成為一個完全新造的人。他的人生原來是完全利己主義的，自己好就好；信耶穌之後，信仰改變了他，變成為自己受苦也不要緊，卻要愛眾人，表明是信上帝、有信仰的人，這就是李梣的改變。改變後的李梣常於禮拜六在街上傳福音。有一位黃先生全家聽到李梣講的福音，也看見他的改變，因而受到感動，就信主耶穌。黃先生的兒子當時才 8、9 歲，但李梣的信仰與愛心也感動他，這孩子後來成為長榮中學的學生，而後進入臺南神學院受造就。他的頭腦很聰明，到許多地方傳福音，很多人都很喜歡聽他用先人的歷史故事來證道。後來他成為臺灣基督長老教會總會第一任議長，這就是黃武東牧師。擔任議長之後，他又被選為第一任總幹事。黃牧師為臺灣眾人的靈魂得救而努力，退休後又擔任臺灣基督教福利會主任，為貧窮的農民、漁民、勞工來付出許多的心力，造福眾人。由此可見一個人有信仰與沒有信仰的差別，主耶穌要我們每一個人都成為有信仰的人，信靠創造宇宙萬物的真神、愛真神。所以我們若要共同建造更美好的明天，就都要有信仰。

第二件事就是**要有才能**，「**用才能來建造更美好的明天**」。我們大家很熟悉史懷哲，他自幼便很認真的學習管風琴，大學畢業後又繼續攻讀博士課程，拿到哲學博士的學位；後來他覺得人生很重要的事便是傳揚真實的、救人的福音，於是他進入神學院，拿到神學博士學位；此時，他覺得不能只用言語來教導別人認識真神，更應該用行動、

長榮大學（原長榮管理學院）首期行政與教室綜合大樓，以及學生宿舍全景

用生活，所以他再進入醫學院研究醫學，又獲得醫學博士學位。他一共獲得三個博士學位：哲學博士、神學博士、與醫學博士，同時他也是歐洲當代最著名的管風琴家。雖然有這些成就，但他認為：身為一個基督徒，在這世上不是要享受家庭幸福，而是要為人洗腳，是要做為眾人的僕人。於是在他取得醫學博士學位之後，就決心到非洲中部的蘭巴倫，服務當時因為貧困而無法就醫的眾多非洲黑人。史懷哲生涯中的 50 年之久，犧牲自己的青春與一切，在非洲服務，當醫生、牧師、音樂家、造福非洲的黑人。今天，很希望我們從現在開始，一起用「才能」同心來建設一個美麗的明天。

　　第三件事就是「**要用愛心來建造更美好的明天**」。主耶穌來到人間，成為眾人的僕人，醫治許多病人，並做罪人的朋友，使他們能夠悔改，重新獲得新生；祂是一個充滿愛心的人，祂的一切作為都是以愛心為出發，祂這樣的愛心也影響許許多多的年輕人，使年輕人決

效法耶穌為門徒洗腳，高俊明牧師為畢業生代表做洗腳禮

心跟隨耶穌服務眾人、愛眾人、願意做眾人的僕人。在臺灣，有一位很著名的牧師，叫做謝緯牧師，他同時也是一位醫生，是曾經到日本留學、到美國深造的優秀醫師。他充滿著對耶穌的信仰和愛心，在 4、50 年以前，便常常進入深山，為原住民服務。那時候到原住民的部落，必須步行 3 小時、5 小時，甚至 7 小時，背著沉重的藥品、器材，十分辛苦。但他仍然因為愛這些原住民，就喜歡背醫療重擔去走那麼長的路途。白天他為原住民看病，晚上他便傳播耶穌基督的救人福音，於是原住民中信主耶穌基督的人越來越多；今天 10 個原住民當中大約有 7 個是基督徒，我想謝緯牧師的貢獻是很重要的。但他不只愛原住民，也非常關懷臺南縣北門嶼烏腳病的病人；他每個禮拜都到北門嶼醫治烏腳病的人；不僅如此，他也非常關心二林罹患小兒痲痺的小朋友，也常常去醫治他們。他的愛心，得到眾人的讚譽，所以長老教會總會推選他為總會的議長。他雖忙碌於教會行政，但仍然忙於傳播福音與醫療的工作。有一天，他實在很忙，身體很疲倦，仍掛念著當天必須去二林醫治小兒痲痺的孩子，就自己開車去；但因為他太過於疲勞，在途中撞到了路邊的大樹而去世。他的一生如此令人懷念，便是因為他充滿基督的愛心。不只他有這樣的愛心，他的夫人也是一位醫師，也很有愛心、有信仰。她的丈夫意外去世，她卻更加愛真神、愛眾人，就奉獻了幾十

甲土地，來建設青年營地，讓國際或咱臺灣國內的青年能在那裡受造就，這就是謝緯牧師、牧師娘的愛心。

今天我們有決心要建設更美好的明天，建設更美麗的臺灣，建設更榮美的世界，希望我們每一個人都能**用信仰、用才能、用愛心**來建設這麼美麗的地方。願上帝賜福我們每一個人。謝謝！

四、1977 年世界歸正教會聯盟（WARC）聖經研究參考資料

為 1997 年的世界歸正教會聯盟 WARC 寫 8 篇聖經研究用的參考資料英文稿。

Translation of Is 58.1-12

Paraphrase of Is 58.1-12

Day 1: Cry out, lift up your voice

Day 2: The fast that I choose

Day 3: Break every yoke

Day 4: Bread with the hungry

Day 5: Your healing shall spring up

Day 6: The Lord shall answer

Day 7: Your light shall rise

Day 8: Like a watered garden

Dr C.M. Kao (Taiwan) has served as Principal of the Senior Citizen's College since 1989. A graduate of Tainan Theological College, he served as Principal of Yushan Theological College for 13 years and as General Secretary of the Presbyterian Church in Taiwan for 18 years. He was a prisoner of conscience in Taiwan for 4 years 3 months; see *Testimonies of Faith: Letters and poems from prison in Taiwan,* Studies from the World Alliance of Reformed Churches 5 (Geneva: WARC, 1984).

Prayer before Bible study
 Speak to us through your Word, O God.
 Cause us to trust and to obey
 and in so doing to find that lasting peace and justice
 which is your will for us and all your creation.
 We pray through Jesus Christ our Lord,
 Amen.

" Cry Out, Lift Up Your Voice "

Tell our church about its sins

It is very important for our church to speak of its sins before we ask others to repent. The prophet Isaiah was asked by the Lord to tell God's people, Israel, about their sins. The Christian church is a community of God's chosen people. But we often forget that we are forgiven sinners. We have to search our own hearts and repent of our sins constantly. There is no perfect church in the world. It is very dangerous for the church to become full of contempt and seek to justify itself. It is also very dangerous for our worship to become formal and stagnant, losing the spirit of new life, new vision and new dedication.

In its early days, the Presbyterian Church in Taiwan (PCT) was totally dependent on our mother churches in England and Canada. The early missionaries taught us that it is wrong to be always a 'receiving church'. So our church tried hard to be a self–reliant church. Today, we have reached this goal and are learning to be a 'giving church'.

In those early days, our church in Taiwan did not show much concern for social justice and human rights issues. Since 1971, when Chiang Kai–shek's regime in Taiwan was expelled from the United Nations and the People's Republic of China (PRC) was accepted by the UN as a member, our church has deeply felt the crisis of Taiwan. The great majority of our church leaders said that it was wrong for our church to keep silent when all the inhabitants of Taiwan were facing a crisis of human rights. Consequently the PCT published its 'Statement on our National Fate' and asked all Christian churches, nations and governments to respect and protect our country's right to determine our own destiny. Our church believes that all people are created in the image of God; it is also our mission to protect everyone's human rights and dignity from any kind of oppression and invasion.

We should always be sensitive to our own church's sins, and courageously ask our church for true repentance and reformation.

The victorious God (Psalm 98)

Our God is a victorious God. By his own power and holy strength, he has won the victory (v.1b) So, we should sing a new song to the Lord. God rules the world with justice and fairness. With his love and justice, he will win the final victory. Jesus said, 'The world will make you suffer. But be brave! I have defeated the world.' (Jn 16.33)

In 1995 the PCT celebrated its 130th anniversary. During the 130 years of our church history, both the Manchurian Government and the Japanese Government disappeared from Taiwan, while the present ruling party, the Republic of China (ROC) Government on Taiwan, was expelled from the United Nations in 1971. The political situation changed year after year, and our church met many difficulties and persecutions. Nevertheless, by the grace and guidance of the Lord, our church still exists and continues to grow step by step.

Constant prayers

Jesus told us to pray always and never become discouraged. When we discover our church's sins and iniquity, we should not despair. God is a righteous God, but at the same time he is a merciful God. If we confess our sins sincerely, God will forgive us, and strengthen us.

Questions

1. What kind of sins and weak points do you see in your church? Lack of faith, love, vision, justice, evangelism, actions...?
2. How is your church showing deep concern for oppressed people, human rights, social justice, the poor, the handicapped...?

C.M. Kao

"The Fast That I Choose"

The fast that God hates

To fast and pray is a very important task of God's chosen people. However, Isaiah says God hates the kind of fasting offered by those who simultaneously pursue their own interests, oppress workers, quarrel and fight. God said, 'It's useless to bring your offerings, I am disgusted with the smell of the incense you burn. I cannot stand your religious gatherings; they are all corrupted by your sins. When you lift your hands in prayer, I will not look at you. No matter how much you pray, I will not listen, for your hands are covered with blood.' (Is 1.13–15)

The fast that God loves

Jesus said, 'When you fast, do not put on a sad face as the hypocrites do.

257

附錄一　高俊明牧師証道言論集

When you go without food, wash your face and comb your hair, and your Father, who sees what you do in private, will reward you.' (Mt 6.16–18)

When we fast, it is not so others can see and praise our pious deeds, it is to bring us closer to God, confess our sins and ask for forgiveness. We also fast and pray for the suffering people here and there.

Several years ago when I was suffering in a prison cell as a prisoner of conscience in Taiwan, many Christians fasted and prayed for me. The Lord gave me strength and courage to overcome the difficulties I faced in the prison. The Lord surely will answer our sincere fasting and praying.

A pure heart

There is no perfect person in the world. Everyone commits sins. It is very important to have the courage to confess our sins before God. We need to repent, ask God to create a pure heart in us, put a new and loyal spirit in us, and give us new life through Jesus Christ to lead a God–centred life in this world.

About a hundred years ago, there was a well–known bandit in Taiwan called Lee Koai. As the leader of a group of bandits, he committed robbery, rape, murder and did many bad things. One day he heard the gospel of Jesus Christ and became deeply aware of his own sinfulness. After a period struggling within his heart, he finally confessed his sins, repented and became a new person. He went back to his native village and became a farmer. Every Saturday he preached the gospel to the villagers and led many people to the Lord.

A boy called Ng Bu–Tong and his parents were deeply impressed by the wonderful change in Lee Koai and the gospel of Jesus Christ he shared, so they became Christians too. Many years later, Ng Bu–Tong became a pastor. He was even elected by the PCT General Assembly as its first Moderator and later was also elected to be our first General Secretary! He served our church and society whole–heartedly and greatly contributed to our people in Taiwan.

Let us pray that God will break the chains of injustice in our own hearts and give us pure hearts before we break the chains of injustice in our society.

Questions

1. What kind of hypocrisy have we to repent of as church leaders?
2. What kind of spiritual renewal and reformation do we need to experience today to break the chains of injustice?

C.M. Kao

高俊明回憶錄

"Break Every Yoke"

Remove the chains of oppression

God said, 'The kind of fasting I want is this: Remove the chains of oppression.' When the Israelites were suffering in Egypt as slaves, God spoke to Moses from the burning bush, 'I have seen how cruelly my people are being treated in Egypt, I have heard them cry out to be rescued from their slave drivers. I know all about their sufferings, and so I have come down to rescue them from the Egyptians and to bring them out of Egypt to a fertile and spacious land, one that is rich and fertile...' (Ex 3.7–8)

Here the Lord said he has seen their suffering, heard them cry and knows their agony, so he came down to save them from their slavery. Have you seen the suffering of your people in your country, heard their cry, known their agony and attempted to rescue them from oppression?

Taiwan has been under foreign regimes for four hundred years. Our people have suffered very much as second–class citizens. Our human rights and human dignity have been denied in many ways. For example, about 20,000 members of the Taiwanese elite were massacred in 1947. Many people in Taiwan want it to become an independent country and to join the United Nations. But China has said repeatedly that if Taiwan dares to declare independence, it will attack Taiwan with its troops immediately. Over the years, the Presbyterian Church in Taiwan published several statements on this question. We asked Christian churches and nations to support the self–determination and independence of Taiwan. We received affirmative responses from some overseas churches, but at the same time our church met political persecution. Some of our church leaders, including myself, were arrested and suffered several years of imprisonment. Nevertheless, by the grace of God, our church is still trying to remove the chains of oppression from our people in Taiwan.

Break every yoke

The psalmist of Ps 146 says God cares and helps the oppressed, the hungry, the prisoners, the blind, widows and orphans, etc. God breaks every yoke and saves people from their afflictions.

God is the creator of our soul, mind and body. He wants us to do everything we can to keep everyone's soul, mind and body in the most healthy condition.

Many years ago, there was a bad custom in Taiwan to buy young girls from their poor families and treat them as slaves. They worked hard, ate little, slept little, and suffered very much. There was a Christian doctor who was very kind and merciful. He redeemed one such girl, treated her like his own daughter and educated her in some good schools. Later, she married and gave birth to three children, of whom one became a Christian doctor, another married a professor and the third became a capable engineer. This is a good example of breaking the yoke of the suffering.

Forgiveness of sin

Sin is a very heavy yoke. If your sin is not forgiven, you will suffer throughout your life. If you confess your sins and repent, then you will experience the joy of forgiveness.

Jesus saw a sinful woman and also saw her greater love towards the Lord, through her true and sincere confession of sin. Jesus said to her, 'Your faith has saved you, go in peace.'

Questions
1. What yokes of oppression do you see in your country and the world?
2. What is your church doing to break the chains of sin, injustice and suffering in your country and the world?

C.M. Kao

"Bread With The Hungry"

Share bread with the hungry

God said, 'Share your food with the hungry' (Is 58.7) Jesus also said, those who fed the hungry, gave drink to the thirsty, received strangers to their homes, clothed the naked, visited the sick and prisoners will surely possess the kingdom that God has been preparing for them ever since the creation of the world (Mt 25.31–40). Jesus himself fed five thousand men and many women and children with five loaves and two fish; he also fed four thousand with seven loaves and some small fish (Lk 9.10–17; Mt 15.32–38).

God created many foods for people to eat and thus to live, and to love each other. Yet we usually use the food and material possessions in a very selfish way. Consequently, some people are gaining too much weight and many people are suffering from starvation.

Specialists tell us, if we *provide* food according to everyone's needs, then we would have enough food for all human beings to keep healthy. Through God's love we have enough food, but it is our human selfishness that causes many people to starve. Someone said, 'Bread for yourself is material, but bread for others is spiritual.'

Be a good shepherd

God says that he will become the enemy of Israel's shepherds. Why? It is because of their selfishness. 'You drink the milk, wear clothes made from the wool, and kill and eat the finest sheep.' (Ezek 34.3) So, God will take the sheep back and take care of them himself. 'I will look for those that are lost, bring back those that wander off, bandage those that are hurt, and heal those that are sick.'

God wants all of us to become good shepherds, good church leaders, dedicating our lives, time, money, talents and everything to protecting the sheep from cruel beasts. He wants us to feed them with the green grass of the Word and the living water of the Holy Spirit.

Offer the sacrifice of thanks

The psalmist says, 'Let the giving of thanks be your sacrifice to God' (Ps 50.14). A thankful heart is very important for us if we are really to serve the hungry and the homeless poor. To love and serve means to suffer and sacrifice for others. Without a thankful heart to the Lord for his saving grace on the cross, we can never accomplish our mission of love to the suffering and the sinful.

Many of the missionaries to Taiwan were persecuted, misunderstood and suffered very much in the early time in our church history. However, they endured everything, and built hospitals, a colony for lepers, schools for the youth, orphanages for the parentless and churches for the lost. Why? Because they had thankful hearts to the Lord for his sacrificial love.

Questions (Jn 16.20)

1. What is your church doing for the starving, the homeless, the poor, single parents, prostitutes, or senior citizens, in your country and abroad?
2. What else can we do for the suffering people?

C.M. Kao

"Your Healing Shall Spring Up"

The wilderness of human lives (Is 35.1)

Many people around us are suffering for various reasons and these sufferings are making their lives akin to a wilderness and dry land, a place where no flowers blossom, where no springs and rivers flow, where snakes and wild animals attack people.

When people meet calamities and disasters, their lives become something like that. The flowers of joy, happiness, and love will all fade away and wither. The springs of hope and strength will all dry up. Despair and even hatred attack their souls like snakes or wild beasts and destroy their lives.

All around us there are people going through a wilderness experience. Some are suffering from diseases like cancer and AIDS, others from poverty, bankruptcy, divorce, racial discrimination, the death of loved ones, or the consequences of the crimes or sins they have committed.

God will make the wilderness rejoice and blossom

By the grace of God, 'the wilderness and the dry land shall be glad, the desert shall rejoice and blossom as the rose' (Is 35.1).

In the Old Testament time, God rescued the Israelites from more than four hundred years of slavery in Egypt, led them across the Red Sea and the wilderness, and enabled them to defeat many enemies, to overcome many difficulties and to build up their own country.

In the New Testament time, Jesus gave sight to the blind, healed the paralysed, forgave sinners and gave them eternal hope and everlasting life.

Today, the Lord is also merciful to us, and will make the wilderness of our lives rejoice and blossom like the rose, and let our healing spring up.

Let their healing spring up (Is 58.8)

In December 1979, many human rights leaders were arrested and imprisoned in Taiwan. Among them there was a lawyer called Lin Yi-Shiong. On a day when Mr Lin and other human rights leaders were standing trial in the military court, his mother and twin daughters were brutally murdered, while their eldest daughter was seriously injured and left in a critical condition, fighting for her life. To this day the murderers, who entered their home in broad daylight while it was under police surveillance, have not been caught.

When Mr and Mrs Lin learned about this cruel tragedy, they were deeply shocked and fainted several times. While many people felt sorry for them, few dared openly to share in their deep sorrow or to express their love and concern for them during such a dangerous time of political unrest and persecution. Only a couple of Christians and pastors visited them, prayed for them and comforted them throughout their ordeal. Some years later, due to the loving ministry of those few courageous Christians, they became wonderful followers of Christ.

Today, their house that was the scene of so much sorrow and darkness is a church of joy and light. In recent years Lawyer and Mrs Lin have been actively serving our people as top leaders in the fields of human rights, education and culture. They also built and dedicated a seven–storey library for the people in Taiwan. This couple is respected by many people for their example and great contribution to healing the wounded society of Taiwan.

Questions

1. Is your church practising 'whole person healing' that includes the healing of Spirit, mind and body?
2. Is your church trying to make your community and country a just, peaceful and healthy place? How?

C.M. Kao

"The Lord Shall Answer"

Pray with hearts and actions

We pray 'Thy kingdom come, thy will be done on earth, as it is in heaven.' Often we don't really mean it or we just say it with our lips as a slogan and not with our hearts and actions.

Jesus said, 'Not everyone who calls me "Lord, Lord" will enter the kingdom of heaven, but only those who do what my Father in heaven wants them to do.' (Mt 7.21) Isaiah criticized the hypocrites and said, 'No matter how much you pray, God will not listen, for your hands are covered with blood—learn to do right. See that justice is done, help those who are oppressed.' (Is 1.15, 16)

God wants us to pray with our hearts and actions. How can we pray with actions? If our prayer is sincere and heartfelt it will become our deeds. When we teach, we will teach people to love God and do justice. When we do business, we will do it with love, wisdom and sincerity. When we rest, we will pray God to

附錄一　高俊明牧師証道言論集

263

give us new strength and new vision. Our whole life will become a continuous prayer that seeks and reflects God's love and justice in our society.

God will answer our prayer

When we feel helpless and weak, we should pray sincerely, then God will answer our prayer. He will answer our prayer at the best time and in the best way. Sometimes God's ways are quite different from our ways, and it is difficult for us to wait for his time. We have to believe God and wait for his answer.

Job was a righteous person who worshipped God, and was faithful to him. Job said, 'I will have always acted justly and fairly, I was eyes for the blind, and feet for the lame, I was like a father to the poor, and took the side of strangers in trouble, I destroyed the power of cruel men and rescued their victims.' (Job 29.14–17) God allowed Job to be attacked by Satan, lose his ten children and all his property, and even be severely criticized by his best friends for a long period.

It seemed God was not caring for Job and not hearing his prayers. Finally God answered and asked Job some questions. Then Job humbly acknowledged the wisdom and greatness of God, and repented of his wild and angry words. Through this trial God trained Job and made Job more mature in his faith and personality. Then God blessed Job, gave him ten children again, doubled his property and made him a great comfort to many people throughout the world.

God's way is the best way

In the 1980s the Presbyterian Church in Taiwan suffered political persecution, and some of our church leaders (including myself) suffered imprisonment. Many Christians in Taiwan as well as in many countries throughout the world prayed earnestly and constantly for the improvement of human rights conditions in Taiwan.

For some years we could not see any changes in our society. However, through the sacrificial efforts of many human rights leaders, God changed the human rights situation in Taiwan step by step. All political prisoners were released. Martial law was finally lifted and abolished after forty years, one of the longest periods of martial law in world history. Many of our church's suggestions regarding human rights and national dignity are now accepted by the government as its policies. And our church is growing step by step both in quality and quantity by the grace of God.

With even stronger conviction I reaffirm the poem, 'God's Way is the Best Way', which I wrote when I was in prison:

> **God's Way**
>
> I asked the Lord for a bunch of fresh flowers
> but instead he gave me an ugly cactus
> with many thorns.
> I asked the Lord for some beautiful butterflies
> but instead he gave me many ugly
> and dreadful worms.
> I was threatened,
> I was disappointed,
> I mourned.
> But after many days,
> Suddenly,
> I saw the cactus bloomed
> with many beautiful flowers,
> And those worms
> became beautiful butterflies
> flying in the Spring wind.
> God's way is the best way.
>
> *God's Way © 1982 C. M. Kao*

Questions

1. Do you pray constantly for yourself and your family, your friends and your enemies, your church, your country and the world? For justice, peace, disarmament, an end to nuclear testing, etc.? Have you received an answer or are you still waiting? Do you continue to pray with patience and faith?

C.M. Kao

"Your Light Shall Rise"

Remove the darkness from our hearts

The Lord said, 'Put an end to oppression, contempt, and evil word.' (Is 58.9) We are people who have dark hearts and live in dark societies. If we want to become the light of the world, we have to ask the Lord to remove the darkness from our hearts.

The Bible says, 'All have turned away from God; they have all gone wrong; no one does what is right, not even one. Their words are full of deadly deceit; wicked lies roll off their tongues, and dangerous threats, like snake's poison, from their lips; their speech is filled with bitter curses. They are quick to hurt and kill; they leave ruin and destruction wherever they go.' (Rom 3.12–16)

Even among Christians we have racial discrimination, we criticize other denominations, we oppress those who are against us and oppose us. We really need the Lord to remove the darkness from our hearts.

Arise and shine

Jesus is the true light of the world, he is shining with the light of justice, love and truth. Jesus wants us to reflect his light, and shine like the sun before people with love, justice and sincerity.

In male–centred societies, many women are suffering from domestic violence, unfair treatment and unfair opportunities. Many farmers, fishermen, labourers, foreign workers are waiting for us to do them justice.

Many child prostitutes are suffering like slaves in some countries of South East Asia. They are waiting eagerly for the days of liberation.

Many old people, indigenous people, mentally and physically limited people etc. are despised, neglected and continue to lead hard and suffering lives.

It is in these kinds of dark and miserable societies we are called by the Lord to 'Arise and shine' with love, justice and sincerity.

Shine for the world

There are many people suffering for different reasons in the world. We have to shed the light of love and justice for them. In Taiwan our church has four large hospitals in four major cities. Through these hospitals we serve about 15,000 patients every day. We also have many service centres for fishermen, students, workers, farmers, aboriginal people, old people, disabled people etc.

We also have other organizations, such as family counselling centres to help those with domestic problems, Life Lines that help people with suicidal tendencies, the Women's Development Centre that helps women in distress, the Rainbow Centre that helps with prevention and rescue work among prostitutes, Credit Unions that help people to save money and use it in constructive ways, etc.

Through these services we believe we can shed the light of love and justice on our people in Taiwan. The more we serve, the more we feel our service by itself is not enough. In 1960s our church invited the Methodist Church, the Episcopal Church, the Lutheran Church, the Roman Catholic Church, the YMCA, the YWCA, the Bible Society, Theological Colleges, World Vision, etc., to come together in the 'Ecumenical Cooperative Committee in Taiwan,' which is now known as the National Council of Churches in Taiwan. We share our wisdom and our experiences of evangelism and social service with each other and find it very helpful.

Questions

1. How does your church reflect the light of God in your country and the world?
2. How do you reflect the light through your daily life?

C.M. Kao

"Like A Watered Garden"

If we accept Jesus Christ into our hearts, and love God and people whole–heartedly, then the Lord will surely bless us all. God will make our hearts like watered gardens where the flowers of 'love, justice, peace, patience, kindness, goodness, faithfulness, humility, and self–control' (Gal 5.22) blossom.

There is in Taiwan a young man called Chen Chin–Siong who belongs to the Tsou tribe. When he was a baby his father died, and several years later his mother married again. So he was adopted by his uncle and lived with his uncle as one of his own sons. Chin–Siong became a very skilful bamboo craftsman, and his uncle was very happy with him.

One day Chin–Siong heard the Gospel of Jesus Christ and was so deeply moved by the message that he became a Christian. After a period of time he felt the call of God and was determined to study in a seminary to become a pastor. However, because of this decision, he was driven out of the home by his uncle. He and his wife became homeless; at that time his wife was pregnant and they suffered very much. Chin–Siong endured everything, worked hard, graduated from Yushan Theological College and became a wonderful pastor. By the grace of God he forgave his uncle and loved him whole–heartedly. Eventually his uncle became a Christian!

Chin–Siong also organized a children's choir and several years ago, they won a grand prize in a national contest. This soldier of Christ loves the Lord and people whole–heartedly and God made his heart a beautiful garden.

The Kingdom of God

God will create a new heaven and a new earth for all people who really love him so they may live there eternally. The Kingdom of God is more beautiful and wonderful than the garden of Eden. The Bible says, 'We wait for new heavens and a new earth in which righteousness dwells.' (2 Pet 3.13) The Bible also says, 'God will wipe away all tears from their eyes. There will be no more death, no more grief or crying or pain. The old things have disappeared.' (Rev 21.4)

Yes, God will bring into being new heavens and a new earth, full of truth, love, justice, joy, beauty, life, hope... There we will live with God and all who are forgiven by the Lord, for all eternity.

Build gardens

Looking forward to the coming of a new heaven and a new earth, we should re–acknowledge our mission entrusted us by the Lord.

Our mission is first to accept the Lord into our hearts and make them watered gardens. And then do everything we can to build our homes, churches, communities, countries and the world, so they too may become watered gardens filled with the flowers of love, justice, truth, peace and hope.

It is very difficult to promote mission and we will surely face many difficulties and suffer persecution. Nevertheless, we should move forward courageously with the following Bible passage: Jesus said, 'Blessed are those who are persecuted for righteousness sake, for theirs is the kingdom of heaven. Blessed are you when men revile you and persecute you and utter all kinds of evil against you, falsely on my account. Rejoice and be glad, for your reward is great in heaven, for so men persecuted the prophets before you.' (Mt 5.10–12)

Question

Have you ever met any difficulties or suffered persecution when you were serving and reforming your church according to God's will, or trying to build a just, peaceful and beautiful society? How did you overcome these problems?

C.M. Kao

五、做得勝的人

長榮管理學院 2000 學年度畢業典禮證道詞

證道：高俊明　牧師
整理：杜英助　牧師

　　敬愛的兄弟姐妹，大家恭喜！今天在我們中間有這麼多優秀的畢業生、我們的學園長、我們的董事長、董事、老師、來賓、我們的家長都一起聚集在這個地方，我感覺這是我們每個人的喜樂、我們每個人的光榮，在這中間，我也跟大家來分享這一份喜悅。

　　今年就是主後 2000 年，我們也叫做公元 2000 年，就是紀念主耶穌在 2000 年前出生。今年我們選出新的總統，組織新的政府，進入新的時代。記得陳水扁總統當選之後第 3 天，來訪問臺灣基督長老教會總會事務所。當他要進來事務所時，很多人在大門口向陳總統說：「總統好！總統好！」但是陳總統對我說：「不用叫我總統，叫我阿扁就好，叫我阿扁就好。」我感覺這真是一個新的時代。假使在蔣介石做總統的時候，我們也叫他蔣介石，那麼我們就犯了不敬罪。在那時我們就要受刑、受難、受苦。當陳水扁總統到總會事務所時，他向我們講：「我的目標就是要讓臺灣成為信、望、愛的一個國家。」我們聽到這話很高興，因為這就是新約聖經所講的現今常存的有信仰、有盼望、有仁愛。所以陳總統說：「很盼望臺灣人在上面能夠敬愛天

父上帝，創造宇宙奧祕的真理；在地面上大家能夠有信仰，也能時常有盼望、有愛心。」所以諸位，我感覺我們仍要支持這個新的總統、新的政府來建設臺灣，讓臺灣變成為信、望、愛的一個國家，這樣才能讓臺灣成為世界第一流的國家。剛才在我們所讀的聖經裡面，主耶穌說：「在世上你們有苦難，但你們可以放心，我已經得勝了世界。」在這裡我要分三項和大家一起分享。

頭一項就是**苦難**。我們每個人在世上都有很多苦難。我們畢業後不是就成功了，不是就勝利了，在我們面前將會遇到種種的困難。我在 5 月 20 日參加陳水扁總統的就職典禮，讓我很感動的事情就是今天做總統的陳水扁總統，他在很多年前也是受到政治迫害，坐過牢的人。他的夫人也受到政治迫害，本來很有勇氣、很有元氣，但是後來變成殘障，這就是人生的苦難。我們也看到呂秀蓮女士做副總統，但是呂秀蓮女士在 20 年前發生美麗島事件的時候，她也是被人抓去關 7、8 年的一個人。這些人在世上都有遇到許多不同的苦難。我們從這裡出去，多少仍會遇到種種的苦難，有時事業失敗；有時家庭裡面起風波、沒有平安；有時候在我們人生當中會遇到生病、種種不吉利的事情。這些事情都會讓我們瞭解在這個人生當中確實有種種不同的苦難，這是頭一項。

第二項就是**勇氣**，在聖經裡主耶穌說：「在世上你們有苦難，但你們可以放心。」這個放心在英文聖經裡翻譯作「brave」，「brave」這個意思就是說你要勇敢。我們的人生會遇到苦難，但是盼望我們能勇敢來贏過這些苦難。然而在人生中不是只有這些苦難，也有種種的引誘。錢的引誘，色的引誘，各種的引誘，我們每個人仍然要贏過這些引誘迷惑，這樣才對。此外，我們也要贏過死亡的恐懼來進入永遠的生命。耶穌雖然為我們釘十字架而死，但祂又從死亡中復活，祂就

是贏過死亡、偉大的神人。所以今天我們每個人仍然都要像主耶穌，贏過苦難、贏過引誘迷惑。

第三項，最後一項就是**得勝**。我們的人生會遇到各種苦難，但是我們如果能夠依靠這位創造宇宙奧秘的真神和人類的救主——耶穌基督，耶穌基督就會幫助我們，讓壞人變成好人，好人變成更好的人，讓我們失敗的人變為成功的人，讓我們絕望的人變成有盼望的人。所以在這種情況中，我們盼望每個人都能夠實實在在依靠真神，依靠主耶穌來變成勝利的人、得勝的人。

4、5 天前我去訪問彰化基督教醫院，在那裡我和醫院的院長黃昭聲醫師見面。在那裡我看到他是一個有信仰的人、有盼望的人、有愛心的人。他很愛這裡的患者，所以他做院長以後，很認真來經營彰化基督教醫院。10 年前他當院長，那時候彰化基督教醫院還是一間小型醫院。在過去 10 年間，他在南郭蓋了一棟地上 10 層樓、地下 5 層樓的大醫院。完成後又進入第二期的大樓建設，仍然是地下 5 層樓、地上 10 層樓的高樓。後來又進入第三期更大的醫院建設：地下 5 層樓、地上有 14 層樓。後來他又在路的對面買 1,000 坪土地，在那兒開始建設中部的醫學中心。我看到他在這 10 年間，遇到很多困難，但是都一項一項贏過這些困難，來建設這麼多、這麼好的醫院。每日對外來的患者，差不多有 6,000 至 7,000 人，每日出入彰化基督教醫院的人，包括醫生、護士和病人的家屬，差不多有 20,000 人。他讓這個小醫院變成大醫院，讓一個不夠完善的醫院變成臺灣受肯定的醫院。我很盼望我們每個人的人生雖然有苦難、有引誘、有病痛，但是我們可以依靠創造宇宙奧秘的真神，依靠主耶穌，讓我們的人生變成得勝的人生。

我們一起來祈禱：愛我們的主耶穌，感謝祢讓我們長榮管理學院

（今日長榮大學）今天有這麼多的畢業生，求主祝福每位畢業生，讓他們堅持信仰，讓他們有活潑的盼望，讓他們每個人有實實在在的愛心，以此來建設臺灣，讓臺灣成為信、望、愛的一個國家，來造福許多人，來榮耀祢的名，我們這樣祈禱，奉主耶穌的名。阿們！謝謝大家。

六、沙漠中的玫瑰花

長榮中學第七、八任校長交接典禮暨感恩禮拜證道詞

講道：高俊明　牧師

整理：杜英助　牧師

敬愛的兄弟姊妹，大家平安：

很高興能夠聽到長中合唱團唱出敬愛上帝那麼美妙的詩歌，我很受感動，水準很高。我也看到臺前擺滿許多美麗的鮮花，我相信每一朵花也是在感謝上帝，使我們的學校天天進步到今天的盛況。我也很感謝上帝，在 27 年前帶領蘇進安校長來本校，使本校從規模很小的學校變成這麼大的學校。今天蔡忠雄先生準備要來接這個很重要的職份，所以今天大家都充滿讚美和感謝的心。

在剛才所讀的聖經說：「曠野和乾旱之地，必然歡喜，沙漠也必快樂，又像玫瑰開花。必開花繁盛，樂上加樂，而且歡呼。黎巴嫩的榮輝，並迦密與沙崙的華美，必賜給他，人必見耶和華的榮輝，我們上帝的華美。你們要使軟弱的手堅壯，無力的膝穩固。看哪，你們的上帝……必來拯救你們。」（以賽亞書 35：1 至 4）這是充滿祝福的一段經文。根據這段聖經，我要與大家來思考三件事：

第一、**人生的沙漠**：在人生中何時會遇到何種痛苦，我們不知道！

記得我在長中讀書的時候，有一個運動選手，無論田徑、跳高，或球類，他都是很好的選手。但畢業後我去讀神學院的時候，我們常常去清風莊探訪病人，就在唱詩與病患分享的時候，我看到這位選手得到肺病，在那裡療養。人生就是這樣，我們不知道何時會遇到何種痛苦。另外一個同學，高中的時候已是柔道三段，又是橄欖球選手，但是在20年前他中風，倒在床上，直到現在，仍需要人的幫助才能移動。所以我們人生有如沙漠，何時會遭到毒蛇的攻擊，我們不知道！一個人的人生如此，學校也是一樣，在學校的歷史我們不知道何時也會遇到這樣悲哀慘境。我記得在28年前，長中在經濟上遇到很大的困難，學生越來越少，全校約有700名學生而已。所以有人對蘇校長說：「你若去長中也許要把長中關閉。」但是感謝上帝！那時我們的董事會說：「長中是臺灣最早的一個中學，絕對不能關閉，一定要再聘請一位很有學識、很有經驗、很有信仰的人來做校長。」因此就決定聘請蘇進安教授來做我們的校長，這就是在27年前長中所遇到的的沙漠時代。那時候長中似乎沒有力量，沒有人，又負債，但是上帝沒有拋棄我們，使我們長榮中學在困難中能夠再爬起來，正如軟弱變強壯，無力的膝變成穩固；因為你的上帝要來，要拯救你。

　　第二、**上帝的恩典**：距今20多年前，我們的學生從700多名漸漸增加到7、8千名，最多增加到9千多人。後來又創設管理學院和幼稚園，一步一步興旺起來。在這沙漠裡面，我們看見上帝的拯救和權能，使我們的學校從小型的學校漸漸成長，從本來狹小的巷道進來，拓寬校門，在校門有花架和噴水池。後來林森路開闢以後，大門變成很大，從大門看到一排一排整齊美麗的教室大樓，實在堂皇亮麗。我們的學校在硬體方面漸漸有這樣的進步，也有校史館、文物館、貝類館、電腦教室、語言教室……等。我們的設備越來越好，使

273

附錄一　高俊明牧師証道言論集

很多人很肯定。因此，很多人很想進入我們的國中、高中，或是幼稚園、管理學院來就讀。這個就是使我們感覺到上帝在我們中間，使學校漸漸成長。此外，又使我們傳統的運動，無論是足球、橄欖球，甚至籃球、桌球、田徑等項有卓越的表現，使人發現到我們的實力。不僅如此，在音樂方面也有相當大的成就，合唱團每次參加比賽都得到冠軍，到國外演唱受到大家讚揚，呈現我們的教育成果……。這就是上帝給我們教會學校的一個恩典。在這裡我很感謝董事會、蘇校長與全體師生的努力。

第三、**像玫瑰開花**。剛才所讀的聖經說：在曠野和乾旱之地也要像玫瑰開花，沙漠地也要開玫瑰花，那麼芳香，那麼美麗。我盼望蘇進安校長 27 年半以來，完成那麼美好的成就，現在要將這麼重要的工作交給蔡忠雄校長，他們兩人在過去 20 多年間就互相合作，一起同心協力來振興這個學校。今後我們的學校一定會像沙漠中的玫瑰花再開得那麼美麗。今日臺灣的社會正如一片沙漠，在這個沙漠中沒有公義、沒有愛心、沒有公德心、沒有關懷別人的心。在這個文化沙漠中，我盼望蘇校長、蔡校長繼續帶動大家，使長榮學園在臺灣像沙漠的社會，在沙漠中像玫瑰花開得很美麗。不但在臺灣，也在全世界，這個地球村中，使長榮成為沙漠中的玫瑰花，顯出我們的香氣，顯出我們的美麗。

今天我在來長中的途中，我讀一本書，叫做《玉川學園》。玉川學園創設至今已有 71 年之久。[3] 71 年前有一個佛教的教育家，後來他受到一個宣教師的影響，成為一個很熱心的基督徒，他就決心要「通過教育來榮耀上帝」，來造福眾人，培養許多人才，使日本的社

---

3 編按：玉川學園於 1929 年成立。

會能貢獻世界和平與人類的得救。因此，在 71 年前他帶動三個老師的家族，和數位學生，總共 10 多人，移民到當時一個像森林的地方，向當地政府租用 2、30 萬坪的山地，建設他夢想中的校地。如今學生已有 10,000 多名，也有通訊學校，又成為北歐體操的代表學校、全世界養蜂最好的學校。這個學園現在有幼稚園、小學、中學、大學和研究所。這是根據全人教育的教育理念，要使每一個學生有很好的頭腦、很美的心、很健康的身體，能夠追求真實、追求真理的宗教信仰，成為有愛心、有正義感、有理想的人，來貢獻社會。所以這個學校的校長，在他有生之日，使這個學校成為非常美好的一個學校。我去那裡好幾十次，每次去那裡訪視、見學，都受到很大的感動。他們又訓練學生組織合唱團，演奏貝多芬的交響樂，又派許多受過日本舞踊訓練的學生，和合唱團到世界各地表演、演唱，傳播日本文化，受到國際上許多國家的肯定。因

高俊明牧師伉儷經常關心母校長中，當他從臺北市遷回臺南市定居的時候，時常抽空回來母校訪問。圖中左起：鄭加泰牧師、高俊明牧師、高牧師娘李麗珍女士、蘇進安學園長、蔡忠雄校長、杜英助牧師

懷約翰牧師伉儷（右 3、4）回來臺灣參加慶祝福音來臺 140 週年紀念活動（2005 年 6 月 16 日）之後，由高俊明牧師伉儷（左 3，右 2）陪同來訪問長中、長女兩校，在兩校之間的長榮路，與蔡忠雄校長（左 2）、蕭福道牧師（左 1）賴勝定先生（右 1）合影留念

此，這個學校教育學生說：「你們要有很好的頭腦，自己知道要計劃研究什麼？」所以老師在學校，就是要幫助學生計劃他們所要研究的課程，指導他們如何去研究：從一開始學生就自動研究學問、熱誠追求真理。所以這些學生對美術、音樂很好。此外，校長又教學生要勞動，每天下午，師生一起去農田耕種，有時施肥，有時犁田，自力更生，自己生產，來維持生活，並有真善美的人生觀。還有，校長主張「聖」，就是要有宗教信仰、健康的身體、追求豐富的人生，不僅是物質上的豐富，更要緊的就是精神上的豐富的人生。這個學園使我們想起我們長榮中學，現在也有幼稚園、中學、大學和研究所，成為像玉川學園的長榮學園，非常希望長榮學園在國際上也能夠與人相比，受人肯定。這樣，我們長榮中學不但是在臺灣能成為沙漠中的玫瑰

花，也能在這個世界的地球村來造福人類。

　　玉川學園的工學院大門，有刻幾個大字，說：「沒有上帝的教育會製造有智慧的魔鬼。」這句話很有意思。我們長榮中學根據「盡心、盡意、盡性、盡力愛上帝，又愛鄰舍如同自己。」這個愛的精神來教育學生。我極盼望長榮中學能成為臺灣第一流的學園，造福眾人，培養許多人才，在臺灣建設信望愛的國家，一生在世界上受人肯定的第一流的國家。要建設第一流的國家，我們一定要培養第一流的人才，盼望我們向這個大目標一起來努力。

七、敬神愛人發揮新生命

高長伯子孫的宗親會　高俊明牧師勉勵親人

◎杜英助牧師整理

臺灣第一個本地人傳教者高長伯的子孫，每年都會舉辦一次高家宗族親睦會，2004 年的宗親會於元月 3 日在長榮中學簡報室舉行，將近 200 名親族由國內外各地來臺南參加。據統計，由高長伯傳下來的後代，到現在已有 1000 多名，歷代輩出牧師、醫生、教師、學者，各行各業的專家，不勝枚舉，對臺灣的教會與社會，貢獻很大！

今年（2004年）高家親睦會感恩大禮拜，由高家出身的名牧高俊明牧師主體，侯良信醫師司會。高牧師以「新生命的生長」為題證道，追憶他們的祖先高長伯，從英國宣教師馬雅各醫生聽到基督教的福音以後，開始過新生活，曉得敬拜天上的上帝。高牧師說：要有新生命過新生活，必須要有從天上來的上帝的力量，喜愛誠心樂意來敬拜上帝，服事上帝！然而要事奉上帝，每人都有自由選擇用什麼方法來表現。約書亞說：論到我和我家，我們必定事奉、敬拜上帝！用生命來服事永生的上帝！因為約書亞有信心、很肯定地向以色列人陳述他的信仰告白，所以全體以色列人很受感動！就跟隨他的腳步，說：你帶領我們進入上帝「應許之地」，我們和我們的子孫，也一定要在這個地方來敬拜上帝！

從約書亞的信仰告白中，我要與各位親人分享三點信息：

1.**脫去舊的生命**：以色列人本來是在埃及做奴隸，過奴隸的生活，沒有自由、沒有人權。我們的祖先高長伯從中國大陸來到臺灣，仍然不知道要如何過新生活？可是在當時，他在臺南看西街看到有一個洋人醫生，租一間房子做醫館，利用醫館的店面開佈道所。有很多人常常來看病、聽佈道，他也進去聽馬醫生佈道。當他聽到馬醫生說：世間萬物都是上天的真神──上帝所創造的，他就決心捨棄拜偶像的民間宗教，脫離舊的生活，領受新生命。

2.**進入新生命**：我們的祖先高長伯，聽到「道理」（基督教的福音）以後，放棄舊的生活習慣，不再拜偶像，不再賭博……。他的生命改變了，生活方式也改變了。他開始祈禱、讀聖經、研究道理，除去內心的偶像，不再過墮落的生活，並跟隨馬醫生來做服事人的工作。他做馬醫生的幫手，雖然收入微薄，生活節儉，又要受人輕視，但是他

認為這是做上帝的工作，造福眾人的工作，何況傳福音也是救人靈魂的工作。後來他更向馬醫生表示，他要出去傳福音給更多的人聽。這時候馬醫生很慎重地問他說：「你若出去傳福音，叫人來信耶穌，會被人攻打，你願意嗎？」他向馬醫生說：「耶穌愛我、救我，所以如果我被人逼迫、攻打，這些都不要緊了！」

後來，馬醫生對高長伯說：「你如果出去傳福音，你所領的錢，會比在醫館所領的月俸（薪水）更少有要緊嗎？」當高長伯走在光明之路上時，他認為救人生命、靈魂比賺錢更重要，所以他毫不猶疑地回答馬醫生說：「當然了，我是不要緊，才要出去傳福音了！我喜歡領更少的金錢，來救更多人的生命。」所以我們的高長伯，他傳福音不是為金錢，而是為要愛上帝，拯救世人的生命。最後，馬醫生肯定高長伯的決志，說：「你的使命是從上帝那裡來的！」

3. **新生命的生長**：新生命也要不斷地生長。我們的祖先高長伯做傳道者的收入很微薄，生活清苦，但是他說：「高家的寶貝是耶穌基督，所以我也要帶領我的子孫每人都信仰上帝，倚靠耶穌，學習耶穌勝過全世界。」在高長伯的生命的成長是：在他的 8 個子女中：有 3 個女孩子，1 個嫁給牧師，2 個嫁給醫生；5 個男孩子中 2 個獻給上帝做牧師，3 個做醫生。他常常向人說：「我與我家一定要信耶穌！」

在我們的祖先高長伯蒙召歸天以後，到現在他的生命仍在我們這些子孫的身上不斷地生長，受到上帝的祝福。所以如今，我們每人的工作，雖然都不一定相同，但是上帝仍然樂意通過我們的工作、我們的生活、我們的生命來造福人類。

現在我要講一個很偉大、很感人的故事來與大家分享。美國的總統林肯曾說：「我要成為我的子孫心目中偉大的祖先！」古早，有一個名叫張銀花的女孩子。當她 7 歲的時候，在地上撿到一本「羅馬字

的課本」，然後他恰巧問到一個基督徒說：「要到什麼地方來學讀這本書？」那個信徒告訴她說：「如果你去基督教會讀主日學，妳就會讀羅馬字（臺語白話字），而且妳也會讀聖經，唱聖詩！」

張銀花小姐14歲的時候就結婚，她帶全家都信主。每禮拜都要走3、4個鐘頭的路才能去禮拜堂做禮拜，而且每次來做禮拜，上下午的禮拜她與家人都全程參加。所以她的子孫越來越多，也都得到上帝的賜福，熱心愛眾人。2年前（2000年），她的子孫們曾在鳳山教會做全家族的感恩禮拜，有將近200人來參加。其中她的外孫石賢智牧師在彰化基督教醫院做院牧，後來石牧師到澳洲教會做牧會工作。那個教會原本只有幾個人參加聚會，石牧師去了之後，現在來做禮拜的人有150多位。張姊妹的內孫張景祥，臺南神學院畢業後到美國再深造，現在也在美國做牧師，在2003年時受美國歸正教會的尊敬，被選為美國歸正教會總會頭一位亞洲籍的議長。

由此觀之，上帝一定賜福「我與我家必定事奉上帝的人的家庭。」使他們的子孫走在光明之路。這是人生最大的祝福，而其子孫也曉得造福眾人，帶領許多人，引導眾人走在光明的道路。最後，願上帝賜福我們，既有偉大的祖先，有信心、有愛心的祖先。我們也要做有熱心事奉上帝、愛主、愛眾人的人！

在高牧師証道、勉勵眾親人要繼續實踐先人愛上帝、愛眾人的心之後，接下來由侯良信醫師主持親睦會，介紹高家子孫各房各室來出席的親友，然後分享臺南美味有名的小吃，在餐敘中彼此增加認識與聯繫感情的機會。

高長伯後代子孫的宗親會在長榮中學舉行的盛況（2004 年 1 月 3 日）

高俊明牧師文錄

從「事實獨立」邁向「法理獨立」的臺灣

(本文為 2007 年 12 月 3 日「台灣基督長老教會人權宣言 30 週年反省與展望國際研討會」專題演講文摘)

上帝賜給每一個人有人的權利和尊嚴。聯合國憲章也確認,人民有權決定自己的命運。聯合國憲章第四條並記載:「凡其他愛好和平之國家,接受本憲章所載之義務,經本組織認為確能並願意履行該項義務者,得為聯合國會員國。」

毫無疑問的,臺灣是一個事實存在的民主國家,擁有自己的人民、領土、政府、總統以及獨立的主權。

基於此一事實,陳水扁總統代表 2,300 萬的臺灣人民,正式向聯合國提出申請加入為會員國。很遺憾的,該案立即遭到聯合國秘書長潘基文的駁回。對聯合國秘書長的此一作為,我們臺灣人民深深感受到傷害及失望。

一、我們為什麼追求獨立?

臺灣曾經遭受 6 個不同的外來政權殖民統治長達 400 年。這 400 年間,臺灣人民的人權尊嚴與主權全被忽視,且被剝奪了。

現在,中華人民共和國宣稱臺灣是中國的一部分,但這不是真的。1949 年,中國共產黨打敗蔣介石的軍隊並建立了中華人民共和

國。其時迄今，中華人民共和國政府從未有一刻統治過臺灣，更不用說對臺灣的發展、民主與人權有過絲毫的貢獻。

　　既然事實如此，他們如何能聲稱臺灣是中國的一部分或臺灣是中國不可分割的一部分呢？事實是：滿清政府於 1895 年將臺灣及澎湖永久割讓給日本。

　　中華人民共和國認為：根據《開羅宣言》，邱吉爾首相、羅斯福總統以及蔣介石委員長都同意將臺灣歸還中國，因此臺灣是中國的一部分，但這不是事實！因為在最近許多學者發現真相，看不出、也看不到他們當中有任何人簽署開羅宣言。它僅僅是一張新聞公報，不具法律效力。因此，沒有權力決定任何事情。

　　1952 年，有 48 個國家的代表共同簽署了《舊金山和平協約》。日本很清楚的表明放棄對臺灣的主權，但並沒有說要將臺灣的所有權移轉給中華人民共和國或中華民國。

　　根據聯合國憲章，臺灣人民有權利決定我們自己的將來。美國獨立宣言宣稱：「人人都被其創造者賦予某些不可剝奪的權利，其中包括生命、自由以及對幸福的追求。」我們完全同意這項宣言，並極力支持 1776 年當初美國先輩們的偉大精神與勇敢的決定。此時此刻，臺灣人民也應如此，跨出勇敢的步伐，做獨立的抉擇。

二、那一種獨立呢？

　　2006 年時，我曾寫下列的字句來表達我對獨立的想法。

INDEPENDENCE

Independence should be the meeting point of Dependence and

Interdependence. It should depend on God on the Truth, Justice, Peace, Honesty, and the True Love of Jesus Christ. It should be the interdependency of all peoples through out the world. It should be on the Vertical and Horizontal meeting point of the Cross of Jesus Christ. In other words it should be the meeting point of true Reconclliation of people with God and of people with people in the world. May this be the true Independence of all nations through out the world.

Taiwan 2006, July 5th *C.M.Kao*

根據前述，我說明三點如下：

1. 每一個獨立的國家應容許他們的人民有完全的宗教信仰的自由。所有的基督徒應全心相信上帝，在真理、公義、和平、誠實以及耶穌基督的真愛上與上帝同行。
   「願祢的國降臨，祢的旨意行在地上，如同行在天上。」願此成為每一位基督徒隨時的祈禱。
2. 每一個政府皆應尊重並保護所有人民的人權、尊嚴，以及國家主權，不容任何人的侵犯、壓迫與歧視。
3. 每一個國家應能自由的參與聯合國以及各種國際組織，並盡所能的貢獻全人類的公義、和平、救贖、發展與幸福。

臺灣有2,300萬人口，是一個不曾侵略其他國家的愛好和平之民族。臺灣人民最誠摯的希望和最深的渴望就是能夠被聯合國完全承認、被接納為會員的國家。根據我們政府「陸委會」2007年4月所公佈的民調，77.3%的臺灣人民同意臺灣應加入聯合國。

三、如何促進獨立呢？

1. 新關係

臺灣就像國際孤兒，被聯合國、世界衛生組織以及絕大多數的國際團體所忽視。只有 25 個國家與臺灣有邦交關係。（編按：2016 年底為止僅剩下 21 個邦交國）

我們急切的盼望臺灣能成為聯合國、世界衛生組織以及其他國際組織的一分子，完全的參與，像一個負責任的世界公民，竭盡所能的來貢獻於公義、和平與萬物的完整。

2. 新名字

臺灣是臺灣，中國是中國。我們沒有中國的護照，所以我們必須說我們是臺灣人，而不是中國人。臺灣是一個小小的島嶼國家，面積只有 3 萬 6 千平方公里，擁有 2,300 萬人口。我們真誠願意與所有愛好和平的國家建立邦交關係。但我們必須誠實的以「臺灣」為我們自己國家的名字。

在上個世紀，蔣介石和他的軍隊撤退到臺灣時，強迫臺灣人民說：「中華民國是我們的國家，我們是中國人。」這對我們土生土長在這塊土地、認同這裡的人是痛苦的回憶。事實上，我們是臺灣人，不是中國人。

早期的歷史，臺灣確實被稱為「福爾摩沙」──美麗的島嶼。但大約在一百年前，「臺灣之名」已變成越來越普遍，為許多國家所熟悉，甚至於「臺灣製」的商標也讓臺灣更加馳名。今日許多「臺灣製」的外銷產品，包括電腦等都受到美、日等許多國家的歡迎。

1979 年，美國與中華人民共和國正式建交的數月後，美國公佈《臺灣關係法》，以此表明美國對臺灣人民持續的友誼的支持和保證。

我們的身分認同根植於這塊土地，我們喜愛用「臺灣」為正式的名稱來申請加入聯合國。

3. 新國家

根據國立政治大學的報告，民意顯示：

(1) 臺灣人民有 54% 同意臺灣應成為一個獨立的國家，即使中華人民共和國反對。

(2) 臺灣人民有 62% 同意臺灣應成為一個獨立的國家，中華人民共和國無權反對。

總而言之，臺灣應進行「公投」——以最和平、合理、容易接受的方法，來促進臺灣獨立，並成為聯合國的正式會員。

四、何時推動獨立？

此時此刻——我們必須由事實的獨立，進入正當法理上的獨立。

就如前面提及，今年（2007 年）陳總統首次以「臺灣」的名稱向聯合國提出申請加入會員，儘管遭到聯合國秘書長潘基文無理退件拒絕，我們應該要堅持並繼續提出申請，直到它實現。

中華人民共和國經過了 20 多年的嘗試，才成為聯合國會員。但是我們希望臺灣能儘快的被接納為聯合國會員。

要成就偉大的事，常是很困難的，但是任務愈艱難時，我們愈應發揮勇氣勇往直前來贏得勝利。

五、誰應負責推動臺灣獨立？

我們希望你和我們一起堅定、勇敢地來推動臺灣獨立。因為保護人權是你、我和全人類共同的義務和責任。

臺灣獨立是關乎臺灣 2,300 萬人民生死存亡的問題。我們臺灣人已經受苦 400 年，我們要在我們自己的島嶼上建立一個新而獨立的國家，並貢獻全世界人類的公義、和平、拯救、發展與幸福。

　　我們是人，不是動物。我們不要被任何國家出賣來喪失我們的人權、尊嚴和我們的主權。我們需要你們的代禱、摯愛與同甘共苦的心。

　　我們盼望不久聯合國以及各國際組織能敞開溫暖的雙臂來歡迎臺灣加入他們的機構，像一個大姐姐擁抱她分開已久的妹妹一樣，祈盼能儘快的實現這一願望。

C.M.Kao 高俊明

2007 年 8 月 8 日於臺灣（施瑞雲譯）

附錄二　高俊明牧師文錄

「建設真善美的新臺灣」
──新而獨立的國家──

〔序〕

　　耶穌是世界的真光，公義、仁愛、和平、真誠的真光，拯救個人、國家、人類的真光。耶穌說：「你們是世上的光。城造在山上是不能隱藏的。人點燈，不放在斗底下，是放在燈臺上，就照亮一家的人。你們的光也當這樣照在人前，叫他們看見你們的好行為，便將榮耀歸給你們在天上的父。」（馬太五：14～16）

一、光照臺灣──教會的使命

1. 傳道

　　臺灣基督長老教會自1865年，英國宣教師馬雅各醫生（Dr. James L. Maxwell）來臺灣傳道，已有140多年的歷史。於1872年加拿大宣教師馬偕牧師（Rev. George Leslie Mackay）又來臺灣的北部傳道。

　　在這140多年的歷史當中，歷代的宣教師、牧師、傳道師與信徒所注重的是到臺灣各地去傳揚主耶穌救人的福音。也就是傳揚信主耶穌而離開黑暗的生活來進入新生命，成為光明的子女的福音。

　　在這140多年當中，教會遭遇了許多苦難與迫害，然而，在主的

恩典與帶領之下，逐漸成長。在 2006 年，已擁有 1215 間禮拜堂與約 23 萬名信徒的教會。在上述數目中，特別高興的是原住民教會與信徒的增長。原住民的教會於 1945 年開始發芽成長，而在短短 60 多年熱心傳道之後，今天已擁有 505 間教會與約 8 萬名的信徒。

2. 教育

為要使耶穌基督的真理，深入紮根於臺灣人民的心靈，長老教會也非常注重全人教育。自從 140 多年前開始傳道以來，不久就創辦臺灣第一間的長榮中學、長榮女中、淡江中學……等學校。之前又開辦臺南神學院、臺灣神學院、接著又創辦玉山神學院、新竹聖經學院、真理大學、馬偕護專、長榮大學……等大學院校。

1988 年，長老教會總會發現，臺灣已成為高齡化的社會，已有 110 萬的 65 歲以上的老人家，每年約有 300 多人自殺，其他的人也在孤單與寂寞中過日子。長老教會總會就積極籌備開辦「松年大學」。在這 10 多年中，已有讀 4 年以上的畢業生 5000 多名，又有 2 千 7 百多名的在學生，快快樂樂地在臺灣 40 多間分校裡，享受終身教育的樂趣。

3. 人權

1977 年，臺灣基督長老教會總會常置委員會，冒著生命的危險，發表了「人權宣言」，其重點如下：

(1) 請全世界的政府與有關的教會認知，臺灣基督長老教會是基於基督信仰來主張：「臺灣的政府應採取有效措施，使臺灣成為一個新而獨立的國家。」

(2) 基於我們的信仰及聯合國人權宣言，我們堅決主張：臺灣的將來應由臺灣全體住民來決定。

(3) 我們要求卡特總統繼續本著人權道義之精神，在與中共關係正常

化時，堅持保全臺灣人民的安全、獨立與自由。

在發表「人權宣言」之前，長老教會曾於 1971 年與 1975 年也發表了「國是聲明」與「我們的呼籲」。動機也都是由於愛上帝、愛臺灣之心來主張下列各項大事：

(1) 人權與家鄉是上帝所賜的，所以臺灣的前途應由臺灣全體的住民共同來決定。

(2) 臺灣政府應把握機會，伸張正義與自由，並徹底革新內政，以維護我國在國際間的聲譽與地位。

(3) 政府應在臺灣舉辦中央民意代表的全面改選。

(4) 政府要維護人民的宗教信仰自由。

(5) 政府要突破外交孤立，促進族群和諧，保障人民的安全與福利。

(6) 教會也要伸張公義，團結一致，關心社會與世界的公義與和平。

4. 服務

聖經說：「要以手足之情相親相愛；要竭誠互相敬重。不要懶惰，要努力工作，以火熱的心事奉主。在盼望中要喜樂，在患難中要忍耐，禱告要恆切。要讓貧窮的弟兄分享你所有的；要接待異鄉人。要祝福迫害你的人；是的，要祝福，不要詛咒。要跟喜樂的人同喜樂，跟哭泣的人同哭泣。」（羅馬書 12：10～15）這是基督徒的本份，所以長老教會也很認真促進各種社會服務。長老教會自 140 多年前，開始傳福音的同時，也開始做醫療服務。創辦臺南的新樓醫院、彰化基督教醫院、馬偕醫院……等。這三間大醫院，又開設了 6 間分院。現在，通過這 3 間醫院與 6 間分院，我教會每年都在服務 300 萬人次以上的病患。

除了醫院之外，長老教會在臺灣各地也開辦原住民服務中心、殘障服務中心、婦女展業中心，農民、漁民、勞工……等的服務中心。

此外，也有童妓的救援機構、家庭協談中心、儲蓄互助社、生命線……
等等，來服務臺灣各階層的困苦人與弱勢團體。

5. 合一

福音來臺灣以後，長老教會就分為南部大會與北部大會來促進宣
教事工。但，到 1951 年 3 月 7 日在臺北雙連教會南北合併成立第一
屆臺灣基督長老教會總會。長老教會相信：全世界的基督徒合而為
一，形成一個基督教會，就是一個信仰的共同體，愛的共同體，傳
道的共同體。因此，總會就即時決議正式加入普世教會協會（World
Council of Churches，簡稱 W.C.C.）與世界歸正教會聯盟（World Alliance of
Reformed Churches，簡稱 WARC）。後來也加入亞洲基督教協會（Christian
Conference in Asia，簡稱 CCA）。

在國內也和教會合作協會、聖經公會、基督教視聽聯合會、基督
教論壇社、芥菜種會、基督教社會互談會等機構有合作關係。

此外，在世界各地也與巴色差會、海外基督使團、基督教黎明傳
道會、環球福音會、世界的臺灣人基督教會……等教會組織有合作關
係。另外，也與英國、美國、德國、加拿大、香港、日本、韓國、瑞
士、印度、澳大利亞、紐西蘭、馬紹爾、泰國、巴西、匈牙利、威爾
斯、蘇格蘭、菲律賓等國的基督教會，建立姐妹教會的關係。

因此，臺灣基督長老教會是以上述的 5 種宣教事工，來光照臺灣，
並要使臺灣成為光明又美麗的新而獨立之國家。

二、教會與國家

有許多人問長老教會的牧長與信徒，為什麼臺灣基督長老教會，
那麼關心社會、政治、國家等事。我們要分為五項來一起思考：

1. 教會的三種型態

第1種教會是說：教會是神聖又屬靈的。基督徒只做禮拜、祈禱、讀聖經、傳道就可以，不要關心俗事、社會、政治……等等。

第2種教會是說：教會要入世，來改善世界，拯救世人的。但結果，常常反受社會的影響，失去信仰，與社會妥協，離開福音的真道，而變成腐化又墮落的民間組織。

第3種教會是說：教會是蒙恩得赦免的罪人的共同體。依靠自己的力量是絕對無法救自己，也無法救別人來改變社會的。但聖經說：「上主已經指示我們甚麼是善。他要求的是：伸張正義，實行不變的愛，謙卑地跟我們的上帝同行。」（彌迦書六：8）

上帝是萬王之王，萬主之主。祂關心社會、政治、國家、世界。所以我們要信靠主耶穌，熱心傳道，又熱心關懷社會來讓耶穌的真光，照亮黑暗的世界。

2. 教會的政治立場

1974年，世界最有名的佈道家葛理翰牧師（Rev. Billy Graham），邀請全世界151個國家的2700位教會代表，在瑞士的洛桑（Lausanne）召開數天的世界福音會議。經過研究聖經、祈禱、靈修、討論……等，之後他們以虔誠的心發表了《洛桑合約》（Lausanne Covenant）。在這合約的第5項有如下的一段宣言：

我們確信上帝是全人類的創造者及審判者。上帝關心人類社會中的公義及和睦，也關心人在各種壓迫下得自由。我們也應有份於這種關懷。——雖然與人和睦不等於與神和睦，社會行動也不等於傳福音，政治性的自由也不等於救恩。然而我們確信，傳福音與參與社會政治，都是我們基督徒的責任。因為兩者都是我們在上帝與人的教義

上，愛鄰舍和順服耶穌基督等事上必有的表現。

3. 臺灣基督長老教會的「人權宣言」

臺灣基督長老教會主張，教會要如鳥一樣以兩隻翅膀來飛，又要如健康的人，用兩隻腳走路，才能正確地到達目的地。如此，教會要以愛與公義，又要以傳道與社會關懷來前進，才能完成傳揚上帝國的福音。

基於這個原則，長老教會在熱心傳福音的同時，也出自熱心關懷社會公義的真情，於 1977 年發表了「人權宣言」。當時的國民黨政府說：基督徒不應該參與政治。是的，基督徒不應該失去信仰良心，而成為自私、自利的政客。但，好的基督徒也要成為好的國民，來關心社會的公義、眾人的人權與國家的存亡。正如舊約聖經裡的約瑟一樣，做埃及的宰相來救全國的人民脫離 7 年的饑荒；又如摩西一樣，遵行上帝的旨意，去領 100 多萬名以色列人脫離埃及人的奴役，而成為有尊嚴的自由人。

國民黨政府又說：「人權宣言」是長老教會中「少數人」的意見，無法代表長老教會多數人的意見。是的，在 1978 年的北部大會，確實有 17 名議員提出反對「人權宣言」的議案。議長請大家認真思考又熱烈討論之後表決，結果是反對「人權宣言」的人有 13 票，贊成的人是 65 票。同年的長老教會總會召開年議會時，也有慎重的討論與表決。結果是反對者有 49 票，贊成的有 235 票。長老教會是民主代議制度的教會，可知這種表決結果，是足以代表臺灣基督長老教會總會的立場。

4. 上帝的社會關懷

聖經說：「在獄中受折磨，主必關懷！天賦的人權被蹂躪，主必

關懷！在法庭上受冤枉，主必關懷！」（耶利米哀歌三：34～36，現代中文譯本）

聖經又說：「上帝創造天、地、海，和其中萬物；他始終持守他的諾言。他為被欺壓的人伸張正義；他賜食物給飢餓的人。上主使被囚的人得自由，使盲人能看見。他扶起被欺壓的人；他愛護正直的人。他保護寄居的外人；他扶助孤兒寡婦，但要挫敗邪惡人的詭計。」（詩篇一四六：6～9）

主耶穌也引用舊約聖經來說明祂的使命：「主的靈臨到我，因為他揀選了我，要我向貧窮人傳佳音。他差遣我宣告：被擄的，得釋放；失明的，得光明；受欺壓的，得自由；並宣告主拯救他子民的恩年。」（路加福音四：18～19）

5. 長老教會的信仰告白

「……教會是上帝子民的團契，蒙召來宣揚基督耶穌的拯救，做和解的使者，是普世的，且根植於本地，認同所有的住民，通過愛與受苦，而成為盼望的記號。……上帝賜給人有尊嚴、才能，以及鄉土，使人有份於祂的創造，負責任與祂一起管理世界。……祂要使人從罪惡中得釋放，使受壓制的人得自由、平安與喜樂。」（《認識臺灣基督長老教會》，135頁）

盼望我們每一個基督徒，都能成為愛上帝、愛真理、愛臺灣的好國民，來造福全臺灣 2,300 萬的同胞。

三、愛國心——愛真理、愛臺灣、愛人類

主耶穌說：「你們禱告要這樣說：我們在天上的父：願人都尊你的名為聖。願你的國降臨；願你的旨意行在地上，如同行在天上。」

（馬太六：9～10）

又說：要「以全部的心志、情感、理智和力量，愛主我們的上帝，又要愛鄰人，像愛自己一樣。」（馬可十二：30～31，現代中文譯本）

1. 美麗的國家

臺灣基督長老教會於 1977 年所發表的「人權宣言」的最後一段說：我們懇求上帝，使臺灣和全世界成為「慈愛和誠實彼此相遇；公義和平安彼此相親。誠實從地而生；公義從天而現」的地方。（詩篇八十五：10～11）

臺灣是有山、有水、四季翠綠、四面環海、物產豐沛的海島。我們切望臺灣的生態環境變成更美麗、百花盛開、蝴蝶飄舞、水果香甜、萬物快樂、人心善良的美麗國家。

2. 人權立國

許多人說：「臺灣的三大亂源就是：立法院、媒體與司法界。」立法院多數委員自私自利，只顧自己和政黨的利益，而忽視全國人民的人權、尊嚴與主體性。

多數媒體都常刊登負面與錯誤的消息，又極端地美化中共現況，而醜化臺灣的成就，以致使臺灣的住民有錯誤的認知與錯誤的判斷，而誤大事。

司法單位也常做選擇性的辦案與雙重標準的判決，以致許多人說司法工作者是不公、不正、不義的。

我們切望每一個立法委員、媒體人與司法工作者都能堅持「人權立國」的大原則，來為臺灣 2300 萬人民的人權、尊嚴與主體性而努力又努力。

3. 優秀的人才

有人說：「偉大的國家是有偉大人民的國家。」臺灣要變成「真

善美」、「信望愛」的偉大國家，必須培養許多各行各業的優秀人才。優秀的教育家、音樂家、藝術家、醫師、文學家、政治人物、科學家、精神領袖、工程師、企業家、農業專家、漁業專家……等等人才都是不可或缺的。

臺灣的李遠哲博士是 1986 年獲得諾貝爾化學獎的科學家。林昭亮先生是最早成名於國際音樂界的的小提琴家。228 事件的受難家屬，林宗義博士是 1955 年 35 歲的時候就應世界衛生組織 WHO 的邀請，到瑞士擔任高級專業顧問的醫學博士。林博士於 1956 年擔任世界心理衛生協會理事長，1971 年擔任該協會總裁，並於 1974 年擔任世界精神衛生聯盟的主席。

這幾十年來，臺灣的許多教授，醫護人員，農耕專家也到歐美、亞洲、非洲、中南美洲、大洋洲……等去服務。此外，也有不少臺灣青少年參加世界級的棒球、高爾夫球、網球、桌球、電腦、科技……等比賽而獲得冠、亞軍等。因此我們應更加努力，來培養各種人才，來造福臺灣與世界。

4. 民主、法治

由於臺灣全體人民的努力，這 30 年來，臺灣國內的政治環境有相當大的變化。1945 年至 1987 年之間國民黨政府以戒嚴令與白色恐怖，施行一黨獨裁的暴政。其間也發生了 228 事件與美麗島事件等，而無數人才被殺害或被關在黑牢、受酷刑。

然而，由於許多渴望臺灣成為民主、自由、法治的國家之人士，再接再厲努力之後遂有下列的成果：

1987 年，戒嚴令與白色恐怖結束以後，國內成千上萬的政治犯被釋放。被國民黨政府列入黑名單中的國外臺灣學者與人士獲得自由，能回臺灣服務或居住。言論獲得自由。軍隊本來是屬於國民黨的，

但後來改為屬於國家的。臺灣總統變成直接民選，而於 2000 年，民進黨的陳水扁先生當選總統，在和平、無流血的狀況下順利地由國民黨移交政權給民主進步黨。

民進黨執政之後的 7 年來也發生了許多從中共與國內反對黨來的壓迫與阻礙，且有執政黨本身的錯誤與腐敗。然而，長老教會在這重重苦難與政黨的惡鬥中也迫切在懇求上帝賜給我們判斷真假、是非、善惡的智慧來建設一個合乎上帝旨意的民主、自由、法治的國家，來進入聯合國。

5. 和平的地球村

我們切望，臺灣能早日成為一個公義、和平的美麗國家來與日本、南韓、菲律賓、中華人民共和國……等鄰國，以及世界六大洲的各國都建立邦交，平等互惠來貢獻於世界的公義與和平。

現在的人心，充滿著痛苦、悲哀、憂傷、恐懼、失望、不安與絕望。

現在的世界也充滿著病人、窮人、殘障、難民、暴動、犯罪、暴力、戰爭、詐欺、仇恨、吸毒、和各種苦難與罪惡。

我們迫切的懇求上帝憐憫我們，並使我們全人類能順從上帝的旨意來實現聖經的預言：

豺狼必與綿羊羔同居，豹子與山羊羔同臥；

少壯獅子與牛犢並肥畜同群；小孩子要牽引牠們。

牛必與熊同食；牛犢必與小熊同臥；

獅子必吃草，與牛一樣。

吃奶的孩子必玩耍在虺蛇的洞口；

斷奶的嬰兒必按手在毒蛇的穴上。

在我聖山的遍處，這一切都不傷人，不害物；

因為認識耶和華的知識要充滿遍地，

好像水充滿洋海一般。

（以賽亞書十一：6～9）

真理的主啊！願祢的國降臨到臺灣與世界！

願祢的旨意行在這地球村的每一個角落！阿們。

四、焚而不熄的精神

「焚而不熄」是歷代基督徒的殉道精神，也是臺灣基督長老教會的傳道與社會關懷的精神。

1. 羅馬帝國與基督教

1900 多年前，耶穌基督的 12 使徒與數百名信徒，熱心傳福音到世界各地去。但在各地都遭遇到羅馬帝國政府與軍隊的殘酷迫害。有人被釘在十字架上，有的被烈火燒死，有的被野獸咬死，有的被鋸子鋸死。這些宗教迫害都是當時的世界，最殘忍的刑罰。

這種迫害不僅繼續了數十年，而是繼續了 300 多年之久，但最後滅亡的不是手無寸鐵的基督教會，而是擁有強大軍隊的羅馬帝國。

這 1,900 多年來，基督教會在各種苦難與迫害中，依然繼續不斷的成長。現在全世界 60 多億的人口當中，有 27% 以上是基督徒（包括天主教徒）。基督教已成為全世界最大的宗教團體。教會歷史家說：「殉道者的血就是教會的種子。」迫害愈大，基督教愈傳愈廣，這就是「焚而不熄的精神」。

2. 臺灣與教會的苦難

近 400 年來，臺灣被荷蘭、西班牙、鄭成功、清朝、日本、蔣政權……等統治。臺灣住民的人權、尊嚴、主體性歷代被剝奪。

1865 年，基督福音傳入臺灣以來，宣教師甘為霖（Rev. William Campbell）在白水溪教會被一群暴徒以火焚燒。幸而得主保佑，保全性命，繼續傳福音。臺灣第一個本地傳道師高長，在鳳山傳道的時候也被抓去關在黑獄 50 日，被釋放後繼續傳福音。馬偕博士在艋舺傳道的時候也被清朝官府的數百軍兵，以刀槍趕出佈道所，但翌日凌晨，馬偕博士就再回到艋舺，另租房屋開始佈道。

1884 年中法戰爭的時候，北部 36 戶信徒被搶劫，無家可歸。也有一對 60 歲左右的老夫婦，因堅持不肯放棄信仰而被暴徒推進新店溪溺死。雖然如此，基督的福音也越傳越廣，而今日基督教會也在臺灣的各地繼續紮根，向上發展。

3. 我的遺言

1977 年，臺灣基督長老教會發表「人權宣言」的時候，正是中國國民黨政府一黨獨裁，以戒嚴令與白色恐怖在迫害成千上萬的民主鬥士的時代。我們十幾位承總會之令負責起稿「人權宣言」的牧長中有幾位，在將要發表宣言的前夕，就寫好遺書來交代後事。

我的手中沒有其他牧長的遺書，只有留下我於當時所寫的遺書，所以，請讓我將其中的重點於下面重述：

「我無論遇見何種慘事來離世，也應當感謝讚美上帝。因為祂的旨意是美善的，祂的慈愛永遠長存。……我的追思禮拜應簡單、樸素、莊嚴。我最喜歡的聖經節是哈巴谷三：17 至 19 節。（「雖然無花果樹不發旺，葡萄樹不結果，橄欖樹也不效力，田地不出糧食，圈中絕了羊，棚內也沒有牛；然而，我要因耶和華歡欣，因救我的神喜樂。主耶和華是我的力量；祂使我的腳快如母鹿的蹄，又使我穩行在高處。」）……我的遺體請贈送給彰化基督教醫院，以報答老蘭醫生對家父高再得醫師的愛。我的遺產的一半要贈與臺灣基督長老教會總會做為傳道、教育、保障人權、

社會服務及教會行政之用。⋯⋯」

4. 以坐牢為榮

為了發表「人權宣言」，促請政府「採取有效措施，使臺灣成為一個新而獨立的國家」。又於 1979 年，發生美麗島事件之後，幫助走投無路的政治犯施明德之故，我被捕坐政治牢 4 年 3 個月又 22 日。

在黑獄裡的生活孤單、痛苦。但感謝上帝使我能夠活用時間來研讀舊約聖經 7 次，新約聖經 12 次。又通過每天凌晨的祈禱與每天向同室的受刑人傳福音，而領他們信耶穌來進入新生命。

我也感謝臺灣與世界各地的教會領袖與基督徒，以禱告、寫信、探訪、送禮物⋯⋯等來安慰、鼓勵我與家人。

通過 4 年多的坐牢，我深深地體驗到上帝的公義、慈愛、全能與誠實。也體會到主耶穌所說的：「凡實行我天父旨意的，就是我的兄弟、姊妹，和母親」的真理。（馬太十二：50）

為了愛上帝、愛臺灣、愛眾人而受苦、坐牢，這是我的榮幸。

5. 焚而不熄的精神

在獄中，我為世界歸正教會聯盟的世界大會，做了一首臺語的詩：〈莿帕互火燒〉（chhì-phè hō͘ hóe sio），意思是說：「荊棘被火燒，但沒被燒熄，仍然在豎立，仍然在成長。焰火一過去，它就又發芽。春天一來臨，它就再開花。」宋泉盛博士即時把它譯成美麗的英文詩，另有德國的代表將它譯成德文。聯盟的議長宋牧師就請世界大會的全體代表，以聖詩的古調「亞伯蘭的上帝」來唱。聽我內人說，大家都深受感動，甚至邊唱邊流淚。

當我被捕入獄時，有數百名長老教會的會友離開長老教會，但是在長老教會遭遇這種政府與民間的迫害時，上帝卻憐憫受欺壓的長老教會。1979 年至 1988 年是長老教會受政治迫害最屬害的 10 年，但

上帝卻使長老教會的信徒數從 16 萬名成長到 20 萬 8,000 多名，整整增加了 4 萬多名。

我們若以「焚而不燬的精神」來愛臺灣，又使臺灣成為充滿著上帝的公義與慈愛的國家，上帝一定會使臺灣成為萬國萬民的祝福。

五、新而獨立的國家

臺灣基督長老教會所發表的「人權宣言」中，最重要的一句話，就是「新而獨立的國家」。但，當時我們沒有深入說明「新而獨立的國家」的意義。直到 1995 年 10 月 21 日，臺灣基督長老教會的教會與社會委員會，臺南神學院的基督教社會研究所，以及臺灣獨立安全基督徒促進會等三個單位，才聯合發表了「新而獨立的臺灣」的聲明。文中的重點如下：

1.「新」的意涵

(1) 新國家的建立：臺灣國應根據臺灣國民共同立約的臺灣憲法而建立。

(2) 新國家領域：臺灣國的領域為臺灣、澎湖、及其所屬島嶼，並與海域與空域。

(3) 新國家主權：臺灣國是屬於全體臺灣人民的主權獨立國家。

(4) 新國家理念：臺灣是由多種不同背景之族群所組成的多元社會。臺灣國應建立在全體人民互尊、互信之基礎上。

(5) 新國家國民：凡認同臺灣為其鄉土及國家的臺灣住民均為臺灣國之國民。

(6) 新國家文化：臺灣國應發展其海洋國家之獨特文化。

(7) 新國家語言：臺灣各族群語言均為臺灣國語言，應受尊重與保障。

具有代表性的原住民語、福佬話（河洛話）、客家語及北京話（華語）為公用語言。

2.「獨立」的意涵

(1) 獨立的意義：臺灣之獨立是根據全體臺灣人民之自決權，以民主、和平方式達成，與中華人民共和國完全無涉。

(2) 獨立的程序：臺灣國經由民主程序，制定臺灣憲法，組織政府，明定臺灣國的國號、國旗與國歌。

(3) 加入聯合國：以新的臺灣國號加入聯合國及其他的國際組織。

(4) 外交關係：臺灣國要與世界各國，包含中華人民共和國建立邦交，平等對待、和平相處。

(5) 國際角色：臺灣應成為永久的中立國，並致力於人類福祉與世界和平。

3. 我對「新而獨立」的了解

(1) 新國民：認同臺灣為其家鄉與國家，並願以真愛建設臺灣成為「真善美」、「信望愛」之國家的臺灣住民。

(2) 新文化：融合臺灣各族群的優質文化來創作有臺灣特色的文化。

(3) 新國會：以公正、公平的方法，選出真正認同臺灣，有正義感、有愛心、有國際觀、恨不義之財、又有才能的人來組織國會。

(4) 新憲法：請全體人民認真研議來制定能保障全國人民的人權、尊嚴、與主權的新憲法。

(5) 新教育：加強家庭教育，學校教育，社會教育與終身的全人教育來提升全國人民的心靈、生活、品德、健康與才能。

(6) 新領袖：要誠實、愛真理、愛臺灣、愛人類的人。有堅強的勇氣與智慧要實現「主權在民」的人。又能「行公義、好憐憫，存謙卑的心與神同行的人。」（彌迦六：18）

(7) 新外交：以臺灣為正名加入聯合國與各種國際組織。並以平等互惠的原則，與日本、韓國、菲律賓、中國……等鄰國以及全世界六大洲的各國建立邦交來貢獻於世界的公義、和平及人類的得救與幸福。

4. 以真愛認同臺灣

清朝軍隊於 1895 年甲午戰爭被日本打敗後，將臺灣與澎湖永遠割讓給日本。臺灣人民中部分人士趁機要求唐景崧就任總統，宣佈「臺灣民主國」獨立。

但，當日本軍隊攻進臺灣的時候，總統唐景崧與外交部長陳季同就搭乘同一輪船，逃往廈門去了。國防部長李秉瑞則逃亡得更快。因此，「臺灣民主國」就只生存 148 日。之後於 1895 年 10 月 19 日正式滅亡。（《臺灣近代發展史》，許極燉著，181 頁）

當時很多人說：「官愈大，逃得愈快」。真可恥！因此，要做臺灣的總統、國會議員或縣市長、縣市議員……等人士，首要資格應該是：以真愛認同臺灣並決志要與斯土斯民同甘共苦共患難的優秀人才。

5. 臺灣魂

最近，政治大學選舉研究中心，發表了一篇調查報告，是針對 18 歲以上的臺灣住民。第一個問題是：如果中國政府允許臺灣人民自由選擇臺灣前途——臺灣應該獨立嗎？62% 回答臺灣應該獨立。第二個問題是：如果中國政府不允許——臺灣應該獨立嗎？54% 的人回答應該獨立。

若是 20 年前問這些問題，可能只有 7% 左右的人敢回答，臺灣應該獨立。這是很大的進步，就是有臺灣魂、臺灣精神的人越來越多。我 20 多年前坐政治黑牢時，為我的子女做了下列的祈禱文。但近年

來，我改它成為我自己的祈禱。若有夠多的人能常常這樣祈禱，我相信臺灣能增加更多有「臺灣魂」的人，來共同建立充滿著真理、正義、愛心的「新而獨立的臺灣國」。我的祈禱如下：

主啊！
求祢賜給我如泉水一樣清澈的心，
如高山一樣堅固的信仰，如百合花一樣芳香的品行，
如香柏樹一樣健美的身體。
為真理奮鬥時，求祢使我如雄獅那樣勇敢。
為公義受苦時，求祢使我如羔羊那樣溫柔。
為真愛勞碌時，求祢使我如耕作的牛那樣堅忍，
為和平背負十字架時，求祢使我如祢那樣默默無聲地流血汗，
奉主耶穌的名禱告。　阿們！

〔結論〕

臺灣基督長老教會發表「人權宣言」30 週年的此時此地，臺灣正在面臨許多苦難、威脅、混亂與危機。

然而，我們要愈戰愈勇，堅持「焚而不燬的精神」，以真愛認同臺灣，來建設臺灣成為：「真善美」、「信望愛」的美麗又光明的國家。

盼望我們每一個人，都能以耶穌基督的正義、真愛、智慧、誠實與勇氣，來照亮全臺灣 2,300 萬同胞的生命，又團結一致來造福全人類，而榮耀上帝。

2007 年 2 月 9 日

臺灣建立新而獨立的國家不是夢
—— Do your best, God will do the rest!

齊聲用臺語朗誦：

　　「臺灣地位認清楚，

　　　民族自決足可靠；

　　　獨立國家主權好，

　　　民主自由美麗島。」

一、臺灣與中國不同

　　做為臺灣人對臺灣歷史真相，絕對不可以「霧霧無明」。習慣生活在「外來政權」威權、壓榨、迫害、獨裁、專制的統治下，過「二等國民」都不如的「悲情」日子。關於「臺灣地位」的定位，在今年（2014 年）3 月 25 日美國眾議院外交委員會有關臺灣一項決議案報導如下：

　　美國眾議院外委會今天以口頭表決方式無異議通過一項決議案，確認臺灣關係法的重要性。佛羅里達選出的萬瑞森議員發言時還表示：基於對民族自決的支持，美國應該支持臺灣人民與中國分開成為獨立國家的渴望。臺灣與中國在文化、語言和歷史上都不同，曾被日

本占領過 50 年，臺灣在根本上與中國是不同的。

這項決議由眾院外交委員會主席羅伊斯（Ed Royce）提出，多位議員在會中發言支持。葛瑞森（Alan Grayson）發言時說：「臺灣要成為自由與獨立的國家是可能的，美國應該幫助其成為事實。」加州議員薛曼（Brad Sherman）說，他「不確定臺灣文化和中國有多大不同，但差別在於：在中國，人民生活在極權之下；但在臺灣，人民則在民主制度下生活」。

以上新聞係《自由時報》駐美特派員曹郁芬在美國華府 3 月 25 日的報導。有關臺灣歷史與中國歷史有那些不同？臺灣文化與中國文化又有那些差異？簡述如下做參考：

依據近年來臺灣大學考古學教授與考古學家在臺灣 2,000 多處先住民曾經住過的遺址，挖掘出土的遺物與人類遺骨考證，判斷：臺灣先住民約於 15,000 年前就從太平洋的南島飄洋過海來到臺灣居住。另一說是：南島各民族係於 6,000 年前由臺灣移民過去的。根據林媽利醫師對臺灣布農族的父系血緣 O1a2 研判，他們與太平洋南島西印尼族群，及非洲東岸族群的血緣確實有密切的關係。阿美族的父系血緣 O3a2c 則與波里西亞人民有關。由此可證，臺灣人不是從中國移民過來的。可惜，在 400 年以前均無文字記載下來。

中國人據中國歷史所載，約於距今 5,000 年前居住在黃河流域的中原地區，以洛陽為首府。居民來自何方？歷史均無記載，亦無資料可查。文化相當複雜，涵蓋漢、滿、蒙、回、藏、苗各族群，語言、宗教、風俗、習慣各異，因此 5,000 年來兵荒馬亂，改朝換代，人民永無太平的日子。

二、臺灣無國，均受外來政權統治

1. 荷蘭東印度公司（1624～1662年）

荷蘭東印度公司的商船於公元1624年首先登陸，在台南安平建造熱蘭遮城（Zeelandia）做其亞洲第二個貿易中心。第一個貿易根據地是在爪哇巴達維亞（即今印尼的雅加達）。之後在臺灣赤崁建造普羅明遮城（Provintia）做為商務行政中心，並由荷蘭政府派一位總督來治理商務與民事。直到1662年5月被中國大明王朝之遺臣延平郡王鄭成功以武力驅離，前後統治臺灣共計38年結束。

荷蘭人據臺期間，雖然只有短短38年，但對臺灣原住民貢獻鉅大，例如：發展農業，改善生活品質，宣揚基督教信仰、建教堂、設學校、用羅馬字拼音發明原住民文字、移風易俗、去邪歸正、禁止殺人頭祭神明等，並課稅做建設，使被中國漢人移民蔑視為「東番」的原住民社會改變。

2. 西班牙人占據臺灣北部（1626～1642年）

在16世紀中葉，有一艘葡萄牙人的商船，路過臺灣東岸，看到島上的青山綠水，山明水秀，驚叫一聲：Ilha Formosa，意思是美麗島，漢文譯為「福爾摩莎」。但因聽說島上原住民對外人深懷敵意，又具有打獵與獵人頭的特技，因此不敢登陸探險。但是西班牙人為拓展與中國、日本貿易，於公元1626年5月派兵占領臺灣東北海岸，登陸後將其登陸地點命名為Sandiago（聖地牙哥），漢譯地名叫做「三貂角」；登陸今和平島叫做社寮島，登陸雞籠（今基隆）叫做Fort San Salvador，漢名為「聖薩爾瓦多城」，並在淡水建造一座行政中心Fort Santo Domingo，漢名為「聖多明哥城」（即今紅毛城），做為亞洲中國和日本經商的中途站。

西班牙人占領臺灣北部地區，效法荷蘭人向原住民傳播天主教，並為原住民治療瘧疾和天花流行病，又設立天主教堂，雖有 4,000 多名信徒，在淡水又以原住民語編印《淡水語基督教理》和《淡水語辭典》教化原住民。但因神父屢受原住民殺害，教勢難以迅速拓展。此外，為發展中國與日本貿易而妨礙到荷蘭人商船通行權益，因此，於 1642 年被荷蘭人派軍驅離，結束 16 年的殖民地統治，所以荷蘭治理臺灣的行政區，立即由南部延伸到臺灣北部。

3. 承天府與東寧王國（1662 ～ 1683 年）

荷蘭東印度公司治理臺灣，於 1662 年 5 月被中國大明王朝的遺臣鄭成功（國姓爺）驅離後，鄭成功將普羅明遮城改為承天府（即今赤崁樓）。為維持他從中國福建所帶來的軍民生計，除沒收東印度公司的全部財物外，又強占原住民的農田，發放給其軍民耕作。許多原住民基督徒被漢人割鼻子、割耳朵、毀容、殺害、集體逃入山區避難謀生。這時候臺灣原住民教會不幸進入黑暗時期。

鄭成功據臺後，僅僅 4 個月即病亡，由其長子鄭經宣佈成立東寧王國。歷經 10 年，學習荷蘭人拓展貿易，略有賺錢。事後發兵反攻中國大陸，耗盡國庫積蓄。經 6 年之消耗戰，反攻不成，反而積憂恨而死，得年僅 39 歲。之後，長子被謀害，次子克塽年幼即位，被其祖父鄭成功逃亡中國大陸的叛將施琅率軍來臺征服，2 年後亡國。1683 年 8 月 18 日施琅起義成功，將臺灣出賣獻給大清帝國立大功；但清朝皇帝認為臺灣是鳥不生蛋的「化外之地」，即賜施琅大片荒地給他為酬勞。但是禁止漢人攜眷來臺灣開墾農地，因深怕施琅日後造反。因此才有「有唐山公，無唐山媽」（唐山即指中國唐人而言，唐人即漢人）。因此，隻身來臺灣的唐山的「羅漢腳仔」（單身漢）在臺灣工作，即與本地原住民的女子結婚建立新家庭。

4. 大清帝國（滿清政府 1683 ～ 1895 年）

中國漢人的外來政權大清帝國所統治的臺灣「化外之地」的區域，只包含臺灣南部鳳山縣以北到台北、基隆和東北部宜蘭的蘭陽平原。此外地區均稱為「番地」，不屬中國清朝的領土。因此，外國船員在海上遇難，登陸番地避難受害，清國均置之不理，深受外國政府不滿、攻擊。直到 1875 年才派福建船政大臣沈葆禎為欽差大臣來臺灣，在高雄、台南二地聘請法國工程師建設砲台，以防範外國軍艦攻打。又請英國技師在鵝鑾鼻建造一座燈塔，以防船難。

1885 年 10 月臺灣建省，劉銘傳被派任首位巡撫，以臺灣府（即台南市）為行政中心，推行政務改革，舖設鐵路。但 1891 年 6 月，劉銘傳因健康欠佳關係離開臺灣，由邵友濂續任巡撫，將臺灣首府從台南遷到台北。他認為舖設鐵路，經費龐大、昂貴，不但停建，甚至將已舖好的鐵路拆掉，阻礙臺灣的現代化與交通建設甚大。

邵友濂巡撫在 1894 年 12 月離任，由唐景崧繼任，可是當時清日兩國為朝鮮半島主權問題爆發「甲午戰爭」，已經進入激戰時期，結果清國海軍大敗。接著日本海軍船艦南下占領澎湖，並計劃攻占臺灣。清國皇帝深怕戰爭繼續擴大，又無勝算可望，乃於 1895 年 4 月 17 日向日本投降，並派李鴻章為代表，到日本下關（即馬關）與日本代表伊藤博文簽訂 21 條無條件投降的「馬關條約」，除賠償巨款外，又割讓澎湖群島和臺灣給日本。

為何李鴻章在馬關條約中簽訂將臺灣割讓給日本？據他的自傳《李鴻章傳》（1913 年出版）的回憶說：「臺灣早期的定居者是非中國文明的南島語系部落民族，這島有惡名昭彰的歷史……在偉大良好的乾隆（1796 ～ 1820）年間，就為平息叛亂，損失多少珍貴的生命和國庫費用。」又說：「在 200 多年統治期間，有超過百餘次的起義事

件……每次起義，清政府不得不越洋派兵平亂，既勞民又傷財。」接著又認定臺灣為「毫無價值的蠻荒之島……是美而神聖帝國的黑腫瘤，……我主張擺脫這個比無價值更糟的領土。」這是李鴻章將臺灣割讓給日本的原因。因此，今日中華民國和中華人民共和國均無權質問將臺灣割讓給日本的正當理由，更不能因割讓再主張臺灣是中國領土不可分裂的一部分，或任何主權問題。

就在 1865 年 6 月 16 日英國首位醫療宣教師馬雅各醫生來到臺灣台南府城，從事醫療傳道；或馬偕牧師於 1872 年 3 月到淡水也是從醫療傳道開始，著手為漢人與原住民醫治當時流行的瘧疾、霍亂和黑死病等亞熱帶致命性的傳染病，設立醫院、建教堂、辦學校，但是屢遭漢人反抗、排斥、被丟石頭、撥糞便侮辱、拆教堂，之後，又以偽證陷害臺灣本地傳道師高長伯入獄、信徒莊清風被謀殺。直到 1868 年因「樟腦事件」，英國用武力保護英商和宣教師，兩國才達成協議，由清國「告示民眾嚴禁毀謗基督教」，並「承認傳教士在臺灣各地有傳教居住之權」。

英國長老教會宣教師在臺灣處於蠻荒化外之地時期，將西方文明傳入臺灣，巴克禮牧師又於 1884 年 6 月創辦臺灣教會公報社，1885 年 6 月發行第一份《臺灣府城教會報》（1885 年 6 月創刊），成為臺灣第一份報紙。此後又推廣用羅馬字拼音的臺語文化，鼓勵學生和信徒讀他用羅馬字拼音翻譯的聖經（通稱白話字聖經）與天文、歷史、地理、博物、數學等各種西洋文明的通識課本。甘為霖牧師則將西拉雅語的馬太福音和約翰福音兩本新約聖經中的福音書，帶回英國倫敦翻印給臺灣原住民使用，並首創辦臺灣盲人學校，傳授聖經、按摩與點字，為當時的臺灣盲人打開一面信仰與文明的窗口。

5. 臺灣民主國（1895 年 5 月 23 日～6 月 3 日）

　　在大清帝國將其領土的毒瘤臺灣蠻荒之島割讓給日本做為賠償「甲午戰爭」慘敗的軍費之一部分，日本政府尚未派兵來接收臺灣之初期，曾引起居住臺灣的漢人抗議，於 1895 年 5 月 23 日發佈未被國際承認的「臺灣民主國」，欲抵禦日本的占領，但因中國漢人內鬥成習，無法團結合作，首任總統唐景崧未能得到抗日領導人之一的丘逢甲和楊汝翼等人率兵支援，在「萬急急」亂局中，搭乘德輪亞沙號從淡水逃回中國廈門。在南部駐守的劉永福，風聞日軍由乃木希典將軍率兵逼近府城台南，在二層行溪紮營，他又在兵荒馬亂中，偽裝老太婆攜帶巨款搭漁船出海，轉乘英商輪船逃回中國。因此，尚未上路運作的「臺灣民主國」在「非革命、非獨立、非真民主」之下，總統尚未正式就任，未與日軍打過一兵一卒，就在臺灣歷史上消失了，留下亂七八糟，秩序暴亂的臺灣局勢。

6. 日治時代（1895 ～ 1945 年）

　　台北社會在混亂中，臺灣富商與外國商務代表都非常著急恐慌，乃商議迎接日軍進城維持秩序，並推出通曉日語的鹿港浪人富商辜顯榮於 1895 年 6 月 14 日迎接日軍「無流血入城」。日本政府在台北即舉行「始政典禮」，並訂 6 月 17 日為「臺灣始政紀念日」。

　　在台北，日軍雖然和平入城，但在中部和東北部的接收工作，卻屢遭臺灣「義民兵」反抗攻擊。抗日失敗的臺灣義民兵死傷慘重；日軍方面的損傷也很多。在台南府城被日軍包圍時，台南市富商和德高望重的士紳，乃在 10 月 20 日晚上齊到新樓英國宣教師的宿舍區找巴克禮牧師，代表台南府城全體市民出城到二層行溪日軍營區向指揮官乃木希典表示：「台南府城的居民願意歡迎日軍和平入城，請勿損害居民生命和財物。」由於巴克禮牧師冒生命危險，在戰爭一觸即發的

危急中，化解危機，領日軍和平入城，日本明治天皇乃頒贈旭日勳章給巴克禮牧師與另外二名有功的英國宣教師宋忠堅牧師和長老教中學校長余饒理先生，感謝他們三人對日本接收台南府城，和平執政，毫無發生對抗或損害，同時將臺灣人賣給他們的新樓園地視為英國領土，沒有占領。府城人稱這塊園地為英國公園。

話說大清帝國割讓給日本的臺灣領土，按其統治的行政區域，只限漢人所開墾居住的西部平地與宜蘭的蘭陽平原，約占臺灣土地的三分之一而已。至於原住民所散居的「番地」山區，約有三分之二的丘陵地和內山，均不屬清國統治的領土，因此，不能視為割讓給日本的土地──是日軍進駐臺灣後，用武力征服占領的土地。所以，臺灣有日治（平地）和日據（山區）兩個不同的地區，但是這兩個地區均被日本視為殖民地。臺灣人則一律被定位為日本的「二等國民」，在政府機關或在學校任職的臺灣人，與日本人的待遇差別很大。因此，常常引起臺灣人對日本人發生「不滿」和「不甘願」的抗爭事件。此外，日本統治臺灣 50 年間，雖然對當時化外之地的臺灣的建設，文明的進步，有許多顯著的貢獻，但是日本對臺灣交通與農工商各項建設的一切成果，可以說都是針對為補給日本本土人民物資不足的需要而設定的。在教育方面也劃分為日本人子弟就讀的學校（師資與設備較優）與臺灣人兒童就讀的學校（水準較低）。兩者不同學校的畢業生，在社會上的就業機會與待遇，同工不同酬，差別很大！因此，在無形中常常使臺灣到日本內地留學的青年學生，與臺灣本地的知識分子產生聯合抗日的心理，甚至於 1930 年 8 月結合志同道合的人，成立臺灣地方自治聯盟，對日本政府表達抗議與不滿，要求政治改革。直到 1945 年 4 月 1 日，日本政府為發動臺灣青年參與（補充）日本大東亞戰爭軍人慘重傷亡的缺額，才將臺灣的地位從殖民地提升為日本的領

土，加強推行皇民化運動，提高會講日語的臺灣家庭的人為日本臣民（國民）；因為殖民地的人民只能做軍伕，不能當兵做軍人，唯恐戰後退役，成為反抗日本高壓統治的後患。因 1930 年 10 月 27 日原住民對日本警察不滿，曾發生霧社事件，有 124 名被殺害，至為恐懼往事重演！

再談日治時代，日本政府對臺灣教會的政策。起初由於英國宣教師巴克禮博士對引導日軍和平接管台南府城有功，為答謝宣教師的功勞，保護宣教師的傳教工作，正式發函給各地教會公告：禮拜堂禁止非基督徒進入裡面破壞、燒毀。對宣教師因日本加速西化政策，倍加尊敬禮遇。但是直到日本空軍於 1941 年 12 月初空襲美國珍珠港（夏威夷）的海軍艦隊，造成美艦的重大損害，與軍民的傷亡，引起美國於 12 月 8 日向日本宣戰。英國因為加入美軍陣線，聯合對抗日本軍隊的侵略行動，所以日本政府對英國人也視為敵人，在臺灣首先嚴禁英國宣教師擔任教會要職；醫院院長與學校校長必須辭職，由日本人接任。基督徒和教會學校的師生要參拜日本神社，表示對日本忠誠。美日英戰況激烈時，日本則驅逐所有英國宣教師離開臺灣，強迫臺灣基督長老教會加入贊成戰爭的日本基督教團。禁止臺灣教會用臺語講道。做禮拜時要先唱日本國歌，並使用日語「說教」（講道），以消滅臺灣人的臺灣意識。

1943 年，一艘來往於日本與臺灣之間航行的高級快速郵輪 8,000噸的高千穗丸，被美軍魚雷擊沉，1,500 名乘客全部死亡。同年 11 月25 日美軍飛機開始飛到臺灣上空轟炸新竹日軍飛機場和鐵路設施，接著又轟炸嘉義、台南空軍基地與高雄港口。日本警察（控制臺灣治安）為加害臺灣本地牧師（特別是與英國宣教師有連絡者），常常問牧師：「天皇與上帝，何者更偉大？」當時擔任長老教會南部大會議長的楊

士養牧師向日本警察答覆：「天皇在日本最偉大，拿天皇來比基督教的上帝，對天皇非常不尊敬！」於是日本警察無法加害牧師。之後，日本警察又向臺灣牧師恐嚇、宣告：「如果美軍登陸臺灣，為避免牧師帶領美軍進入臺灣本土，將把全部牧師集中槍決！」於是每位牧師為這件事，天天迫切向上帝祈禱：「天佑臺灣！」

1945 年 8 月 6 日和 9 日，美軍將兩顆原子彈投到日本的廣島與長崎爆炸，日本昭和天皇於 8 月 15 日透過無線電台向日本全國軍民含淚廣播無條件投降詔書，結束第二次世界大戰亞洲戰區的戰爭。在戰爭結束的前幾天，日本在臺灣的末代總督安藤利吉曾臨時緊急召集具有抗日臺灣意識的臺灣菁英，商研要讓臺灣人在日本退出臺灣之前，宣佈成立臺灣國，並將 17 萬名日本關東軍移交給臺灣政府做保衛臺灣不被美軍占領之後盾。但是這些平常抗日的臺灣志士，沒有行政經驗，又深怕會引起更大的戰爭災難，於是拒絕日本總督的建議與協助，毅然決定歡迎「祖國」（即指中華民國）來臺灣接管，比較妥當。可是臺灣人民經過日本統治 50 年期間，接受日本的皇民教育，對這個「祖國」的面相，相當陌生，不知真情，到處高唱歡迎中國軍來「光復」臺灣。誦唱：「臺灣今日慶昇平，仰首青天白日青；哈哈，到處歡迎。哈哈，到處歌聲，六百萬人同快樂，簞食壺漿表歡迎！」

然而，怎會知道，送走日本苛酷的「大人」，迎接進來的卻是人人懼怕、貪官污吏的「中國人」，純樸的臺灣人民又要忍受過比做「日本二等國民」更不如的慘痛悲苦日子。

三、在國民黨統治下的近代史記

1. 中國代表美國在台北接受日本投降的接管時期（1945 ~ 1949 年）

第二次世界大戰亞洲戰區於 1945 年 8 月 15 日日本昭和天皇宣佈無條件投降，結束以後，盟軍戰勝國是美國，所以日本代表於同年 9 月 3 日前往東京灣美軍指揮官麥克阿瑟將軍的軍艦上簽降書。關於臺灣地區，麥克阿瑟將軍則委託中國戰區蔣介石將軍派員接受日軍投降並暫時接管；當時蔣介石指派何應欽將軍，但何應欽將軍又派陳儀來臺灣，於 1945 年 10 月 25 日在台北公會堂（今中山堂）接受日本投降。受降會場正面懸掛聯合國大旗，與中、美、英、蘇四國的國旗與四國元首的巨幅照片。會場外面則拉掛一行大字寫著：「中國戰區臺灣省受降典禮」。足證此一受降典禮是表明日本是向聯合國與盟國投降，並非僅向中國投降，中華民國政府僅是被委託臨時接管臺灣的代表而已。但是被委託接收日軍武器與日產當時，向日本臺灣總督府沒收約美金 50 億元價值的銀行存款（日幣），與日本政府公家機關的房地產、農業和工業株式會社、糖廠、工廠、電力公司、水利會、農會、公路與鐵路交通設施……等等建設的不動產，以及 17 萬關東軍的裝備等等，均未向戰勝國美國列清冊報備，就據為己有。而大部分的日產，又被國民黨據為黨產，甚至把原住民居住的山區全部收歸國有財產。然而此項接收，在國際法律上並無使臺灣成為中國領土的一部分；美國軍事政府仍持有占領權益。

　　中華民國為受託臨時接管臺灣，早於終戰前一年，1944 年 4 月 17 日在重慶「中央設計局」之下成立「臺灣調查委員會」。在該委員會下又成立「臺灣行政幹部訓練所」沿用中國人來「統治」臺灣。終戰後接收臺灣，「臺灣調查委員會」即改制為「臺灣省行政長官公署」與「臺灣省警備總司令部」，特任陳儀為臺灣省行政長官兼臺灣省警備總司令。因此，戰後臺灣省行政長官制係集行政、立法、司法、軍事大權於一人身上的特殊化的獨裁、集權、專制的統治當局，形成

另一種「中國新總督」再「殖民統治臺灣」的悲劇。茲舉數例如下：

（1）牽親引戚、差別待遇：

高級公務員絕大部分由外省的中國人壟斷（高普考錄取率按省籍分配長期比例為 599 人：8-22 人），各機關單位充斥著「牽親引戚」，安插自己的人任職，政權一把抓，連下層的員工都不錄用臺灣人；一旦被錄用的臺籍人士，同工不同酬，減半支給，比日本人給臺灣人之 6 成酬金更低，引起臺灣人極大的不滿。

當時陳儀長官向臺灣人廣播說：公務員有三件不做的事，就是「不偷懶、不欺騙、不揩油」。結果：中國公務員上班的時候，既偷懶，又欺騙老百姓，進而常常向人民揩油（收紅包辦事）。在接收日產時，劫收金條、洋房、汽車、小妾和高位，被人譏笑為「五子登科」（五子是指金子、房子、車子、位子、女子）。劫收一任，富貴三代不缺乏。許多官員，大膽貪污舞弊，無廉無恥，使臺灣人大開眼界，此一政壇歪風，吹冷臺灣人對祖國軍民歡迎的熱情與期望。

（2）官商勾結、民生凋敝：

日本人留下 237 個公私企業、600 多個機關單位與 50 億美金給臺灣省行政長官公署各處局所設立的 27 個國營公司做資金來經營。但中國官員不懂經營方法，只懂如何貪污舞弊，所以每一個公營企業不但沒有盈餘，而且虧本連連，反觀每個官員的中山裝卻裝滿紅包。官商勾結，低價搜購臺灣生產的米、糖、鹽，大量運往中國高價銷售，使在臺灣產地市場購買米、糖、鹽等各種民生食物的價格暴漲，反比中國大陸的高價更高數倍，而且又一日三市。學校老師一個月的薪水，只能買到數天的白米來吃，所以私立學校只好發動來自鄉下的學生，從家裡帶白米來援捐給教職員配給，以維持生活。到 1949 年，由於物質暴漲千萬倍，原來在終戰時，一圓日幣（與一美元等值）換一

元臺幣，如今（1949 年 6 月 15 日）卻要以 40,000 元臺幣兌換 1 元新臺幣。現在（2014 年 6 月）是 30 元臺幣兌換 1 美元，所以臺幣又大幅貶值；40,000×30 ＝ 1,200,000 倍，臺灣人的錢究竟貶到那裡去？據最近 2014 年 5 月透過報紙和電視新聞透露，臺灣人從出生到年老，每一個人都要替政府背負 103 萬元的債務！臺灣人真「該死」嗎？因此，臺灣人的錢，全部被執政的中國託管當局吸收淨空，哀哉！哀哉！臺灣人認賊做「祖國」，做「老父」何其不幸！何其冤枉！

（3）二二八事件的悲情：

耶穌曾對祂的門徒講了一個寡婦和法官的比喻，說：「某城有一個官，不怕上帝，也不尊重人。那城裡有個寡婦，常到他那裡，說：『我有一個冤家，求你給我伸冤』。他很久不受理，後來心裡說：『我雖不懼怕上帝，也不尊重人。只因這寡婦煩擾我，我就給她伸冤吧，免得她常來糾纏我。』」主說：「你們聽這不義的官所說的話。上帝的選民晝夜呼籲他，他豈會延遲不給他們伸冤嗎？我告訴你們，他很快就要給他們伸冤。」（路加福音 18：1～8）是的，上帝愛世人！但是，試看臺灣人有苦情向接收當局訴求，中國人的行政長官如何答覆臺灣人民？

1947 年 2 月 27 日下午 2 點，臺灣專賣局在全面經濟統治下，查緝員傅學通、葉得根、盧鐵夫等人奉命到淡水港追查香菸走私，但因官商勾結，無重大斬獲。當天下午六點，在台北延平北路與南京西路交會的天馬茶房附近的走廊，查獲一名 40 歲的寡婦林江邁暗藏託售之走私香菸，於是查緝員決定將她的私菸和身上的金錢全部沒收。林婦在苦苦哀求手下留情時，外省籍的查緝員葉得根還以手槍柄擊破林婦頭部，鮮血淋漓，嚎啕哀叫。接著另一位外省籍的查緝員傅學通又開槍擊斃一名圍觀的市民陳文溪。因此激怒市民將查緝員的卡車和車

上沒收的香菸燒毀，並前往警察局和憲兵隊，要求交出肇禍的人犯，但當局始終不予處理。此事正反應耶穌的比喻：「在人子來的時候，能在世上找到（像不義的法官）這樣的信德嗎？」（路加福音18：8）中國國民黨的官員，真是比猶太人「不義的法官」更不如！

有一次，耶穌論禱告的時候又向祂的門徒說一個故事，說：「你們中間做父親的，誰有兒子求魚，反拿蛇當魚給他呢？求雞蛋，反給他蠍子呢？」（路加福音11：11、12）

在1947年2月28日上午，臺灣人為臺灣社會治安與官場腐敗集結於行政長官公署前廣場請願訴求改革時，國民黨的長官給臺灣人民什麼？除了不予回應外，在公署陽台上的憲兵又用機關槍的子彈向人民掃射，死傷了數十人。世界上哪有這樣的政府以子彈「照顧」回覆人民的訴願呢？就算政府官員不是人民的「父母官」，不是人民的「公僕」，也不可以用惡意給「蠍子」的方法來回答人民的訴願！難怪當時情勢一發生就無法收拾，警備總司令部急忙宣佈戒備。

臺灣人民熱烈歡迎所謂「祖國」，日本人叫做「支那」的「中華民國」軍民來臺灣「接管」（託管），結果發生二二八事件，以「槍彈」回答人民的訴願、訴求。臺灣省政治建設協會（人民團體）呈請南京美國大使館司徒大使煩轉中國國民政府蔣主席鈞鑒，說：「臺灣此次民變，純為反對貪污官僚要求政治改革，並無其他作用，請萬勿派兵來臺，以免再激民心，並懇求迅速派大員蒞臺調處，則國家甚幸。」「臺灣政治建設協會」係由蔣渭水主導的民間社團。結果：蔣介石僅聽陳儀長官片面不實的告狀，於1947年3月8日從福州第四憲兵團派二個大隊從基隆港登陸，21師增援部隊亦於同日抵達基隆港。一登陸，未經警告，即用機關槍掃射在港區工作的數百名臺灣工人，接著橫掃在市街上來往的人民，死傷者面目全非，臥倒在街路的血泊中；

被活捉者則學日軍報復中國人的惡法，用鐵線（亞鉛線）貫穿足踝或手掌，三五人一組被拋入海裡溺斃，無法逃生。

國軍 21 師另有 3,000 名部隊，彷彿惡魔從高雄港登陸，進行所謂「綏靖」大屠殺的「鎮壓」行動。許多青年、學生、民眾被捕捉，未經審問即被槍決。在高雄火車站前，被逮捕的人在槍決之前還叫他們的家人來看他們的父親或兒子被無人道的苦刑之後，再槍決！其慘狀實在令人不忍一睹。

3 月 9 日陳儀長官又下令捕殺不曾參與抗爭行動的社會菁英、知識分子、名流，其中有民意代表、大學教授、知名律師、醫師、作家、畫家和記者，也一一不經審判，就地槍決或害死。例如：

林茂生：他是美國紐約哥倫比亞大學頭一個臺灣學生榮獲哲學博士學位的學者，當時擔任臺灣大學文學院代理院長，淡水中學（今淡江中學）董事長，於 3 月 10 日晚上被情治人員帶走，一去不回。據說，他是被裝入一個放石頭的大麻袋內，投入淡水河溺斃，直到如今，尚未找到其遺體（遺骨）。

陳炘：他也是哥倫比亞大學留學回臺的金融家，他在 3 月 11 日清晨約 6 點的時候，在病床上被刑警帶走，一去不回。

楊元丁：基隆市參議會副議長，被槍殺後，屍體被投入基隆海邊。

宋斐如：他是終戰後臺灣省行政長官公署的 21 名高官中唯一的臺灣籍人士，擔任教育處副處長，也被槍決。

其他被槍決的臺灣菁英尚有：臺灣新生報總經理阮朝日、臺灣新生報日文版編輯吳金鍊、新竹地檢處檢察官王育霖、淡水中學校長陳能通、宜蘭醫院院長郭章桓、名畫家陳澄波、正義律師湯德章、岡山教會牧師蕭朝金、花蓮縣參議會議長張七郎醫師及其二個兒子三人均被剝光衣服槍斃。當這些菁英被捕遇害時，許多平日敢於坦誠直言不

諱的民間報刊，如：《民報》、《人民導報》、《中外日報》、《大明報》等均被陳儀查封。沒有人敢向當時恐怖動亂的局勢再發聲。其實敢言會發聲的臺灣菁英，都被「綏靖」大屠殺行動清查，幾乎全部都被槍決了！因為陳儀長官認為這些臺灣菁英的思想都被「日本帝國教育毒化」，心中具有反抗行政長官公署對臺灣統治的「善意」政策。而蔣介石又派軍隊做他的後盾，來對付手中無寸鐵的臺灣人民。據一般統計，因二二八事件去世的臺灣人知名與不知名者合計接近 40,000人。

（4）清鄉行動：

二二八事件於 1947 年 3 月 13 日告一段落，接著是實施「清鄉」行動，命令由惡人（日本人）贈送給臺灣人的軍服、皮鞋、手套、佩刀、短劍、武士刀、獵槍、望遠鏡、測量儀等日用品禮物，要全部清繳政府，否則依警總參謀長柯遠芬說：「寧可枉殺 99 個，只要殺 1 個真的就可以。」結果，軍隊以「清鄉」為名，臺灣人民的財物被無故奪走，不計其數。有些被陷害者為救一命，向軍方賄賂、破財消災，而能撿回一命，則是萬幸！有些人散盡一切財物，又被軍方認為這是一項不打自招的罪證，後來又賠命者，仍然不計其數。中國的軍事統治是如此的可怕、恐怖，又令人憎惡。因此，臺灣父母教育兒女的叮嚀，第一句話便是：「絕對不可參與政治」！

陳儀長官在中國大陸政局劇變時，計劃投奔中國共產黨，於1947 年 4 月間被人向蔣介石密告，終於被國民黨槍斃身亡，結束他無惡不作的獨裁、專制、恐怖的接管暴政惡行。但是他的死刑卻不能結束臺灣人民對居心可惡難測的掌權者的恐懼感與問政的擔心及冷漠。

1947 年 4 月 22 日，臺灣省行政長官公署改為臺灣省政府，改派

魏道明為省政府首任主席，在 14 名省府委員中，臺籍人士占 7 名，但卻未能撫平人民對政治的驚懼心理；對以往家破人亡、被國民黨殘害的悲劇，始終閉口，一句話也不敢向自己的兒女和親人提起。

2. 中華民國流亡政府託管時期（1949 ～ 1971 年）

中華民國常常自誇八年抗戰（1937 ～ 1945 年）打敗日軍的勝利戰績，卻在 1949 年 9 月間被自己國內弱勢的共產黨打敗。中共於當年 10 月 1 日在北京宣佈正式成立中華人民共和國。中華民國中央政府則於當年 12 月 7 日由美軍協助撤退到臺灣來，約有 30 萬官員和 40 萬殘兵敗將完全撤離中國大陸。原在中國大陸因與共軍打仗失敗而於 1949 年 1 月 21 日被迫宣佈「引退」下野的蔣介石總統，在大陸淪陷後，於當年 5 月逃到臺灣，於 1950 年 3 月 1 日在台北自行宣佈復職視事，並於同年 3 月 13 日在陽明山莊向忠誠的國民黨員坦白宣佈：「我們的中華民國到去年年終就隨大陸淪陷而已滅亡了，我們今天都已成了亡國之民。」接著訂定「反共抗俄，殺朱拔毛」的五年計劃，即「一年準備，二年反攻，三年掃蕩，五年成功」的反攻大陸的基本國策，並開始向臺灣青年徵兵，補充兵源。

然而，在 1950 年 6 月 25 日韓戰爆發，北韓大軍在蘇俄與中共支持下大膽侵犯南韓，美國被迫為保護南韓而加入韓戰，美國總統杜魯門重新考慮利用臺灣做圍堵共產集團在太平洋「自由世界」的防共防線。因此，於韓戰爆發的次日，立即下令美國海軍第 7 艦隊在臺灣海峽防止中共用武力攻打臺灣，同時禁止中華民國流亡政府派兵反攻大陸，以免擴大太平洋地區的戰爭。為加強國軍的防衛力量，美國又與中華民國簽訂《中美共同防禦條約》，派軍事顧問團來臺灣訓練國軍使用美援的新武器，以提升國軍防衛臺灣的戰鬥能力，並使蔣政權在臺灣能夠繼續維持穩定託管下去的威權。

日本雖因戰敗在 1945 年 8 月 15 日向盟軍太平洋戰區最高指揮官麥克阿瑟呈交降書，但是遲至 1951 年 9 月 5 日在英、美、法等列強主導下，共有 47 個同盟國成員在美國舊金山簽訂《舊金山和平條約》；當時中華民國因大陸淪陷，退守臺灣，而中華人民共和國又於 1949 年 10 月 1 日成立。因此，中國代表權在國際上發生爭議，所以中國合法政權之政府未受認同，而沒有被邀參加會議。關於臺灣地位的歸屬問題，根據《舊金山對日和平條約》第二款明文規定：「日本放棄臺灣、澎湖群島的所有權利、權限與請求權。」而沒有說明：放棄後應如何處理？在理論上，根據聯合國民族自決的原則，應輔導臺灣人民透過公民投票方式，由在地人民決定何去何從，才能定論。但是當時聯合國並無做這項決定，所以「臺灣地位」在國際上即留下「未定論」，由流亡在臺灣的中華民國政府在台北繼續託管。經過一年以後，1952 年 4 月 20 日，日本派代表來台北與中華民國政府簽訂《中日和平條約》，其中第二條明文規定：「確認 1951 年 9 月 8 日在美國舊金山簽署之對日和約第二條規定……日本已放棄所有對臺灣及澎湖的權利，所有權及主張……。」在本條約的明文，日本仍未提到臺灣領土的移轉歸屬問題。因此，在韓戰爆發的第 3 天，依照當時（1950 年 6 月 25 日）美國總統杜魯門的聲明：「臺灣將來的地位，必須等到太平洋的安全恢復，及對日本的和平條約成立後，或者聯合國予以考慮，才能確定。」因此，中華民國流亡政府，長久以來未能實現「反攻大陸」的願望，一直盤據在臺灣，繼續執行美國軍事政府授權給伊託管之威權統治。也是因為這樣，中國國民黨迄今在臺灣根本上仍無「主權」的法律基礎可言。這項託管純屬一種委託代理關係而已。

根據美國軍事政府占領臺灣的政策，美國對下列臺灣人民的民主自由及人權的保障受到壓迫時，必須給予關切與維護，但迄今美國仍

未切實關切下列重大人權情事：

（1）中國國民黨加強執行 1950 年 5 月 20 日實施的臺灣全省戒嚴。戒嚴期間，被視為擾亂治安者一律處死刑。

（2）發佈「動員戡亂」名目，凍結憲法有關自由、民權的內容。並歌頌蔣介石為「民族的救星，時代的舵手，世界的偉人」，將他的形象神格化，在各城鄉主要交通、公園、學校、和各政府機關單位，豎立蔣公銅像，又在各軍營和學校內標榜：「主義、領袖、國家、責任、榮譽」的標語，進行污染思想的政治洗腦教育。

（3）1950 年 6 月 13 日公佈《動員戡亂時期檢肅匪諜條例》，許多無辜的臺灣人民一旦得罪國民黨員，都被警備總司令部的情治人員明目張膽，冠以「匪諜」、「通匪」或「知匪不報」的罪名，受冤枉被捕入獄，接受政治教育；情節嚴重者則被判死刑，槍決，被害者無從統計。

（4）在國民黨反共、恐共的威權統治下，實施戒嚴，在憲法規定賦予人民的基本自由人權，例如：集會、結社、言論、出版、講學（或演講）、宗教活動均受到嚴格限制與監視，又禁止人民組黨、辦報、出國旅行……等等，被害的代表人物如下：

　　雷震：1959、1960 年辦《自由中國》雜誌，批評修改《臨時條款》使蔣介石繼續連任做萬年總統，並呼籲組新的政黨（反對黨）等言論，被警備總部以涉嫌叛亂，雜誌被禁，人又被判 10 年有期徒刑入獄。

　　彭明敏：在 1964 年他與二名學生謝聰敏和魏廷朝，共同草擬《臺灣人民自救宣言》，未發表即被捕判刑，彭明敏入獄軟禁 8 年，兩名學生魏廷朝判 8 年，謝聰敏判 10 年。

　　黃彰輝：他不聽國民黨情治人員指導，主張臺灣基督長老教會不應退出普世教協（W.C.C.）的國際組織。並主張臺灣前途，應由臺灣

人民自決，於 1965 年 6 月 16 日主持臺灣宣教百週年慶典後不久，被迫離開臺灣，禁止回國；宣教百週年慶典活動又被誤為親共活動，始終被限制、監視。台南神學院被誤認為「臺獨」的大本營，不准創設長榮大學。

1971 年 10 月，聯合國大會接納阿爾巴尼亞的提議，做成《2758 號決議案》，將蔣介石政權的中華民國逐出聯合國，並承認中華人民共和國為代表中國的唯一合法政府。此案，在國際上使中華民國流亡政府變成名存實亡（死蛇活尾溜）不合法的偽政府，完全徹底喪失主權獨立國家的資格。臺灣產品 Taiwan 的正名在國際貿易的品牌出現，不再使用 R.O.C. 了。

當聯合國表決要讓中華人民共和國取代蔣政權中華民國的席位時，美國總統尼克森當時曾勸導蔣介石總統另以臺灣的名義留在聯合國，但蔣介石總統惱羞成怒，斷然以「漢賊不兩立」回絕美國此一善意的建議，使臺灣失去成為有主權新而獨立的國家的機會！誰是被逐出聯合國國際組織的歷史罪人？在歷史上至為清楚。

3. 中華台北──臺灣統治當局時期（1971 年迄今）

在中華民國被逐出聯合國，其國號在國際上的正名被改為「中華台北」（Chinese Taipei），不再是 R.O.C.。次年 1972 年 2 月，美國總統尼克森首次訪問中國，在美中《上海聯合公報》，美方絞盡腦汁聲明「美國認知（acknowledge）臺海兩岸的中國人（註：不是臺灣人）都認為只有一個中國，而且臺灣是中國的一部分。」留下「中國」的定義，由兩岸政府「各自表述」的伏筆和爭議空間。然而美國政府使用「認知」這字的含意即表示：臺灣人不是中國人，兩岸的中國人（不包含臺灣人）雖有各自表述的立場，但其立場不是臺灣人的立場至為清楚。但是由於這一個「認知」的「模糊」字義，使臺灣人對臺灣地

位的意識沒有清醒；不知道應向聯合國（或美國）訴求：爭取獨立建國的願望，一年又一年繼續受寄生在臺灣的「中華台北」政權嚴重打壓和政治迫害。根據美國《臺灣關係法》條文說得很清楚：凡是臺灣人的民主、自由、人權受到臺灣統治當局的政治及司法損害、壓迫時，美國政府必須出面關切制裁，然而美國政府似乎將下列事項視為臺灣當局的內政，袖手旁觀，始終未便介入理會。

（1）長老教會的宣言

　　臺灣基督長老教會鑑於中華民國被逐出聯合國，可能嚴重地威脅臺灣地區全民生存的當前局勢表示深切的關懷，代表我們同胞的心聲，於 1971 年 12 月 29 日做成《臺灣基督長老教會對國是的聲明與建議》。之後，由黃彰輝、黃武東、宋泉盛與林宗義等 4 人（被國民黨定位為臺獨四大寇，列入黑名單），在美國發表《臺灣人民自決運動宣言》。長老教會於 1975 年 11 月 18 日發表《我們的呼籲》，及 1977 年 8 月 16 日第三次發表《人權宣言》，建議政府採取有效措施，使臺灣成為一個「新而獨立的國家」。凡參與發表這份宣言的牧師，個個均抱著犧牲生命的決心和殉道精神來做成這份宣言。結果，不出預料，總幹事高俊明牧師天天就被國民黨的情治人員跟蹤。事後不久，高牧師因被牽連到藏匿美麗島事件的要犯施明德案件，而被判入獄，服刑 4 年 3 個月又 22 天才獲假釋出獄。

（2）禁說臺語、沒收臺語聖經

　　政府為推行全講「國語」，1973 年禁止香港出版的《臺英辭典》進口，並沒收。1975 年 5 月，全面查禁長老教會使用臺語白話字發行的聖詩和聖經，連泰雅語聖經也被查禁。1984 年教育部函請內政部制止教會使用臺語傳教，並查禁白話字的教會公報雜誌，臺灣教會公報被迫改用中文發行。甚至在電視台、廣播電台也禁止藝人唱臺語

歌曲，減少臺語節目，到 1992 年剩下不到 10%，在學校、省議會照樣禁止說臺語，一心一意想消滅臺灣母語和臺灣文化。

（3）禁用日貨、禁唱日語歌曲

緊跟美國的政治走向，日本於 1972 年 9 月 29 日也正式與中華人民共和國建交。之前，日本與中華民國在台北簽署的《中日和約》就自然失效。原來臺灣人民擁有日本國籍，於終戰後，臺灣人的國籍於 1946 年 1 月 12 日違反國籍法，不經英美同盟國的同意，將 610 萬名臺灣人的日本國籍擅自改為中華民國的國籍，在國際上無法律效力。在中華民國被逐出聯合國後，中華民國在世界上喪失國格，凡與中共建交的國家，均依照中美雙方共識的「認知」，視臺灣為中國的一部分。所以中華民國的護照，在世界上也被視為中國護照之一。到陳水扁總統時期，才在護照上加蓋 TAIWAN，以予識別，但因在臺灣護照上仍有 CHINA 字樣，所以某些國家的官員仍誤認臺灣是中國的一部分，出國時造成許多困擾。

在中日斷交後，國民黨在臺灣禁用日貨、禁唱日語歌曲，使臺灣工商業和文化交流受到很大的損害；比這些更大的禍害就是《中日和約》失效後，臺灣人的國籍未再做安排，於 2009 年 4 月 7 日被美國法院判決：確認臺灣人在世界上為「無國籍者」，或被視為「中國人」，在國外觸法，都被遣送中國受審。所以最近 60 多年來，臺灣人都生活在國民黨的政治煉獄中，這是臺灣人最大的悲哀！ 2014 年 6 月 13 日越南的排華行動，臺灣人被視為中國人，臺商工廠被搶、被毀、被燒、員工被打受傷，損害嚴重！這就是臺灣人與中國人無法區別，越南人分不清楚所造成的禍害！至於在越南的日商工業區則安全無事！為什麼？為什麼？

（4）美麗島事件

　　美國為防堵蘇俄軍事力量擴大到太平洋而宣布與中華人民共和國建交，反與中華民國斷交。因此，為保護住在臺灣的人民的安全，事後，美國政府聽取臺灣人民的訴求，於 1979 年 1 月 1 日美國國會簽署《臺灣關係法》，並將本法視為美國的國內法，意指臺灣是美國的占領區，美國有權力，也應有義務保護臺灣人民的安全，正如保護美國的一州的安全一樣。但是美方只在意履行出售防衛武器給臺灣執政當局的國民黨，但國民黨卻以槍桿對準有臺灣本土意識的臺灣人。根據《臺灣關係法》第 15 條之二定義：臺灣人民組成的政治團體可以接替治理當局（中華民國）。但是在同年 12 月 10 日國際人權日，在高雄市以《美麗島》雜誌社成員為核心的黨外人士，為向治理當局訴求民主與自由而牽動群眾（約 10 萬人）在市街進行示威遊行時，卻遭國民黨僱用的黑道暴徒潛入遊行隊伍中製造衝突，發生暴亂，使國民黨有理由和藉口，派遣軍警全面鎮壓、逮捕黨外人士，以叛亂罪名接受警總軍法處審判，首名被捕的黨外重要領導人物是余登發，接著是美麗島雜誌創辦人黃信介與施明德、張俊宏、姚嘉文、林義雄、陳菊、呂秀蓮、林弘宣等。這些黨外重要人士均於 1979 年 12 月 13 日起至 1980 年 1 月 9 日先後被捕入獄，於 1980 年 2 月 20 日都在新店警總軍法處以叛亂罪起訴；臺灣基督長老教會總會總幹事高俊明牧師、林文珍長老等人，當時被控幫助施明德四處躲藏，在施明德落網後，亦被軍法處判以重刑入獄，其他罪刑尚有 35 人受連累。

　　對於臺灣人民團體在國際人權日發起遊行、示威、演講、爭取民主與自由者，受國民黨冤枉，以叛亂罪判決入獄，有期徒刑各 12 年乙案，依臺灣關係法第二條之三，美國應有義務保護臺灣人民之人權與安全才對。但事與法相違，因為美國沒有關切，所以國民黨才敢大

膽肆意逮捕、重刑、入獄來回應臺灣人民對自由與民主的訴求與渴望。

（5）林義雄家宅血案

　　林義雄律師平時樂觀，他相信可以用法律為臺灣人民伸張公義。1977 年當選第六屆臺灣省議會議員，在省議會以「笨鳥先飛」自期，全力投入政壇。他信賴人民，以人民為主。在議會中問政，以犀利尖銳的質詢，要求省主席林洋港，應以「將人民當主人來服侍」的民主政治來為民服務，並要求政府對「臺語」與「國語」平行對待。選舉要公平、公開，主張賄選當選無效。為民服務，率先婉謝禮金謝物，但他卻捐款支持《美麗島》雜誌社，埋下受國民黨陰謀「特別照顧」的伏筆，並被控與《美麗島》雜誌社的叛亂員工同罪，仍被軍法處起訴定罪。在他被押入獄受審，於 1980 年 2 月 28 日大白天，國民黨便派黑道殺手大搖大擺闖入他在台北市內的家宅，將林母游阿妹及一對雙胞胎女兒林亮均、林亭均用尖刀殺害，刀刀見血致死，幸留被殺重傷的長女林奐均在奄奄一息時獲救。此一命案，歷經 30 多年，政府始終不用心徹查，長久以來，仍成懸案未解。天下哪有這種政府，以殺害無辜家人滅口的殘忍手段，來對付一個議員支持民間雜誌社，揭發執政黨不公不義又不人道的錯誤政策呢？為反對建核四發電廠，危害萬代子孫，20 多年來林義雄律師帶數萬臺灣人民徒步苦行全臺灣，又禁食，馬政府卻視而無睹，竟未予正面答覆；現今因缺零件裝設才被迫封存。

（6）陳文成命案

　　年輕旅美傑出的陳文成教授，臺灣大學碩士畢業，25 歲獲得美國名校密西根大學獎學金，赴美深造，28 歲以第 1 名榮獲博士學位，隨後應聘到卡內基大學統計系擔任助理教授。因他熱愛臺灣，在美國

留學與任教期間，始終關心臺灣政治發展與演變，曾研讀政治理論，發表支持臺獨的演講，積極參與同鄉會、人權會，並在財力上支持《美麗島》雜誌社，被國民黨列入黑名單，但在 1981 年 5 月 20 日意外得到國民黨的准許，保證返臺探親，不會被捕入獄，乃從美國攜妻帶子返臺探親而陷入國民黨詐欺的圈套，於同年 7 月 2 日在他即將返美任教之清晨被警總情治人員從家中帶走。在軍法處因他在美國曾發表支持臺獨言論，並捐助《美麗島》雜誌社受審、刑求、被害，次晨橫屍在臺灣大學研究生圖書館旁邊。因被害證據不足，至今仍無法確認事發經過詳情真相，但依美國派來臺灣協助驗屍的法醫研判，確認陳文成博士身上的傷勢，確實是在被捕受審時被虐待、酷刑、拷打，嚴重受害而斷氣，然後被移屍遺棄於他的母校臺大校園示儆。這是國民黨執政當局特許陳文成教授返臺探親的「特別照顧」，施予報復的結局！這種陰險殘忍的小人手段，可怕不可怕？

（7）鄭南榕點火自焚事件

鄭南榕說：「我出生在二二八事件那一年，那事件帶給我終生的困擾。……我們是在鄰居的保護下對外省人的報復浪潮裡，免於受害。」在言論封閉的時代裡，他以被救的外省第二代身分，「對人生不明不清不楚，深覺痛苦。」他說：「我強烈感受到臺灣不公不義的現象，也明確下了堅持本土化思想的決心。」一心一意以辦雜誌來「爭取百分之百的言論自由。」終於在 1984 年 3 月創辦《自由時代》週刊，揭發軍方黑幕和弊端，打破蔣家神化威權、壓制軍人干政之氣勢。1986 年加入臺灣民主黨，當年發起 519 綠色行動，抗議國民黨長達 39 年的戒嚴統治被捕入獄。次年 1 月 24 日出獄後的第一天，恰逢二二八事件 40 周年屆臨前，他向臺灣最深沉的政治禁忌挑戰，邀請陳永興與李勝雄等本土人士到臺灣各地遊行演講，要求政府對二二八

受難的臺灣人士查明真相，平反冤屈，與族群和解。

　　1987 年 4 月 16 日那天，他站在演講會的講台上，以身為國民黨統治下第一個公然鼓吹臺灣獨立的外省囝仔的身分向群眾喊話：「我是鄭南榕，我主張臺灣獨立。」1989 年 1 月 21 日被高檢處以「涉嫌叛亂罪名」傳審。他在 1 月 27 日出庭時公開宣稱：「國民黨只能抓到我的屍體，不能抓到我的活人。」之後，他又向臺灣人民強調：「獨立，是臺灣的唯一活路。」他引用聖經的話說：「他（指施洗約翰）不是那光，而是要為那光（耶穌基督）做見證。那光是真光，來到世上，照亮所有的人。」（約翰福音 1：8、9），隱喻他就是要為臺灣獨立之光做見證，並準備為臺灣獨立殉道。

　　該來的日子總會來到，當年 4 月 7 日，國民黨情治人員動員大批警察，強行壓境，集體圍攻衝進雜誌社要逮捕鄭南榕，鄭南榕則自行鎖在他的辦公室，用他所準備的汽油點火自焚，成為一具焦黑的屍體，但其疼惜臺灣的精神化為千風沐浴臺灣美麗島，向世人證實傳播他對臺灣這片土地的熱愛情操，表達他寧願燒盡，威武不屈，大無畏的浩然正氣。因此，鄭南榕之生與死，在臺灣島上如一粒麥子播種「臺灣獨立」的種籽──一個主張「臺灣獨立」的鄭南榕落土種下他臺獨生命的種子，接著活出上千上萬跟他同樣主張「臺灣獨立」的臺灣人出來。

　　關於熱愛臺灣獨立的臺灣人，以往被國民黨外來政權冠以「叛亂」罪名而被判入獄坐牢，接受政治思想改造，甚至被殺害的菁英，其可歌可泣的悲慘故事，在這裡無法一一枚舉。總而言之，耶穌曾向被外來羅馬帝國政權統治下的猶太人說過：「當你被羅馬軍人強迫你為他們搬運重物走一里路的時候，為了你好，你就要勉強為他們走二里路。羅馬官員無故打你的右臉時，為了好好地存活下去，你就要忍

受連左臉也由他打，才不致受害。有人要你的外衣，連內衣也要忍氣吞聲，『不甘願』也要由他拿去，不要捨不得再向他討回來。」（參閱馬太福音 6：38～42，路加福音 6：29～30）。臺灣人 400 年來活在外來政權統治下，歷經壓榨、剝奪的悲苦日子，就是跟猶太人先前受外來政權的羅馬人欺負、壓迫一樣的痛苦。人民貧苦，向執政者要「餅」（食物）吃，掌權者反給人民「蠍子」（致人於死的毒蟲）吃！

今年（2014 年）3 月 18 日起在台北立法院有 24 天「太陽花學運」。國民黨的執政者始終不肯給 50 萬名站出來的學生正面肯定地回答他們對「黑箱服貿」透明化的訴求，反而動用大批特警用警棍在行政院擊打學生的頭、頸等部，全身受傷流血被抬離，又用強力的水柱車沖擊在大路上「路過」的學生、群眾，以致許多人受重傷被抬走。這是口口聲向全世界標榜民主自由、傾聽民意、愛護人民的獨裁政府的「德政」嗎？

反觀昔日對蔣政權忠黨愛國的「抓耙仔」（jiàu-pê-á）官員，被選為臺灣執政當局（中華民國）的總統馬英九，與國民黨前主席連戰、吳伯雄、前臺灣省長宋楚瑜及已退休的國軍高級將官等政治紅人，過去都必恭必敬忠誠追隨在蔣公父子總統兼黨主席的身邊，心口一致呼應國民黨在臺灣延續執政，在反攻大陸基地上嚴格執行「反共抗俄，收復大陸」的基本國策。凡觸犯與中共「不和談、不通郵、不資匪」的三不政策，與「知匪不報，與匪同罪」等等戡亂條例者，一律均以「叛亂罪」審理，不是被判槍決，就是長期入獄坐牢接受思想改造。今日蔣公父子均已先後逝世，但其遺體尚未入土為安，這些所謂對過去反共抗俄的領袖忠黨愛國的黨工，如今接二連三爭先恐後違背黨的反共政策，違背當年的「三不」禁忌政策，紛紛前往中國大陸向中共歷任主席領導人低頭朝貢，必恭必敬，委身晉見。每次「喜相逢」、

「見面歡」，都互相握手，同桌大吃大喝，把酒言歡，用人民的血汗錢暴飲暴食，同時不經臺灣人民的同意，私下黑箱作業，簽訂所謂賣臺的 ECFA、服貿、經貿及兩岸偽和平條約，鼓勵臺商大膽西進中國大陸投資（資匪）設工廠，官商勾結吸金，繳稅幫助中國製造飛彈瞄準臺灣，文攻武嚇臺灣人民。兩岸高級將領又高唱「國軍、共軍，都是中國軍」一家親的「黃埔軍校新軍歌」，甚至攜帶巨資到中國大陸置產，在北京與上海等大城市購買高級特優豪宅，花費臺灣人的巨額月退優惠養老金，回到對岸祖國養老，享受人生清福。有人則扶老攜幼移居美國新大陸，高枕無憂，過榮華富貴的生活。

　　如果蔣公父子今日「有幸」奇蹟似的復活，在反共抗俄的臺灣基地上，眼見這批拋棄反共政策，忠黨愛國、媚共、知人、知面、不知心、雙重人格的追隨者，全部親離友叛，一夕之間亂成友共、資匪、助匪經濟成長，武力強大，妄想併吞臺灣完成統一大中國的中共政權，想成為操控全世界的瘋狂獨裁國家……。你想想看，蔣公父子看到這樣的局面，怎麼不會再以對付陳儀長官同樣的叛變罪來「照顧他們」，像他們過去照顧「臺獨分子」一樣的終局下場嗎？

　　耶穌說：「你們中間誰有兒子求餅，反給他石頭呢？求魚，反給他蛇呢？」（馬太福音 7：10），這就是外來政權，臺灣統治當局的國民黨對待臺灣人民的暴政惡法！所以凡疼惜臺灣本土的臺灣人，大家都要防備傾中媚共的國民黨主席及其黨工，為討好對岸祖國的中國，而密謀出賣臺灣善良人民的掌權執政者。謹記耶穌的教導，務要小心防備那些「外面披著羊皮，裡面卻是殘暴的狼（像希律王的執政者）。」時時對人笑裡藏刀（金小刀溥聰），口是心非，獨裁、專制的暴君！被外國人戲稱「笨蛋」、「無能」，其實對付臺灣人並不「笨蛋」，亦非「無能」的獨裁者。試看臺灣當局的執政者不照顧人民的生活與

福利，對水電、瓦斯亂漲、公共建設官商勾結、貪污舞弊，偷工減料。臺灣人民應擦亮眼睛看清楚其毒害真相：違背民主、霸凌民意，殘害人民權益的獨裁、苛政。「賣臺」、「貪腐」與「傾中媚共」就是馬政府唯一最「能幹」、最習慣陶醉在「自我感覺良好」的亮麗政績！臺灣人民願意再支持這種外來政權統治當局繼續毒化迫害下去嗎？

四、臺灣獨立建國的曙光

遠在公元前 586 年，猶太人亡國，被當時軍事勢力強大的巴比倫帝國的國王尼布甲尼撒，將其王親貴族與健壯的人民全部俘擄到巴比倫做奴隸時，當中有一位先知耶利米告訴在巴比倫做奴工的猶太人說：「要建造房屋，要開墾田園，要娶妻生兒育女，不可減少……並為那城求平安。」（耶利米書 29：5～7）。耶利米又說：猶太人在巴比倫住滿 70 年以後，上帝必使他們歸回聖地（參閱耶利米書 25：11、12；29：10），果然就不出所料，到公元前 538 年，尚未滿 70 年的時候，巴比倫帝國就被波斯帝國消滅，上帝便感動波斯國王居魯士，宣佈讓猶太人自由回國，並撥款幫助他們重建聖城和聖殿的經費。

臺灣地位，自 1945 年日本戰敗，於 1952 年簽訂舊金山和約，日本代表聲明放棄澎湖和臺灣，及其權利的主張。但對臺灣地位的歸屬問題，始終沒有用條文說明清楚，一直「霧霧無明」。直到中華民國政權在聯合國被逐出，喪失國格時，實質上臺灣仍是美國的軍事占領地，但美國卻容讓中華台北託管。可是臺灣當局在蔣經國去世以後，逐漸由反共變成媚共，從三民主義統一中國的幻夢，變成傾向願意被中國統一的「一中」惡夢。國民黨立委近十多年來在立法院集體反對向美國購買防衛武器，正符合中國反對美國政府出售精密防禦武器給

臺灣的抗議。外交休兵，幾乎使臺灣被中國併吞。在臺灣當局中華台北的馬政府無能執政，主動積極傾向將臺灣送給中國統一的關鍵時刻，美國總統歐巴馬於 2013 年 6 月 7 日在美國加州安納伯格莊園（Annenberg Estate），歡迎中國領導人習近平主席訪問美國。美中兩國頭號政治人物見面時，關於臺灣地位問題，歐巴馬開門見山就向習近平說明美國的下列立場：（自由時報，2013 年 6 月 8 日）

（1）根據《舊金山和約》指出：臺灣不是中華民國的一部分。

（2）在《中日和約》中，臺灣的法律地位，不是中華民國的一部分。直到如今，仍是被（美國）占領的土地。

（3）臺灣或者中華民國目前在國際社會不是一個有主權的獨立國家。

（4）美國在 1979 年承認中華人民共和國，並認知其對臺灣領土的主張，可是美國從未承認中華人民共和國對臺灣的主權。

今年（2014 年）是美國為臺灣人的安全簽署《臺灣關係法》35 週年紀念，美國眾議院外交事務委員會於 3 月 15 日舉辦聽證會，在該委員會主席羅伊斯（Ed Royce）主持下，有許多委員對於 35 年來美國是否承諾堅定支持臺灣成為一個蓬勃發展的現代社會，一個堅決支持人權、法治和自由的地方？並以精良的防禦武器售給臺灣統治當局的軍隊使用，且足以維護海峽兩岸的和平與安全，以及美國在亞太地區關鍵的戰略和經濟地位？甚至幫助臺灣人民組成自治政府來替代中華台北當局執政……等等問題，做一個通盤的回顧與檢討。

在聽證會中，我們很感謝美國國會眾議院外交事務委員會各位委員對臺灣現況的關懷與瞭解，但這次聽證會仍然忽略了過去 35 年來，對臺灣人權的關切：為何美國沒有出面保護臺灣人民的言論自由？尤

其是臺灣人民渴望建立一個自由、民主、獨立國家的訴求與願望？對
於凡被國民黨統治臺灣當局以「人民自決」主張「臺獨」的言論者被
判決為「叛亂罪」的受難人及其家眷，關懷人權的美國政府為何始終
從未善盡責任給予保護？再者，美國最關心將優良的防禦武器售給臺
灣當局有足夠的力量來保衛自己，為何在陳水扁總統執政時期，向立
法院提出購買美國製造的軍事防禦武器案，居然將近 70 次都被國親
兩黨立委一直聯手強烈反對、阻擋？究竟是他們認為這些美國武器不
夠精良？還是依附中國政府反對美國出售武器給臺灣的抗議呢？在這
次聽證會的檢討中，這些問題都沒有一個議員提出來討論！實為美中
不足之處。幸虧在聽證會結束時，3月25日，為了加強落實美國對《臺
灣關係法》的承諾，終於以口頭表決方式無異議通過一項（分三點說
明）極為重要的決議案：

（1）確認《臺灣關係法》的重要性。
（2）基於對民族自決的支持，美國應該幫助臺灣人民與中國
　　　分開成為獨立國家的渴望。
（3）臺灣與中國在文化、語言和歷史上都不同，曾被日本占
　　　領過 50 年，臺灣在根本上與中國是不同的。

這項決議案由眾院外交委員會主席羅伊斯提出，多位議員在會中熱烈
發言支持。其中葛瑞森在發言時強調說：「我們應該支持克里米亞人
自決的願望，阻止被俄羅斯併吞。我們也應該繼續支持臺灣人民成為
自由和獨立的國家的渴望，使臺灣不被它的隔鄰的大國──中國併
吞，也不會成為中國的一部分。臺灣的兩千多萬人口擁有與中國不同
一個獨立的文化，以及，在很多情況下，不同的語言。臺灣肯定的有

她獨特的歷史。事實上，臺灣根本與比他們大 100 倍的鄰居中國是不同的。因此，我們可以，而且應該，支持他們自決的渴望。……臺灣是有可能成為自由和獨立的。這是我們能夠做到的。我認為我們應該繼續這樣做。」

　　猶太國被巴比倫國王尼布甲尼撒消滅，猶太人被擄到巴比倫做奴隸，依照先知耶利米的預言，經過 70 年，讓猶太人的國土休息後，上帝就應許要釋放他們自由，回國建設、定居，即刻興起波斯帝國來消滅巴比倫帝國。首位皇帝居魯士居然做上帝的僕人，不但准許猶太人回國重建被巴比倫拆毀的聖城耶路撒冷，還撥國庫經費幫助他們建設已荒廢的家園。如今，上帝確實也感動了美國的國會議員，在他們認為應幫助臺灣成為真善美、信望愛、自由、民主、有主權的新而獨立的國家，徹底與中華台北切割，劃清界線，擺脫第二次世界大戰終戰後被中國國民黨外來政權獨裁、專制統治將近 70 年的政治煉獄的生活時；上帝是歷史之主，祂愛猶太人，在猶太人因國王對人民喪失公義、憐憫之心，又貪官污吏發不義之財的富人欺壓窮人，被鄰近大國巴比倫帝國消滅亡國時，國王與臣民一律被帶往巴比倫做奴隸，歷經將近 70 年的奴隸被囚的生活，上帝終因他們悔悟，再興起波斯帝國來消滅巴比倫帝國，感動波斯王居魯士願意做上帝的僕人，准許猶太人自由回國，並撥款幫助他們重建被巴比倫人毀壞的聖城耶路撒冷與敬拜上帝的聖殿。上帝過去如何用愛心疼惜、照顧猶太人（以色列），在 1948 年 5 月 14 日使以色列復國，祂也會以祂的公義和愛心來幫助我們臺灣人民，只要我們願意與統治臺灣當局的「中華台北」中國國民黨的暴政切割，拒絕臺灣人自從一出生到年老，每人都要為國民黨掏空國庫而被迫背負新臺幣 103 萬元（2014 年 5 月中公布的數字）的債務；明年將屆被託管、統治、壓榨、迫害滿 70 年的歲月；明年

2015 年也是臺灣宣教 150 週年的禧年，正是上帝要讓我們脫離外來政權統治得到自由喜悅的時機。我們不要再自以為：憑我們的血氣與意志，就可以做到「自己的國家自己救」的地步。我們要相信在這歷史的關鍵時刻，自助（臺灣人）、人助（美國和日本等友邦）與天助（上帝），三股力量結合起來，才能有足夠的力量來完成自治、獨立、建國的渴望與願景。

在今年 2014 年 3 月 25 日這天，我們要感謝上帝使第二次世界大戰盟軍戰勝國，擁有臺灣領土占領權的美國國會議員——外交事務委員會的全體委員一致通過這項議案，決議：基於民族自決的支持，美國應幫助臺灣成為自由獨立國家。因此，凡愛上帝、愛臺灣的臺灣人，必須認識今日臺灣的國際地位（仍被美軍占領），更要認清中國國民黨無理纏據臺灣 69 年來欺騙臺灣人要「反攻大陸，解救同胞」的謊言。其實，如今國民黨執政的大方向，早已放棄反共抗俄政策，轉化為出賣臺灣，拿巨額臺灣資金助肥中共建設，壯大富強，並與中共建立統一的大中國。所以，臺灣人要從速擺脫中華民國（中華台北）的體制，驅逐中國國民黨重返中國大陸。拒絕臺灣被中國併吞統一，而永遠做沒有主權、沒有國家的國際孤兒，或中國的次等公民。

明年 2015 年是臺灣人被迫接受臺灣當局（中華台北）託管臺灣滿 70 年，也是歷史之主上帝應許我們臺灣人從政治的煉獄中得到釋放，成為自由獨立國家的良機，我們一定要在「自助，人助與天助」強有力之三股力量結合之下，拋棄過去所有的異見，才不會再被高級的中國外省人賤笑：「臺灣人是臺包子，貪生、怕死、愛作官、愛賺錢，死好」的醜陋民族。其實，我們臺灣人一向純屬工作勤奮，生活節儉，民風純樸，個性善良，富有人情味的民族。比起一般人認定某些高級外省人才是真正醜陋偽善的「中國人」好很多，無法相比！全

體臺灣人趕快醒起來吧！

　　根據美國《臺灣關係法》第 15 條明文定義：「臺灣」一詞將視情況需要，包括臺灣當局，以及任何接替的治理當局。可見，合法團體或機構均有機會接替治理當局來治理臺灣。讓我們心連心，手牽手，攜手勇敢打拼，團結在一起來，放心在上帝與美國等友邦的幫助下，請美軍把他們過去帶來臺灣的中國國民黨的中華民國送回中國南京去完成他們將近 70 年來，一年又一年計劃要以三民主義統一中國的美夢。而我們臺灣人則要及時共同站出來，完成 400 年來未曾失去的「眠夢」（渴望），壯膽向以色列看齊──建立一個擁有主權，新而獨立、民主自由的臺灣共和國。進而申請加入聯合國，為世界和平與人類幸福貢獻一份新力量！有遠見、疼惜臺灣的臺灣人哪！我們要感謝上帝的恩典和美國國會樂於支持我們長久以來的「眠夢」（渴望），今日已是最有可能實現「獨立國家」願景的良機了！

口述：高俊明、何嘉雄等人
審稿：許安德利、黃德成、王受祿
整理：杜英助
資料：臺灣史、網站、報紙

附錄三

長老教會的聲明與牧函、建言

台灣神學院禮拜堂

長老教會的聲明與牧函、建言

　　臺灣基督長老教會對政府建議要建立一個「新而獨立的國家」的期待，沒有達成願望，始終「不甘願」中斷停止。這是全體臺灣基督徒與全體人民的期望。因此，在我於 1989 年從總會總幹事退休下來以後，一直在繼續努力祈禱，努力打拚。兩年後總會再發表第 4 次國是聲明，主張「臺灣主權獨立」的宣言，其全文如下：

臺灣基督長老教會「臺灣主權獨立宣言」

　　我們確信，上帝按照祂的形像造人，使人有尊嚴與自由來決定自己的前途；又賜予土地，使人各安其所。但在歷史中，人濫用權力，強取別人的土地和生命，以致不義與邪惡遍滿全地。耶穌基督降世為人，宣告上帝國度的來臨，使舊的世界變成新的創造。這是人類希望的根源。

　　1951 年舊金山和約簽定，日本放棄臺灣及澎湖的主權後，依人民自決的國際法原則，臺灣的主權即屬於臺灣全體住民。本教會基於信仰立場，與此一歷史事實，自 1971 年以來，屢次發表聲明與宣言，關心臺灣全民的權益與福祉。當此國際局勢激變，世界各地弱小被壓迫的民族，紛紛要求自決獨立之際，而臺灣卻仍是外來政權統治下的國際孤兒，有被中國併吞的危險。面對此一緊迫的局勢，本教會特此堅決宣告：

臺灣主權獨立。臺灣的主權與土地屬於臺灣全體住民。

臺灣與中國是兩個不同的主權獨立國家。

因此，本教會鄭重主張：

一、制訂臺灣新憲法：

以臺灣全體住民為主體，經由民主程序選出制憲代表，制訂確保人權、環保權與社會權，特別是保障原住民與弱勢團體權益之新憲法。並依據新憲法，由人民直接選舉總統，組織新政府，建立新國家。

二、以臺灣的名義加入聯合國：

立即舉行公民投票，申請加入聯合國，確立臺灣國際人格與地位，開展臺灣的國際前途，並參與建立世界公義與和平的新秩序。

三、確立臺灣與中國的新關係：

在未依據新憲法，組織新政府，並經人民充份授權之前，在臺灣的任何政權、黨派、團體或個人，均無權決定，或代表臺灣人民與中國當局協商任何影響臺灣安全與人民福祉的重大政策。臺灣與中國應秉平等互惠、和平共存的原則，互相承認與尊重，以促進亞太地區之和諧與發展。

我們懇切祈求上帝的幫助，賞賜聖靈更新萬物的力量，使我們建立一個主權獨立的新臺灣。

「看哪！我要作一件新事，如今要發現，你們豈不知道麼？我必在曠野開道路，在沙漠開江河。」（聖經：以賽亞書第四十三章 19 節）

臺灣基督長老教會總會

議　長　孫鴻鎮

總幹事　楊啟壽

主後 1991 年 8 月 20 日

臺灣基督長老教會對臺灣成為一個「新而獨立」的國家的希望，一直沒有失望。於1995年再一次發表第5次「新而獨立的臺灣」聲明。全文如下：

新而獨立的臺灣

我們確信太平洋的美麗島臺灣是上帝所創造，並恩賜給四族群為鄉土，讓我們在此建立新而獨立的國家。鑑於中華人民共和國一貫以封建的民族主義作為併吞臺灣的藉口，並常用武力威脅臺灣，近日其國家主席江澤民宣稱隨時可以起身訪臺，且即將與美國總統柯林頓會談「臺灣問題」；又面對明年3月，臺灣人民將首次直選總統之際，我們嚴正重申主後1977年臺灣基督長老教會「人權宣言」所主張：「面對現實，採取有效措施，使臺灣成為一個新而獨立的國家。」現在我們向國內外說明「新而獨立的臺灣」之「新」及「獨立」之意涵如下：

一、「新」的意涵

1. 新國家建立：臺灣國應根據臺灣國民共同立約的臺灣憲法而建立。
2. 新國家領域：臺灣國的領域為臺灣、澎湖、及其所屬島嶼、並其海域與空域。
3. 新國家主權：臺灣國是屬於全體臺灣人民的主權獨立國家。
4. 新國家理念：臺灣是由多種不同背景之族群所組成的多元社會。臺灣國應建立在全體人民互尊、互信及平等之基礎上。
5. 新國家國民：凡認同臺灣為其鄉土及國家的臺灣住民均為臺灣國之國民。
6. 新國家文化：臺灣國應發展其海洋國家之獨特文化。
7. 新國家語言：臺灣各族群語言均為臺灣國語言，應受尊重及保障。具有代表性的原住民話、福佬話（河洛話）、客家話、及

北京話為公用語言。

二、「獨立」的意涵

1. 獨立的意義：臺灣之獨立是根據全體臺灣人民之自決權，以民主、和平方式達成，與中華人民共和國完全無涉。

2. 獨立的程序：臺灣國經由民主程序，制定臺灣憲法，組織政府，明定臺灣的國號、國旗與國歌。

3. 加入聯合國：以新的臺灣國號加入聯合國及其他的國際組織。

4. 外交關係：臺灣國要與世界各國，包含中華人民共和國，建立邦交、平等對待、和平相處。

5. 國際角色：臺灣應成為永久中立國，並致力於人類福祉與世界和平。基於上述「新而獨立的臺灣」所說明之意涵，對於江澤民表示要訪臺及與柯林頓會談「臺灣問題」，我們堅決主張：

   （1）江澤民若要訪問臺灣，必須尊重臺灣為主權獨立之國家。

   （2）江澤民無權與柯林頓談及任何損害臺灣獨立主權及臺灣人民權益之有關臺灣問題。

「我們懇求上帝，使臺灣和全世界成為『慈愛和誠實彼此相遇，公義和平安彼此相親，誠實從地而生，公義從天而現』的地方。」
　　　　　　　　　　　　　　　　　　　——詩篇八十五篇 10-11 節

臺灣基督長老教會教會與社會委員會
臺南神學院基督教社會研究所
臺灣獨立安全基督徒促進會
主後 1995 年 10 月 21 日

可是我們的教會，迄今不但沒有看到政府的改革，使臺灣成為一個「新而獨立」的國家，在國際政局時常變化下，臺灣幾乎快要變成「中國的一部分」，被中國合併、統一。因此為關懷臺灣的前途，總會再屢次發表下列各篇聲明言論：

臺灣基督長老教會總會牧函
──關切美國總統柯林頓之「三不」言論──

美國總統柯林頓於日前訪問中國，受到舉世矚目，並對亞太地區情勢造成深遠的影響。尤以柯林頓為了取悅中國，不惜在上海公開發表「三不」言論，表明美國「不支持兩個中國，不支持臺灣獨立，不支持臺灣加入以主權國家為單位的國際組織」。對臺灣前途與臺灣人民之權益，更造成難以估計的傷害。此舉違反臺灣 2,100 多萬人民的自決權利，意圖在國際社會孤立臺灣，已形同對臺灣實施不公不義的「新形式之種族隔離」政策。

柯林頓的言論在臺灣引起極大的震撼，社會議論紛紛。本教會基於認同臺灣土地與人民，一貫主張人權是上帝所賜予且無人能剝奪的信仰立場，面對此變局深覺有必要提醒全體基督徒堅定對上帝的信仰，激勵全體臺灣人民覺醒起來，共同奮鬥建立臺灣為一個新而獨立的國家。為此我們呼籲：

1. 全體基督徒應齊心為臺灣前途與人民之福祉祈禱；並運用各種管道，向國際友人表明臺灣人民追求獨立自主的心願。
2. 執政的國民黨政府應立即宣佈放棄「一個中國」的錯誤政策，並向國際社會宣示臺灣是一個主權獨立的國家，不容任何強權決定臺灣

人民的命運。

3. 在中國不肯放棄武力犯臺之前，政府與所有政治團體應中止與中國之談判，以免損及臺灣國家的尊嚴及人民的權益。

4. 國際社會不應為了貪圖經濟利益或畏懼強權，而屈從中國的無理要求。臺灣人民多年來犧牲奮鬥、努力爭取的民主自由，不只是臺灣人民的珍貴資產，同時也是人類文明的共同價值；任何對臺灣人民之自由、民主與尊嚴的侵害，都是對人類價值與文明的戕害。

5. 世界各國追求和平應兼顧公義。若國際社會繼續孤立臺灣，將誘使中國武力侵犯臺灣，反而破壞亞太地區的和諧與安全。因此，為增進世界和平，世界各國應積極協助臺灣加入各項國際組織。

　　我們堅信上帝的應許：「祂要解決民族間的糾紛，排解列強的爭端。祂要把刀劍鑄成犁頭，把鎗矛打成鐮刀。國際間不再有戰爭，也不再整軍備戰。人人都要在自己的葡萄園中，在無花果樹下，享受太平；沒有人會使他們恐懼。」——聖經彌迦書四章 3-4 節

臺灣基督長老教會

總會議長　　謝皆明

總會總幹事　羅榮光

主後 1998 年 7 月 14 日

對李登輝總統「兩國論」的肯定與呼籲

　　臺灣基督長老教會基於信仰立場，關切臺灣前途，於 1991 年 8 月 20 日發表「臺灣主權獨立宣言」，堅決宣告：「臺灣主權獨立。

臺灣的主權與土地屬於臺灣全體住民。臺灣與中國是兩個不同的主權獨立國家。」。

近日欣見李登輝總統公開表明：「中華民國在臺灣是主權獨立的國家」、「臺海兩岸是特殊的國與國關係」以及「一個中國但不包括臺灣」。本教會對李總統所主張「臺灣是一個主權獨立的國家」深表肯定與支持，期望臺灣全國人民亦能深切體認此一事實，並且期盼政府與人民能共同攜手繼續努力，確立臺灣的國家定位，包括：

1. 制訂新憲法，明確界定我國的領土包括臺灣、澎湖、金馬及其他附屬的島嶼，並且據此修訂相關之法律與條文。

2. 儘速將公民投票入憲或立法。倘若臺灣主權獨立受外力侵犯時，可以舉行公民投票，表達臺灣人民維護尊嚴及主權獨立之決心。
3. 我國政府能以名實相符的「臺灣」國家名義與身分，積極申請加入聯合國及其他國際組織，並全力拓展外交，以提升臺灣的國際地位，裨與中國及亞太地區諸鄰國建立公義、和平、互尊、互惠的新關係。

本教會呼籲全體臺灣國民在面對國內外的衝擊時，能更加堅定信心與意志，勇於開創臺灣光明的前途，以確保臺灣人民的生命、自由與安全。同時，我們懇切呼籲普世教會與國際社會能夠基於維護基本人權，對臺灣人民的自決與奮鬥，給予應有的尊重與接納。「上主啊！祢的國是以正義、公道為根基；祢所做的一切都是信實、慈愛。」
　　　　　　　　　　　　　——聖經詩篇第八十九篇 14 節
　　　　　　　　　　　　　　臺灣基督長老教會
　　　　　　　　　　　　　　總會議　長　許天賢
　　　　　　　　　　　　　　總會總幹事　羅榮光
　　　　　　　　　　　　　　1999 年 7 月 15 日

臺灣基督長老教會對新政府之中國政策的建言

　　臺灣基督長老教會第 47 屆總會通常會議於公元 2000 年 4 月 25 至 28 日假臺北馬偕醫院召開。與會全體議員對 3 月 18 日臺灣人民經由民主程序選出新政府以來，政權得以和平轉移，深表欣慰。唯在新舊政府準備交接之際，中國政府竟有計劃的對臺灣新政府施予文攻武嚇、分化挑撥，造成臺灣社會的不安與疑慮，本教會對此深表關切。

　　新政府選出後，總統當選人陳水扁先生一再表示以負責任的態度，聽取並整合全民意見來作為制定臺灣對中國的外交政策的參考，我們對此深表認同。基於幫助新政府瞭解人民的心聲，本教會謹在此重申我們一貫的立場，希望新政府能堅持臺灣國家主權的獨立，以確保臺灣人民的尊嚴、安全與福祉。本教會自 1971 年發表「國是聲明」以來，一貫主張臺灣前途應由臺灣人民決定。並於 1977 年呼籲建設臺灣為一個「新而獨立的國家」。基於此一立場，我們一方面支持新政府尋求管道，改善臺灣與中國的關係。同時也盼望新政府在尋求兩國關係改善的過程中，能堅定立場，明確宣示臺灣主權的獨立自主。同時透過有效管道，使臺灣進入國際社會，參與世界公義與和平的締造，以榮神益人。

總會　議　長　李福全

總幹事　羅榮光

主後 2000 年 4 月 27 日

臺灣基督長老教會對新政府新能源政策之建言

我們確信宇宙萬物是上帝所創造，人類負有維護自然界完整與和諧的使命。所以我們應改變以人為本位的管理方式，使自然生生不息，以保世代子孫永續福祉。為此，我們堅決向政府提出下列主張：

一、重新檢討臺灣的能源政策，全面提昇產電、輸電、配電及用電之效率。促進電業自由化，並積極開發安全、乾淨的替代能源。目前先進國家均已積極推動各種提昇能源效率之技術，包括汽電共生，複循環發電、供需、需求管理、調整產業結構、電業自由化等，我國應迎頭趕上；把停建核四之資本轉投資這些技術，並全力開發太陽能、風能等再生性能源。反觀核能發電從建廠、運轉、廢料處理、關廠後的輻射衰退期、土地的廢棄以至環保品質的要求等等，其總成本是相當昂貴的。因此新政府當負起責任停建核四，全力提昇能源效率，並加速開發太陽能、風能等較安全的替代能源。

二、核能廢料無法妥善處理，應停建、甚至停止使用核能電廠。核能廢料之處理舉世公認困難棘手，所以不應繼續使用核能發電，製造危害生態、威脅生命的廢料。目前政府不顧達悟人之反對，將核廢料置放於少數民族所居住的蘭嶼，是違反人道的。我們呼籲新政府儘速訂定法規並找到適當地點搬移。

三、修改原能法規，落實全面廢核前之核能安全。核能電廠一旦發生災變，其所帶來的毀滅性輻射傷害，萬年遺毒，尖端科技至今難以駕馭。尤其臺灣地狹人稠，並處於地震、颱風頻繁的特殊地理環境；目前的原子能法規使得原能會既要推動核能又要管制核能，以致對於核電的監督、安全管制無法落實，發生災變的可能

性相對增大，這絕不是臺灣可承受得起的。故我們呼籲新政府當立即修改原能法規，使管制核能安全得以獨立，且優先於推動核能，以保障臺灣人民的生命與財產。

四、改變全體人民的生活型態，並提倡節約能源。臺灣人民在政府經濟利益掛帥的政策誤導下，汲汲於追求高度消費的生活型態，以致於過度消耗能源。政府應通過教育及大眾傳播媒體，加強宣導環保意識，並協助人民改變生活型態，放棄物質消費取向的生活方式，提升生活品質。

人類與整體生態環境是互惠互賴而共生共存的，因此我們堅決反對嚴重破壞臺灣生態與環境的核能開發政策。我們鄭重呼籲全體教會的兄弟姐妹、社會大眾，積極參與監督新政府之新能源政策。同時力行簡樸的生活方式，珍惜上帝所賜的各項資源，讓我們為臺灣全民和土地永續的福祉，全力以赴。

「世界和其中的一切都屬於上主；大地和地上的萬物也屬祂。」
——詩篇第二十四篇 1 節
「人受託為上帝的管家，所求於管家的，是要他有忠心。」
——哥林多前書第四章 2 節
主後 2000 年 10 月 23 日

建言簽署單位：臺灣基督長老教會、中華基督教衛理公會、臺灣世界展望會、臺灣基督教門諾會聯會、基督教臺灣聖教會、臺灣聖公會、中華基督教福利協進會、伊甸社會福利基金會

臺灣基督長老教會公義與和平宣言

　　為關心臺灣目前處境及將來的發展，本教會秉持「根植於本地，認同所有的住民，通過愛與受苦，而成為盼望的記號。」之信仰告白，特發表此宣言。

一、臺灣主權獨立是政黨合作應堅持的基礎。追求和平是人類共同的目標，但和平應建立在公義的基礎之上；政黨間之協商及合作，必須以臺灣國家主權獨立為前提。我們呼籲所有的政黨，認同疼惜臺灣這塊我們安身立命的土地。臺灣就是我們的鄉土、我們的國家。所有的政黨應忠於臺灣，為全民的尊嚴與福祉盡心盡力。國家主權是促進經濟發展及民生需要的保護傘，失去主權，一切建設必隨之崩解。所以政府必須堅持維護臺灣國家主權獨立、正名、制憲、加入聯合國、以及照顧弱勢者、實現社會正義的政治理想及目標。

二、追求公義和平乃是國際社會共同的責任。臺灣長期被孤立於國際社會之外，是違背普世公義和平的原則。臺灣國與中國是兩個互不隸屬的主權獨立國家。世界各國應支持臺灣國加入國際組織、參與國際事務，讓臺灣能貢獻於世界的公義、和平及人類的安全與幸福。美國與其他崇尚民主自由的國家，在國際事務上需要中國的合作時，我們呼籲各國政府與人民，必須同時尊重及維護臺灣國家的獨立主權。

三、確立臺灣與中國的新關係。臺灣與中國應秉持平等互惠、和平共存的原則，互相承認與尊重。臺灣非中國領土。臺灣的民主自由正遭受中國的文攻武嚇。中國以超過七百枚且不斷增加的飛彈瞄準臺灣，並將制定「反分裂國家法」，破壞兩國關係，嚴重危害

亞太地區的和平與安全。

　　為此，我國應制定「臺灣國與中國關係法」，以確立兩國新關係，保障臺灣的主權與人民的安全，並促進亞太地區的和諧與發展。　我們呼籲臺灣國人同胞堅定信心、勇往直前，因為聖經說：「我豈沒有吩咐你嗎？你當剛強壯膽！不要懼怕，也不要驚惶；因為你無論往哪裏去，耶和華——你的上帝必與你同在。」（約書亞記第一章9節）「慈愛和誠實彼此相遇；公義和平安彼此相親。誠實從地而生；公義從天而現。」（聖經詩篇第八十五篇10-11節）

臺灣基督長老教會總會

總會議長　陳道雄

總幹事　羅榮光

主後 2005 年 2 月 21 日

參考記事

1865.5.27	英國基督長老教會第一位來臺宣教師馬雅各醫師抵臺灣高雄旗後
1837	祖父高長（1837～1912）出生於福建泉州
1864	祖父高長來臺灣府城臺南（28歲，76歲亡）
1866.8.12	高長信耶穌受洗成為臺灣基督徒
1867.7	高長任埤頭（鳳山）教會首任傳道師
1868.4.11	高長因信仰受迫害入獄五十日（4月11日～5月30日）（陳齊、陳清和、陳圍同領洗）
1874	高長與洪雅平埔族小姐朱鷥Hannya結婚（1857～1899，43歲亡）
1876	高長在臺灣中部地區教會傳道，約10年（木柵、嘉義竹仔腳、白水溪、岩前、白河、新營、隆田、麻豆、關子嶺）
1907	父親高再得醫師與侯青蓮小姐結婚
1929.6.6	高俊明出生於高再得醫師家，第12個孩子
1939（11歲）	高俊明赴日本留學，住在文化運動家蔡培火先生之家庭
1942（14歲）	考進東京青山學院中學部

1946.1（18 歲）	第二次世界大戰結束後，翌年搭船回臺灣，就讀長榮中學初中部三年級
1947（19 歲）	二二八事件發生，數萬名臺灣菁英被中國軍人殺害
1947.8.7（19 歲）	父親高再得醫師逝世
1949（20 歲）	長榮中學高中部畢業，考入臺南神學院
1953.6（25 歲）	畢業於臺南神學院，志願擔任原住民巡迴傳道
1953～1957	步行臺灣中、南部原住民部落，做巡迴傳道共4 年
1957.4（29 歲）	應聘為玉山神學院教員，培養原住民傳道人才
1957.9～1970.8	擔任玉山神學院院長，共 13 年
1958.2.14（29 歲）	與李麗珍結婚
1962（34 歲）	赴日本鶴川農村傳道神學校進修一年
1963（35 歲）	赴英國 Selly Oak Colleges 進修 10 個月，之後再往歐美考察數所學校
1970.7.27（42 歲）	被選為臺灣基督長老教會總會第 17 屆議長，後被選為總幹事
1971（43 歲）	PCT（台灣長老教會）被國民黨強逼退出普世教協

1971.10.25（43 歲）	蔣介石代表從聯合國被驅逐出來
1971.12.29（43 歲）	PCT 發表第一次國是聲明，主張人民有自決權，臺灣國會應全面改選
1972（44 歲）	PCT 英國宣教師彌迪理牧師（Dr. Daniel Beeby）被國民黨政府驅出臺灣回英國
1973（45 歲）	俊明榮獲加拿大 Mc Gill 大學與長老教會神學院的聯合榮譽神學博士學位（Doctor of Divinity）
1973.3.19	黃彰輝博士、林宗義博士、宋泉盛博士、黃武東牧師等人在美國發表「臺灣人民自決運動宣言」
1975.1（47 歲）	國民黨派人到聖經公會沒收臺語及原住民語的聖經
1975.11.18（47 歲）	PCT 總會發表第二次宣言「我們的呼籲」爭取信仰自由，社會公義與人權
1977（49 歲）	PCT 總會發表第三次宣言「人權宣言」主張建立新而獨立的國家。
1979（51 歲）	12 月 10 日在高雄市發生「美麗島事件」。12 月 13 日黃信介、呂秀蓮、林義雄等人權運動的領導者都被捕入獄，只有施明德逃亡。
1980.4.24（52 歲）	高俊明，因藏匿施明德與促進臺灣的人權，以獨立等理由被捕坐黑牢 4 年 3 個月 22 日後被釋放。（1984.8.15；56 歲）

1989（61 歲）	完成 PCT 總會總幹事職任期達 19 年之後退休。同時被任命創辦松年大學並被選為總校校長。
2006 ～ 2009	被選為「疼惜臺灣促進會」創辦的首任理事長
2009（80 歲）	完成松年大學總校校長 20 年之久的任職，而使學生數從 82 名增加到 3,000 多名後退休，成為「榮譽總校長」。
2011（82 歲）	發起「國際幸福家庭聯盟」來促進人人相愛、家家美滿、社區家庭化、國家家庭化、世界家庭化的願景。

〔榮譽〕

- 獲加拿大 Mc Gill 大學與 Presbyterian 神學院的榮譽神學博士 D.D（1973）學位
- 獲加拿大 Knox 神學院的榮譽神學博士 D.D.（1984）
- 獲臺美基金會社服獎（1986）。獎金一萬美金（N.T40 萬元）全額捐給原住民宣教事工。
- 獲臺南神學院榮譽博士學位。
- 獲美國 Union 神學院最高榮譽獎 Union Medal（2001）
- 獲臺灣第十七屆金曲獎「傳統暨藝術音樂作品類最佳作詞人獎」（2006）

植民地の旅

殖民地
之旅

佐藤春夫——著
邱　若　山——譯

Sato Haruo

日治台灣文學經典，佐藤春夫的
殖民地療癒之旅，再次啟程！

1920年，日本名作家佐藤春夫帶著鬱結的旅心來到台灣，
他以文學之筆，為旅途的風景與民情，留下樸實而動人的珍貴紀錄。
他的腳步，也走出一幅殖民地的歷史圖像，透析台灣的種種問題，
作為日治時代殖民地文學代表作，如今仍令讀者讚嘆不已。

前衛出版
AVANGUARD

台灣
經典寶庫
Classic Taiwan

2016.11 前衛出版 定價480元

台灣原住民醫療與宣教之父──
井上伊之助的台灣山地探查紀行

日治時期台灣原住民之歷史、文化、生活實況珍貴一手紀錄
「愛你的仇敵！」用愛報父仇的敦厚人格者與台灣山林之愛

トミーヌン・ウットフ

台湾山地伝道記

上帝在編織

井上伊之助 著

石井玲子 譯

鄭仰恩、盧啟明 校註

台湾山地伝道記
上帝在編織
トミーヌン・ウットフ

井上伊之助 原著　石井玲子 編譯　鄭仰恩 盧啟明 校註

台湾山地伝道記
上帝在編織
井上伊之助 原著

前衛出版
AVANGUARD

台灣
經典寶庫
Classic Taiwan

2016.07 前衛出版　定價480元

—台湾総督府—
台灣總督府

黃昭堂 著

黃英哲 譯

日本帝國在台殖民統治的
最高權力中心與行政支配機關。

本書是台灣總督府的編年史記，黃昭堂教授從日本近代史出發，敘述日本統治台灣的51年間，它是如何運作「台灣總督府」這部機器以施展其對日台差別待遇的統治伎倆。以歷任台灣總督及其統治架構為中心，從正反二面全面檢討日本統治台灣的是非功過，以及在不同階段台灣人的應對之道。

前衛出版
AVANGUARD

台灣
經典寶庫
Classic Taiwan

2013.08 前衛出版 定價350元

台灣
經典寶庫
Classic Taiwan
7

南台灣踏查手記

原著｜ Charles W. LeGendre（李仙得）
英編｜ Robert Eskildsen 教授
漢譯｜ 黃怡
校註｜ 陳秋坤教授

2012.11 前衛出版 272 頁 定價 300 元

從未有人像李仙得那樣，如此深刻直接地介入 1860、70 年代南台灣原住民、閩客移民、清朝官方與外國勢力間的互動過程。

透過這本精彩的踏查手記，您將了解李氏為何被評價為「西方涉台事務史上，最多采多姿、最具爭議性的人物」！

節譯自 *Foreign Adventurers and the Aborigines of Southern Taiwan, 1867-1874*
Edited and with an introduction by Robert Eskildsen

台灣經典寶庫6

C. E. S. 荷文原著
甘為霖牧師 英譯
林野文 漢譯
許雪姬教授 導讀

2011.12 前衛出版 272頁 定價300元

被遺誤的台灣

Neglected Formosa

荷鄭台江決戰始末記

1661-62年，
揆一率領1千餘名荷蘭守軍，
苦守熱蘭遮城9個月，
頑抗2萬5千名國姓爺襲台大軍的激戰實況

荷文原著 C. E. S. 《't Verwaerloosde Formosa》 (Amsterdam, 1675)
英譯 William Campbell "Chinese Conquest of Formosa" in 《Formosa Under the Dutch》 (London, 1903)

回憶在滿大人、海賊與「獵頭番」間的激盪歲月

Pioneering in Formosa

歷險
福爾摩沙

台灣經典寶庫5

W. A. Pickering
(必麒麟) 原著

陳逸君 譯述 | 劉還月 導讀

19世紀最著名的「台灣通」
野蠻、危險又生氣勃勃的福爾摩沙

Recollections of Adventures among Mandarins,
Wreckers, & Head-hunting Savages

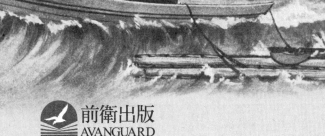

前衛出版
AVANGUARD

台灣
經典
寶庫
4

封藏百餘年文獻
重現台灣
Formosa and Its Inhabitants

密西根大學教授
J. B. Steere（史蒂瑞）原著
美麗島受刑人 林弘宣 譯
中研院院士 李壬癸 校註
2009.12 前衛出版 312頁 定價300元

> 本書以其翔實記錄，有助於
> 我們瞭解19世紀下半、日本人治台
> 之前台灣島民的實際狀況，對於台灣的史學、
> 人類學、博物學都有很高的參考價值。
>
> ——中研院院士 **李壬癸**

◎本書英文原稿於1878年即已完成，卻一直被封存在密西根大學的博物館，直到最近，才被密大教授和中研院院士李壬癸挖掘出來。本書是首度問世的漢譯本，特請李壬癸院士親自校註，並搜羅近百張反映當時台灣狀況的珍貴相片及版畫，具有相當高的可讀性。

◎1873年，Steere親身踏查台灣，走訪各地平埔族、福佬人、客家人及部分高山族，以生動趣味的筆調，記述19世紀下半的台灣原貌，及史上西洋人在台灣的探險紀事，為後世留下這部不朽的珍貴經典。

福爾摩沙
紀事
From Far Formosa
馬偕台灣回憶錄

福爾摩沙
紀事
From Far Formosa
馬偕台灣回憶錄
一位改變台灣歷史的宣教英雄　一部影響台灣深遠的不朽傳記
馬偕博士 原著

林晚生 譯
台灣神學院教會歷史學
鄭仰恩 教授 校註

19世紀台灣的
風土人情重現
百年前傳奇宣教英雄眼中的台灣

前衛出版
AVANGUARD

台灣經典寶庫
譯自1895年馬偕 著 《From Far Formosa》

國家圖書館出版品預行編目（CIP）資料

高俊明回憶錄 / 高俊明口述；杜英助整理 . -- 初
版 . -- 臺北市：前衛, 2017.03
　　面；　公分
ISBN 978-957-801-812-9(平裝)
1. 高俊明 2. 回憶錄 3. 基督教傳記
249.933　　　　　　　　　　　　106000503

高俊明回憶錄
磨難苦杯下的信仰與實踐

口　　述　高俊明
文字整理　杜英助
相片提供　高俊明
攝　　影　杜英助、杜崇勇
編輯顧問　施瑞雲
責任編輯　Iris
美術編輯　日日設計

贊助出版　臺灣基督長老教會
　　　　　10647 臺北市羅斯福路三段 269 巷 3 號
　　　　　Tel：02-23625282
出 版 者　前衛出版社
　　　　　10468 臺北市中山區農安街 153 號 4 樓之 3
　　　　　Tel：02-25865708 ｜ Fax：02-25863758
　　　　　劃撥帳號：05625551
　　　　　E-mail：a4791@ms15.hinet.net
　　　　　http://www.avanguard.com.tw
出版總監　林文欽
法律顧問　南國春秋法律事務所
出版日期　2017 年 3 月初版一刷

經 銷 商　紅螞蟻圖書有限公司
　　　　　臺北市內湖區舊宗路二段 121 巷 19 號
　　　　　Tel：02-27953656 ｜ Fax：02-27954100
定　　價　新台幣 400 元

©Avanguard Publishing House 2017　Printed in Taiwan　ISBN 978-957-801-812-9